AF570200

DES PROJETS FONDATIONNELS DE HUSSERL ET DE FREGE À LA PERSPECTIVE DE WITTGENSTEIN

5-7, rue de l'Ecole polytechnique, 75005 Paris

http://www.librairieharmattan.com
diffusion.harmattan@wanadoo.fr
harmattan1@wanadoo.fr

ISBN : 978-2-336-00450-1
EAN : 9782336004501

MAMADOU DJIBO

Docteur en Philosophie

DES PROJETS FONDATIONNELS DE HUSSERL ET DE FREGE À LA PERSPECTIVE DE WITTGENSTEIN

L'Harmattan

Ouverture philosophique

Collection dirigée par Aline Caillet, Dominique Chateau, Jean-Marc Lachaud et Bruno Péquignot

Une collection d'ouvrages qui se propose d'accueillir des travaux originaux sans exclusive d'écoles ou de thématiques.

Il s'agit de favoriser la confrontation de recherches et des réflexions qu'elles soient le fait de philosophes "professionnels" ou non. On n'y confondra donc pas la philosophie avec une discipline académique ; elle est réputée être le fait de tous ceux qu'habite la passion de penser, qu'ils soient professeurs de philosophie, spécialistes des sciences humaines, sociales ou naturelles, ou… polisseurs de verres de lunettes astronomiques.

Dernières parutions

Miklos VETÖ, *Explorations métaphysiques*, 2012.
Marcel NGUIMBI, *Penser l'épistémologie de Karl Popper*, 2012.
Joachim Daniel DUPUIS, *Gilles Châtelet, Gilles Deleuze et Félix Guattari. De l'expérience diagrammatique*, 2012.
Oudoua PIUS, *Humanisme et dialectique. Quelle philosophie de l'histoire, de Kant à Fukuyama ?*, 2012.
Paul DAU VAN HONG, *Paul Ricœur, le monde et autrui*, 2012.
Michel VERRET, *Les marxistes et la religion. 4e édition revue et complétée*, 2012.
François-Gabriel ROUSSEL, Madeleine JELIAZKOVA-ROUSSEL, *Dans le labyrinthe des réalités. La réalité du réel, au temps du virtuel*, 3e édition, 2012.
Pierre-Luc DOSTIE PROULX, *Réalisme et vérité : le débat entre Habermas et Rorty*, 2012.
François HEIDSIECK, *La vertu de justice*, 2012.
Jean-Louis BISCHOFF, *Conversion et souverain bien chez Blaise Pascal*, 2012.
Jordi COROMINAS, Joan Albert VICENS, *Xavier Zubiri. La solitude sonore (1898-1931)*, 2012.
Daniel NOUMBISSIÉ TCHAMO, *Justice distributive ou solidarité à l'échelle globale ? John Rawls et Thomas Pogge*, 2012.
Stéphane VINOLO, *Clément Rosset : la philosophie comme anti-ontologie*, 2012.
Roger TEXIER, *Descartes, la nature et l'infini*, 2012.
Dominique CHATEAU, *Dialectique et antinomie ? Comment penser*, 2012.
Jean-Paul CHARRIER, *Une étrange modernité*, 2012.
Jean-Thierry NANGA-ESSOMBA, *La philosophie de l'altérité d'Emmanuel Levinas*, 2012.

Résumé

Titre: Des projets fondationnels de Husserl et de Frege à la perspective de Wittgenstein

Cette thèse divisée en trois parties, comporte deux caractéristiques essentielles:

1. Elle comporte une teneure mathématique: des progrès accomplis entre 1870 et 1914 par les mathématiciens au sein des savoirs que sont l'analyse infinitésimale, l'algèbre, la géométrie, etc. ont conféré une place sui generis à l'algèbre. Sa redéfinition va intégrer des objets quelconques et non plus seulement les simples techniques du calcul littéral. Aussi certains mathématiciens observèrent un désintérêt pour ces calculs au profit d'une réflexion théorique autour du mot d'ordre de Dirichlet de "substituer les idées au calcul"(Leçons sur la Théorie des nombres (1871). L'enjeu consistait fondement sûr au concept de nombre.
2. Historiquement, c'est entre 1891 et 1906 que Frege et Husserl ont entretenu un échange épistolaire sur la question. Pour Husserl, élève de Brentano, ce fondement est à trouver dans le sujet connaissant, pôle constitutif de tous les ordres du savoir. Sa Philosophie de l'Arithmétique (1891) en donne les contours.

Critique et opposé à cette base psychologiste, Frege va présenter son approche qui privilégie la logique. Dans les Fondements de l'arithmétique (1884) , Frege estime que l'arithmétique entière peut être réduite aux lois de logique générale. Cette réduction de l'arithmétique à la logique donna naissance à la tradition logiciste qui fut mortellement ébranlée par le paradoxe de Russe!! (1902) et inaugura la crise des fondements de type ensembliste.

Aux alentours de 1894, Husserl abandonna le psychologisme. Faut-il y voir l'influence de Frege? Cette question est débattue dans la 2e partie de la thèse par Mohanty et Dummett. Ils ne s'entendent ni sur la date de l'abandon par Husserl du psychologisme ni sur l'influence que Frege aurait pu exercer sur lui.

La troisième partie est un recours à Wittgenstein. Elle porte sur ce qu'on peut percevoir comme esquisse d'une solution qui passe par le renoncement de la philosophie à fonder les objets mathématiques qui ne sont que des conventions, brisant ainsi 2000 ans de domination platoniste. D'aucuns taxent la position de Wittgenstein de strict finitisme. Si cela s'avérait juste, n'y a-t-il pas là un lien possible entre Wittgenstein et le constructivisme de Kronecker?

INTRODUCTION GÉNÉRALE

La science moderne depuis Galilée a définitivement consacré aux mathématiques une place de choix, de sorte que les progrès réalisés au sein des sciences qu'on présente comme pures, semblent coextensifs à ceux de la pensée mathématique. Or l'essor de la pensée mathématique a, sans doute, eu comme support les progrès préalablement enregistrés au sein de l'arithmétique c'est-à-dire de l'analyse du concept de nombre. Il s'ensuit que la place sui generis accordée à la pensée mathématique inaugure l'ère du nombre dans la vie intellectuelle de nos jours. Qu'on ne s'y trompe pas: les mathématiques n'ont jamais constitué la rame de lancement des nombres, c'est plutôt l'inverse qui est vrai.

Ce fait ne date pas à vrai dire d'aujourd'hui. L'idéal mathématique grec ne s'est-il pas d'abord articulé autour du nombre comme centre d'intérêt. Est-il besoin de rappeler qu'avec Pythagore (585-500 av. J. C.) l'on découvre le nombre rationnel suivi du calcul de la diagonale du carrée, en d'autres termes la reconnaissance du nombre irrationnel, tandis qu'avec Euclide, Livre VII des *Éléments* (IIIème siècle av. J. C) une étude des quantités incommensurables est exposée.

La vie quotidienne elle-même s'ébauche dans un univers fait de nombre. La plupart de nos actes de la vie courante utilisent le concept de nombre en termes de quantité ou de numération. C'est donc dire que le concept de nombre est fondamental dans la vie des êtres humains. Le commun des mortels de même que le savant sont toujours en prise directe avec l'expérience du nombre. C'est en raison d'une telle importance que les premiers mathématiciens grecs vont s'exercer à thématiser et à épurer le concept de nombre des dépôts ésotériques qui sont ceux de la tradition orphico-pythagoricienne. Cet effort théorique trouvera son renouveau sinon son approfondissement grâce au bond prodigieux réalisé entre 1870 et 1914 dans les savoirs mathématiques qui sont entre autres, l'analyse infinitésimale, l'algèbre, la géométrie etc.

De tels progrès ont conféré un statut primordial à l'algèbre. II s'en est suivi une refonte du moins une redéfinition des champs désormais couverts par l'algèbre. Soulignant cette extension sémantique que connue la nouvelle algèbre, J.-T Desanti écrit, dans sa postface aux correspondances de Frege-Husserl en page 73:

> Le mot *algèbre* ne désignera plus simplement ni une technique des calculs littéraux, ni la théorie des équations et de leur résolution numérique ou *algébrique,* mais d'une manière beaucoup plus générale la théorie des lois de compositions définies entre des éléments appartenant à des champs d'objets quelconques.

C'est dans une telle effervescence que le slogan lancé trente ans auparavant par Dirichlet portant sur la nécessité de doter les objets mathématiques d'un fondement théorique des plus fiables, reçut une actualité et un engouement certain dans la communauté scientifique. Ce slogan, exigeait de *substituer les idées au calcul,* proclamation contenue dans son ouvrage publié en 1871 par Dedekind et dont le titre est: *Leçons sur la Théorie des nombres,* cité par Desanti toujours en page 73.

Comme on pouvait s'en douter, ce slogan allait, en renouvelant ce souci théorique, engager les grands mathématiciens et philosophes de l'époque dans la problématique fondationnelle. L'enjeu est de taille puisqu'il s'agissait, ni plus ni moins que de donner un fondement des plus sûrs au concept de nombre et au-delà, aux mathématiques dans leur totalité. Cela se comprend bien puisque l'arithmétique était perçue comme étant la *Science-Reine des* disciplines mathématiques et le nombre, l'objet le plus simple au sein de ceux engendrés par les champs arithmétiques. Dans le cercle des savants tout se passait alors comme si, définitivement, il fallait dire adieu à la monotonie des simples techniques calculatoires. Cette déconsidération des calculs constitue alors un lieu commun dans l'exacte mesure où les progrès réalisés par les différents chercheurs les rendaient, non seulement trop banals mais aussi et surtout leur maniement n'offrait plus de difficulté dès lors qu'on s'en tenait à la lettre, à leurs lois de composition.

Ainsi, cet abandon pour ne pas dire ce renvoi du traditionnel domaine des calculs au magasin des accessoires s'est accompagné d'un éclaircissement de l'enjeu véritable de la nouvelle donne mathématique.

Pour tout dire, il s'est alors opéré un saut du simple domaine de la méthode vers celui des concepts. Mais qu'on ne s'y méprenne pas: certes cette déconsidération des simples techniques calculatoires l'était en raison du peu d'intérêt théorique qu'il offrait à cette génération de mathématiciens qui était saisie par des préoccupations de nature métaphysique qui se situaient au-delà de celles-ci, mais il reste clair que pour les mathématiciens de tous les jours, la méthode et les lois de calculs demeuraient et demeurent aujourd'hui encore un outil irremplaçable. Du professeur de mathématiques à l'ingénieur qui ne sont point des créateurs de savoirs mathématiques mais plutôt qui en sont des usagers, la valeur de ces techniques de calculs reste inaltérable. Au fond, ceux qui ont fait le saut théorique pour s'occuper des concepts étaient pour la plupart ou bien des créateurs de savoirs mathématiques ou bien des savants présentant un mode de pensée original.

Pourquoi cette problématique des fondements ? Comment s'explique-t-on qu'entre 1870 et 1900, le cercle doré des mathématiciens ait été atteint par le vertige de *l'inquiétude* philosophique?

Jusque-là, nous avons insisté sur les prodigieux progrès réalisés par les mathématiques, progrès qui ont rendu inutiles dans une certaine mesure les techniques de calculs pour l'analyse philosophique. Ainsi, pour la première fois dans l'histoire des mathématiques, de façon systématique, surgit le besoin de rapatrier la philosophie et pour ainsi dire la vivre de nouveau mais à l'aune des mathématiques dans l'exacte mesure où les mathématiques ne sont pas dépassables vers un discours philosophique ultime.

Yvon Gauthier n'avait-il pas raison lorsqu'il faisait remarquer que :

Prendre la mesure philosophique des fondements des mathématiques n'est pas chose facile. Bien des philosophes penseront que la philosophie n'y trouve pas son compte; mais la théorisation philosophique n'est plus possible sans ces ascèses nouvelles que lui impose le savoir contemporain. (Gauthier, 1976, pp. 9-10).

Somme toute, on pourrait qualifier le projet fondationnel de tremplin pour un redéploiement tant de la philosophie que de la réflexion logique et, en cela, on rendait ainsi justice, peut- être sans le savoir à Platon. Puisque le cercle doré était saisi du souci théorique, les simples techniques de calculs étaient devenues trop triviales pour offrir une véritable perspective, un socle réflexif prometteur. Ce faisant, ce cercle s'est inventé une tâche exaltante que plus de vingt-cinq siècles de pratiques et d'usages mathématiques d'inspiration platonicienne avaient sédimentée.

Aussi, qu'on le veuille ou non, cette question des fondements est proprement une question d'inspiration platonicienne. Le savoir mathématique n'étant pas un savoir de premier ordre, il faudrait remonter de là vers un pôle de réalités et de vérités certaines. D'ailleurs, toute l'histoire des mathématiques se confond avec cette quête effrénée de la certitude. Cette foi qui semblait indépassable dans l'idée que seules les mathématiques étaient en mesure d'offrir ce continent de la certitude à la connaissance était manifeste chez maints auteurs de l'époque. Dans une certaine mesure, on peut dire que tant que cette foi naïve a prévalu chez les mathématiciens, elle leur a permis de mener à bien leurs recherches sans trop se soucier du socle fondateur de leurs disciplines et ce, jusqu'au jour où cette réalité s'imposa comme préoccupation essentielle.

Ce changement d'attitude dans la pratique et dans la vision des mathématiques coïncida avec l'essoufflement de cette foi en la certitude des savoirs mathématiques. Ce moment, à vrai dire fut vécu comme une espèce d'innocence perdue dans la mesure où désormais, cette rigueur mathématique tant vantée n'était point acquise mais plutôt à conquérir. Or, il se trouve que cette conquête passe par la démonstration du moins l'obtention d'un fondement irrécusable sur lequel on a bâti tout l'édifice. C'est dans un tel sens que Russell, l'un des animateurs de ce projet fondationnel a écrit:

> Progressivement, je m'intéressais moins aux applications des mathématiques et davantage aux principes sur lesquels les mathématiques sont fondées. Ce fut mon désir de réfuter le scepticisme à l'égard des mathématiques qui produisit ce changement d'attitude... Et la certitude splendide que j'espérais trouver dans les mathématiques s'est perdue dans une brume d'énigmes. (cf. *Histoire de mes idées philosophiques,* Russell, 1961, p. 262 sq.).

Ce faisant, on peut traiter ces trente dernières années de ce XIXème siècle (1870-1900), comme étant celui qui, à la fois, a enregistré moult progrès et constitue un retour ou si l'on préfère un recours à la métaphysique. Platoniciennes comme elles l'étaient, les entreprises fondationnelles ne pouvaient souscrire à l'idée que les mathématiques puissent s'auto-fonder. D'où la nécessité de fonder cette rigueur mathématique, objet de convoitise de la part de maints ordres de savoirs. Dans la préface de 1926 aux *Fondements des mathématiques de* F. Gonseth, J. Hadamard qualifiant cet état des mathématiques écrit: «un bien étrange phénomène sans précédent dans l'histoire de la pensée» qu' «une science parvenue à l'état positif (soit) en train de faire marche arrière et de revenir à l'état métaphysique.» Bien que

Hadamard ait saisi les enjeux de ce mouvement retour vers un hypothétique socle métaphysique, il convient de nuancer ce qu'il appelle étrange phénomène dès lors que l'on place cette nouvelle attitude dans le prolongement des préoccupations de l'école platonicienne, à l'ombre de laquelle les mathématiques semblent toujours avoir évolué.

L'un des lieux communs du platonisme mathématique, consiste précisément à denier aux mathématiques non pas la faculté de manier leurs principes, mais la production, la compétence et la justification de tels principes. Du fondement, de la provenance de tels principes qui leur permettent de produire et d'engendrer des savoirs, les mathématiques n'en savent rien. Il s'ensuit que les mathématiques ne sauraient fonder les principes de leur propre mouvement. De tels principes relèvent d'un autre domaine de compétence et notamment de la philosophie. Il reste donc compris que tous ceux qui partagent cette préoccupation fondationnelle, sont appelés à s'éloigner du simple domaine du maniement des objets mathématiques immédiats et de leurs applications pour embrasser la réflexion logique et philosophique. Pour ce mouvement de redescente aux fondements des plus inébranlables, il n'y a, pour tout dire aucune imprudence, à fortiori un danger mortel à philosopher sur les mathématiques.

Pourquoi ? Parce qu'il est faux de penser comme Hilbert qu'il n'existe aucun rapport entre les deux ordres de savoirs, c'est-à-dire entre la philosophie mathématique et les mathématiques. D'ailleurs cette thèse hilbertienne comme tout le monde le sait, a volé en éclats avec les travaux de Gödel (1931). Elle a été, si j'ose dire, mathématiquement réfutée et du coup, la prétendue neutralité philosophique des intentions pour ne pas dire la virginité du programme formaliste ne put s'en relever.

La problématique fondationnelle, on le voit, se veut intimement liée à la pratique mathématique. Problématique soulevée et débattue par des mathématiciens-logiciens, elle ne pouvait laisser indifférents les professionnels de la pensée que sont les philosophes. Pourquoi`? Parce que la problématique fondationnelle en raison même de l'objet de sa quête, a déjà fait ses adieux, *stricto sensu,* aux préoccupations mathématiques immédiates pour se tourner vers une perspective théorique pour ne pas dire métaphysique.

En effet, la quête des fondements, si fondements il y a, nous place devant deux choix difficiles :

1. Soit que ce fondement à trouver ne s'inscrit pas dans un rapport d'extériorité par rapport aux mathématiques elles-mêmes. Dans ce cas, l'entreprise fondationnelle ne serait rien d'autre qu'une tentative d'auto-fondation. Auquel cas, seuls les mathématiciens seraient interpellés en tant que spécialistes devant réfléchir sur la réalité des objets qu'ils manient. Avec le rejet des intentions du programme hilbertien, et donc implicitement, le renforcement de l'idée qu' il existe bel et bien un rapport entre les deux ordres de savoirs, cette tendance auto- fondationnelle est tenue de soutenir, au mieux, que toute épistémologie des mathématiques doit être assise à l'intérieur même des mathématiques pour ainsi dire s'exprimer de l'intérieur (Desanti) et au pire, démontrer que le fondement de type abyssal qu'offre la philosophie n'est d'aucune utilité.

Ce faisant, peut-on véritablement parler de discours philosophique valide quand on sait que, de plus en plus, les philosophes ont du mal à saisir tous les contours des développements des champs mathématiques qui sont de plus en plus techniques ?

De mon point de vue, j'estime que s'il ne reste à la philosophie que de s'occuper du discours second inhérent à la production des savoirs mathématiques, alors il lui revient à avaler ses ambitions de savoir totalisant. En d'autres termes, il reviendrait à la philosophie d'assumer, au mieux, le rétrécissement de son domaine de compétence et au pire, ce thème récurrent de sa propre fin chaque fois remis à jour à l'occasion des percées significatives des autres ordres de savoirs. Dans l'un comme dans l'autre, il faut rompre avec cette conviction coextensive à deux mille cinq cents ans d'histoire des mathématiques selon laquelle, une pensée unique en aval de celles-ci, détermine et légitime le destin des mathématiques parce que capable d'en révéler leur principe: la pensée philosophique.

En clair, nous sommes face à la question qui porte sur la valeur et la recevabilité du discours philosophique sur les fondements des savoirs mathématiques. Il s'ensuit que la problématique fondationnelle, au-delà de son enjeu immédiat, porte à terme, le destin même de la philosophie. La question incontournable à cet égard peut recevoir une formulation condensée et ramassée en une phrase essentielle : La philosophie peut-elle ou doit-elle renoncer à doter les sciences mathématiques d'un fondement philosophique quelconque? Y a-t-il pour la philosophie un intérêt quelconque à se risquer sur le domaine des fondements des mathématiques en supposant même qu'elle soit disposée à opérer les ascèses nouvelles dont parle Gauthier ?

Les tentatives d'apporter une réponse satisfaisante à cette question essentielle nous ont conduit à distinguer deux possibilités. La première que nous venons d'exposer est à l'opposé d'une autre qui est à l'origine de notre enquête: le projet fondationnel.

2. Quels sont les présupposés et les implications du projet fondationnel ? D'un mot, je dirai que des progrès obtenus grâce aux travaux de Cantor et de Dedekind, il en a résulté pour l'arithmétique, une division en ce que l'on a appelé l'arithmétique naïve ou littérale, domaine consacré aux calculs et à ses lois de composition d'une part et d'autre part, l'arithmétique dite de Peano, parce qu'engendrée par les axiomes de celui-ci. Pour l'arithmétique naïve, comme je l'ai déjà fait remarquer plus haut, il n'y a pas grand-chose à dire dans la mesure où elle n'offre, apparemment, aucun intérêt philosophique. À l'inverse, dans l'exacte mesure où l'arithmétique de Peano peut être perçue comme une entreprise de reconstruction logique de l'arithmétique entière, on peut dire qu'elle est d'un intérêt majeur pour la philosophie des mathématiques et pour la logique. Au fond, tout le débat fondationnel a eu pour point de départ les résultats qu'impliquent pour l'arithmétique les axiomes de Peano.

Désormais l'idée qu'on devait fonder les mathématiques sur la théorie des ensembles, cette conviction allait constituer un lieu commun à toutes les entreprises de reconstructions logiques. [1]Cette conviction, à mon sens, demeure le présupposé principal de toutes ces reconstructions logiques. C'est pourquoi, il convient de le noter avant même d'exposer et de confronter les approches combien divergentes des différents protagonistes. Car ce présupposé théorique se retrouve tant chez Frege et Russell, les deux grands logicistes, que chez Husserl le tenant du psychologisme ; aussi bien chez Kronecker, Poincaré et les intuitionnistes. Toutes ces approches s'inscrivent dans une logique d'opposition non pas en raison de l'impérieuse nécessité

[1] Toutefois il convient de souligner qu'un auteur comme Yvon Gauthier dans son ouvrage *De la logique interne,* Vrin, 1991, s'inscrit en porte-à-faux avec une telle conclusion en faisant remarquer qu'on peut définir à partir de l'arithmétique une logique interne qui hélas a été obscurcie par la démarche ensembliste.

de fonder les mathématiques, mais du point d'ancrage des objets mathématiques que les uns et les autres tenaient pour ultime. Il y a là, me semble-t-il, le contexte général de ce vaste débat.

Et comme chaque fois qu'un débat prend les allures d'une telle envergure, on se trouve nécessairement confronté au choix des portes qu'il convient d'ouvrir pour en saisir le fil conducteur, les enjeux réels. Force est de constater que l'on peut commencer par ceux qui se sont dressés, parfois avec de très bons arguments contre le type de fondement externe que propose Frege et Husserl. C'est le cas de Wittgenstein.

Ici, le fil conducteur immédiat serait essentiellement la charge de Wittgenstein contre le logicisme. Auquel cas, on fait fi de l'histoire proprement dite du débat pour traiter sa thématique si j'ose dire à rebrousse-poil.

Mais j'ai préféré investiguer ce problème à travers deux auteurs qui sont représentatifs de la différence des approches lors même que sur l'urgence de l'entreprise, ils partagent le même souci théorique. Ceci offre, il me semble, l'avantage de n'être pas en divorce avec les dates marquantes du débat tout en permettant de focaliser l'enquête sur ce qui constitue vraiment la vérité du débat. Cette voie n'est pas sans danger, car alors, on pourrait très bien se laisser subjuguer par le récit de la controverse et donc par le contexte historique et ainsi perdre de vue la portée et l'enjeu véritable du débat. Ce risque que j'ai délibérément pris, est calculé et je parie sur la troisième partie du travail pour recentrer, relancer et redéfinir les termes réels du débat et pourquoi pas, la réponse que j'estime adéquate au problème. La problématique étant ainsi située, on peut dire que Husserl et Frege qui ont adhéré au projet fondationnel (leurs correspondances en témoignent), l'ont animé en présentant ou en prenant des positions diamétralement opposées, toute chose qui a contribué à accentuer l'urgence et l'acuité du problème.

Entre 1891 et 1906, Frege et Husserl ont entretenu des échanges épistolaires. Ces échanges témoignent de leurs préoccupations réciproques et de leurs prises de position respectives vis-à-vis du problème des fondements des mathématiques. En quoi consistent de telles prises de position ? Sur quelle base se sont-elles opérées, que visent-elles et quel est le nerf probant de leurs arguments respectifs ? À quoi tient en dernière analyse un tel divorce ? À mon sens, il convient de parcourir cette série de questions pour pouvoir espérer

répondre à la question primordiale de savoir si oui ou non, Frege et Husserl s'entendent sur les termes réels du débat. À l'évidence la réponse est négative, car alors, comment comprendre et s'expliquer l'existence et la substance de cette controverse dont personne ne nie aujourd'hui qu'elle ait effectivement opposé les deux penseurs qui ont engendré deux modes de pensée originaux: Frege, le fondateur de la logique moderne et Husserl le fondateur de la phénoménologie.
Comme on le voit, il s'agit d'aborder le problème à travers deux auteurs marquants de la philosophie contemporaine.

Les correspondances de Frege et Husserl ont eu principalement comme substance le concept de nombre.

1. D'entrée de jeu, il faut signaler que l'on s'accorde sur la distinction de deux moments dans le déroulement des échanges entre les deux auteurs. Le premier moment comprend les lettres XIX-1 et XIX-2, correspondances échangées durant l'année 1891. Durant cette année 1891, Husserl séjournait alors à Halle. Quant à la deuxième période, elle comprend les lettres classifiées XIX-3 à XIX-7, envois qui se sont déroulés au cours de l'année 1906. Il faut retenir que durant cette année 1906, Husserl était alors professeur à Göttingen et Hilbert comptait parmi ses collègues.

Le prétexte du premier envoi de Husserl à Frege remonte à 1890, année durant laquelle, les préoccupations sur la possibilité de fournir une théorie consistante sur la nature du concept allaient recevoir un début de réponse avec la publication par Schröder de son ouvrage intitulé *Leçons sur l'algèbre de la logique à* Leipzig. Ainsi, c'est en tant qu'initiateur que Husserl envoie en 1891 à Frege *La philosophie de l'arithmétique, Le calcul de la conséquence et la logique du contenu,* et la recension des écrits de Schröder, notamment le Tome I. De même, Frege reçut le cinquième article du *Compte rendu des ouvrages allemands de logique des années 1895-1899.*

Frege, à son tour, envoya à Husserl ses écrits et singulièrement la *Begriffsschrift,* qui, à en croire Husserl dans sa lettre du 18 juillet 1891 l'avait particulièrement intéressé pour ne pas dire influencer.

La communauté scientifique en tout cas, est d'avis au regard des nombreuses annotations et remarques retrouvées dans l'ouvrage de Frege, que Husserl en a fait une lecture approfondie. De loin, l'ouvrage de Frege qui l'a véritablement influencé, et en cela je m'inscris en porte-à-faux à l'interprétation de J. N. Mohanty, reste sa conférence donnée sous le titre de *Fonction et concept,* publié en 1891.

2. Il semble donc acquis que Husserl était en possession de tous les écrits-ils ne sont pas nombreux-de Frege parus entre 1891 et 1894. On assista ensuite à une période creuse au cours de laquelle on enregistra aucune correspondance entre les deux auteurs. Cette période est dite celle *du refroidissement* peut-être causée avec la recension par Frege de *La philosophie de l'arithmétique* de Husserl. Il faut attendre la série d'articles connus sous le titre de *Sur les fondements de la géométrie,* que Frege traite (1903 et 1906) à l'occasion des échanges entre lui et Hilbert. C'est ainsi que Husserl y fera un détour dans sa conférence de 1901 sur *L'imaginaire en mathématiques,* et ceci a été rendu possible grâce à la collaboration de Hilbert qui était, comme on l'a déjà souligné, alors professeur à l'Université de Göttingen comme lui.

Pour autant on ne peut en conclure, du moins sur la forme et les dates précises de cet échange entre les deux philosophes que l'un comme l'autre étaient parfaitement au courant de tous les écrits de son interlocuteur. Jusqu'à preuve du contraire, on peut partager le point de vue de Desanti, selon lequel Husserl n'aurait jamais envoyé ses *Recherches logiques* à Frege.

Si ce point de vue s'avérait juste, on pourrait en conclure que Frege durant la période d'échanges ignorait ou n'aurait pas lu l'ouvrage en question. À mon avis, cela ne change pas fondamentalement les termes de la dispute car le système de Frege était assez avancé et l'auteur suffisamment allergique à toutes velléités d'impliquer des données de type psychologique dans cette quête des fondements, pour modifier à fortiori renoncer aux positions qui étaient les siennes pour endosser le résultat auquel Husserl veut parvenir: montrer que le processus légitime est celui obtient des nombres au moyen de la description de la conscience. De telles spéculations sur des éventualités aussi frivoles les unes que les autres, en réalité, consistent à alimenter une vaine polémique entre des commentateurs aussi célèbres que Dummett et Mohanty. J'aurai l'occasion d'y revenir dans la deuxième partie de l'enquête. Et pour l'intérêt du débat, il faut s'en tenir aux faits c'est-à-dire, aux informations qui sont à notre disposition plutôt que de se perdre en conjectures.

I- Le projet husserlien

Husserl, mathématicien de formation n'était point étranger à l'accroissement prodigieux des connaissances en mathématiques. Au sortir de ses études de mathématiques, Husserl était encore très attaché aux idées de ses deux professeurs qui l'ont influencé qui sont Kronecker et Weierstrass. Pour Weierstrass, on sait que l'arithmétique repose sur le concept de nombre entier d'où l'importance qu'il accordait à celui-ci dans sa reconstruction des mathématiques. Husserl va à son tour donner au concept de nombre entier toute son importance dans son effort de réaction à l'urgence de substituer les idées au calcul exprimée pour la première fois par Dirichlet. Pour Husserl, la manière appropriée de répondre à cette exigence présupposerait, pour le paraphraser, qu'on engageât des recherches psychologiques et logiques afin de fonder scientifiquement la construction du système des nombres. C'est cette préoccupation qui traverse son premier ouvrage, *La philosophie de l'arithmétique.* Dans cet ouvrage, le projet de fonder en droit la discipline dite arithmétique est manifeste. Dans l'avant-propos, il déterminait sa tâche en ces termes : élaborer « quelque chose de nouveau et, si possible, de mieux assuré » (Cf. *La philosophie de l'arithmétique,* Avant-propos, p. 3).

Le projet ainsi délimité, s'il était réalisé, reviendrait à obtenir les conditions pouvant permettre cette élaboration. Aussi, l'effort de Husserl portera-t-il sur le processus de représentation des nombres. Au fond, cette tâche rejoint l'ambition qui a toujours été la sienne, celle de réforme radicale des sciences à travers une méthode singulière: l'analyse phénoménologique. Or, cette méthode a appelé à sa rescousse ou plutôt s'est muée en une conception de la vie de la conscience et ainsi déterminé les contours psychologiques du projet husserlien. Mais dans l'immédiat, il s'agissait «de montrer comment, presque complètement limités à des concepts de nombre symboliques, [ceci] détermine le sens et le but de l'Arithmétique des numérations» *(Ibid., p.* 5, note [7]). Et plus loin, invoquant l'autorité de ses anciens professeurs de mathématiques, notamment Kronecker et Weierstrass qui affirment tous deux que l'arithmétique est la science des numérations et jamais des grandeurs linéaires, Husserl en vient à concevoir que : « ... les numérations semblent jouer aussi en arithmétique d'une certaine façon le rôle de nombres de bas... » (Ibid., *p.* 13, note [5]).

Les principales formes de la numération sont les multiplicateurs, les diviseurs, les exposants et les racines. Ces formes sont essentielles à la formation des concepts en arithmétique. C'est pourquoi l'analyse que fait Husserl va s'opérer en toute indépendance du *«nombre ordinal»,* ceci va entrainer deux conséquences majeures:

1. L'unité, la quantité et la numération sont le fondement de la connaissance humaine et à ce titre, elles offrent un intérêt philosophique certain.
2. II s'ensuit qu'interroger la constitution psychologique de ces concepts est un impératif pour la réflexion philosophique. D'où le désir husserlien d'aller au-delà des intérêts arithmétiques immédiats (nombre ordinal), pour fonder et valider indépendamment de ceux-ci, les intérêts logiques et philosophiques.

Mais qu'on ne s'y méprenne pas: les intérêts logiques, du point de vue de Husserl, durant cette séquence temporelle de son itinéraire philosophique, se confondent ou plutôt sont réductibles aux intérêts psychologiques puisqu'alors, il ne concevait la logique pure que comme pure phénoménologie.

Reprenant à son compte la définition du nombre que l'on attribue à Euclide suivant laquelle le nombre est perçu comme une *quantité d'unités,* Husserl s'attachera à définir la quantité en tant qu'elle renvoie à l'idée de pluralité, d'agrégats et aussi en tant qu'elle entretient un rapport intime avec la numération. Ainsi pour Husserl, le nombre 3, nombre déterminé renvoie parfois à une quantité, par exemple à 3 kilogrammes de citrons. Il y a là, sinon un rapport de circularité entre ces deux concepts **(nombre déterminé → quantité → nombre déterminé**) du moins un isomorphisme. Mais comme le nombre déterminé n'épuise pas le concept de numération, c'est donc par le biais de ces nombres spécifiés tels que 2, 3, 5, ... , que l'on exprime la quantité qui finalement subsume des *concreta* quelconques. Il en conclut que l'activité abstractive peut aussi bien se porter sur le Soleil, les régions ou les oiseaux.

Ce faisant, Husserl (Frege adhère à la même idée) se range sous l'autorité de Locke et de Leibniz qui, le premier, a contredit la vision scolastique qui déniait toute possibilité d'application du concept de nombre à des objets *incorporels,* c'est-à-dire ceux qui ne sont pas dotés de réalités empiriques. Puisque la quantité porte sur un divers disparate, ceci présuppose selon Husserl, que l'obtention d'un concept de liaison est nécessaire et par ricochets celui de continuum. Or, une telle liaison ne s'opère que grâce à la *vigilance d'une conscience.* Dès lors la question essentielle pour Husserl à laquelle il faut répondre s'énonce comme suit: Comment déterminer et surtout décrire le soubassement psychologique de ce procédé d'extraction ? Aussi tout le processus va-t-il s'articuler autour de l'unification des phénomènes partiels dans chaque conscience dite totale. Pour Husserl, les objets du concept de quantité « sont là ensemble (zusammen) dans notre conscience » *(Ibid., p. 26,* note [17]) ou devant elle.

Cependant, tout ne lui est pas présent en même temps. C'est pourquoi il faut savoir que cette unification s'opère au sein de telle ou telle région particulière de la conscience. Somme toute, il subsistera, insiste Husserl, toujours des horizons de co-présence, et donc l'unification s'obtient dans un cadre global et non dans une hypothétique et illusoire totalité de la conscience. En termes clairs, il ne saurait y avoir d'unification collective, immédiate de la conscience. En lieu et place de cela, transparaissent des unifications de type régional, bien circonscrit, médiatisées par des procédés spécifiques. L'unité qui transparaît en filigrane, est par conséquent passive et lointaine. Car pour Husserl, cette instance qui unit les représentations en une quantité qu'est la conscience, est l'acte de conscience particulier» *(Ibid.,* p. 28, note [19]) dans la mesure où la conscience fait un travail de tri et de regroupement dans le déploiement qu'elle opère.

Cette saisie des objets qu'effectue la conscience, comme on peut le voir se fait dans un espace dynamique, à la fois de collection et de succession. Aussi, il convient de dire qu'une telle conscience ne saisit pas en des instants saccadés et chaotiques ses objets. Elle les collectionne et ce faisant, les dénombre si j'ose dire originairement. Il y a comme un ordre temporel fondé sur la succession des objets mis ensemble et des unités ainsi dénombrées.

Voilà, de façon condensée les idées forces de l'approche de Husserl de ce problème des fondements. Évidemment, cette approche offre comme gain majeur, la faculté d'appliquer le concept de nombre à n'importe quel objet. En cela, elle ne constitue pas une régression par rapport à la voie dégagée par la critique leibnizienne de la vision scolastique des domaines d'application du concept de nombre. Outre Frege, d'autres mathématiciens de l'époque y souscrivaient. Alors, la question de l'originalité de la contribution husserlienne se pose. À mon avis, ce n'est point de ce côté qu'il faut chercher l'originalité de

cette analyse car alors, on trouvera qu'elle s'inscrit dans une tradition bien établie. L'originalité de cette approche se trouve du côté de la base psychologique qu'elle invoque. Or, il se trouve justement que c'est là que commencent les soucis, les difficultés et les inconséquences de cette contribution.
Comment des savoirs en surface et qui de surcroît se suffisent que sont ceux de l'arithmétique peuvent-ils avoir un enracinement psychologique ?

II- Le projet fregéen

Après ce bref aperçu de la façon dont Husserl discute et traite le problème, qu'est-ce qui semble problématique et objet de controverse? La conséquence philosophique de cette approche, inacceptable pour un auteur comme Frege, c'est de passer directement du sens des termes conceptuels aux objets ainsi subsumés par les concepts qui leur correspondent.

Irrecevable pour Frege dans la mesure où il s'agit là d'un raccourci à moindre frais, raccourci qui se méprend sur la place incontournable de la *Bedeutung* comme lieu de médiation. Même si Husserl n'ignore pas la médiation qu'assure le sens entre les termes conceptuels et les objets auxquels ils s'appliquent, il ne semble pas à l'inverse, comprendre et prendre toute la mesure de leur importance. D'où sa critique et son rejet par Frege comme telle. En outre, Husserl discute le problème selon le point de vue de la constitution psychologique du concept de nombre. Une telle approche offre l'inconséquence d'hypostasier le rôle de la psychologie dans l'obtention du nombre.

Frege qui partage avec Husserl la même préoccupation fondationnelle va stigmatiser cette place sui generis accordée à la psychologie et lui contraposera un autre modèle. Pour Frege, il importe, à travers des recherches poussées de dégager les lois de logique générale qui sont, à son avis, à la base et qui déterminent la construction des nombres.

C'est pourquoi d'entrée de jeu, Frege va charger contre cette absolutisation de l'instance psychologique.

> Il peut être utile d'examiner les représentations qui accompagnent la pensée mathématique et leur déroulement ; mais que la psychologie ne s'imagine pas concourir en quoi que ce soit au fondement de l'arithmétique. Le mathématicien, en tant que tel, se

désintéresse de ces images intérieures, de leur origine et de leurs changements » *(Grundlagen,* tr.fr. *Les fondements de ['arithmétique,* Introd., p. 119, note [VI]).

La quête des lois de logique générale qui président à l'engendrement des nombres et la répugnance de l'approche psychologiste de Husserl, seront les deux idées autour desquelles va s'articuler le projet de Frege contenu dans *Les fondements de l'arithmétique,* dont le sous-titre est *Recherches logico-mathématiques sur le concept de nombre,* publié en 1884 à Breslau.

Si donc il est absurde d'invoquer la genèse du concept de nombre en fouillant dans les profondeurs de la psychologie, quelle autre alternative crédible est-on en mesure de présenter? Une telle alternative devrait-on dire, recevrait sa crédibilité eu égard la spécificité de l'objet d'étude. Or en la matière, il n'est pas dénué de sens d'insister sur le statut pour ainsi dire aporétique du concept de nombre. Husserl est-il parvenu avec sa méthode à définir le zéro, un et ce qu'il appelle l'adjonction de l'unité et d'autres concepts tels que la succession, etc. ? On peut légitimement en douter.

Ce dont on est sûr, c'est que son mode d'analyse semble inapproprié du point de vue de Frege en raison d'une part, du peu de crédit que reçoit la logique dans sa construction et d'autre part de la confusion qu'elle opère à bon escient entre la logique et la psychologie. Ces deux erreurs ont engendré l'irrecevable conséquence de détacher deux domaines aussi intimement liés que sont la logique et les mathématiques. Il s'ensuit qu'on porte ombrage sur le statut réel et incontournable de la logique, et du coup, on ne saurait obtenir véritablement un fondement, le fondement adéquat et indubitable des objets arithmétiques. Le jeune Husserl, encore sous l'anesthésie psychologiste de Brentano, ne pouvait que s'engager dans un cul-de-sac pareil. Le philosophe débutant qu'il était alors cherchait sa voie. Mais enfin, le principe de charité ne prévaut nullement en philosophie. Aussi, le platonicien (voir plus loin) sûr de lui qu'est Frege, sûr de la véracité de ce qu'il avançait, espère donner le coup de grâce à tous ces égarements.

Contre Kant, Frege affirmera que la nature empirique et synthétique des lois arithmétiques telles qu'elle transparaît dans l'Esthétique Transcendantale, est difficile à soutenir. La raison étant que les lois arithmétiques concernent le nombrable qui se compose aussi bien du réel, de l'intuitif mais aussi de tout le domaine du pensable; ce en quoi Frege et Husserl s'accordent. C'est pourquoi pour

Frege , les lois numériques sont exprimées par des jugements analytiques sans qu'il importe d'attribuer leur découverte à la seule pensée. Le projet va dès lors montrer qu'il est possible de remonter de la preuve d'une vérité à la vérité dernière sans référer au contenu des jugements, grâce, bien entendu, aux lois de logique générale. Enfin, cette construction logiciste aura pour souci majeur, de montrer que le nombre n'est pas une propriété mais quelque chose qui est subsumé par un concept. Il y a là, deux approches radicalement différentes sur le point de savoir quel ancrage est le plus susceptible de fournir une base théorique, un fondement certain aux objets mathématiques. Il ne me revient pas de choisir entre ces deux visions aussi tranchées. D'ailleurs deux commentateurs célèbres en ont fait le créneau de leur carrière en s'opposant l'un contre l'autre sur le point de savoir laquelle des deux visions est préférable à l'autre, laquelle mérite notre estime par son originalité, par sa contribution dans l'éclaircissement du problème.
Le premier est M. Dummett, grand commentateur de Frege pour qui, Frege est celui qui a créé la logique moderne et celui qui, par sa critique précoce et frontale, a contribué positivement à l'abandon par Husserl de son psychologisme. Le deuxième auteur est J. N. Mohanty. Lui non plus, pour une raison essentielle, ne souscrit pas au discours de Dummett: Il est un fervent disciple de la phénoménologie. Mohanty ne peut assister impuissant à la mise à mort de Husserl, le fondateur de la phénoménologie. Mohanty conteste la thèse de Dummett et d'autres soutenant que le processus d'abandon des positions psychologistes par Husserl est redevable à Frege.

D'où cette bataille rangée entre Dummett et Mohanty dans laquelle, on se dispute sur les dates, les échanges épistolaires, les moments forts de l'itinéraire de l'un comme de l'autre.

Il est de peu d'intérêt de savoir qui a raison, ou qui a tort. À l'inverse, il est capital de recentrer le débat pour en délimiter ses vrais contours. Quelle est la vérité du problème ? Comment peut-on éviter des prises de position de type apologétique ? Quelle voie s'offre à nous si jamais nous optons de renvoyer dos à dos ces deux approches divergentes ? Question difficile car, à mon sens il n'y a pas de voie médiane, de synthèse possible. Même si c'était envisageable, elle serait un bâtard rafistolage qui ne saurait qu'alimenter notre insatisfaction. La synthèse en la matière n'est point une bonne solution. S'il y avait une esquisse de solution, quelle allure aurait-elle ? Qu'est-ce qui offrirait l'avantage d'être une solution viable ?

Viable parce qu'elle aurait surmonté les insuffisances de l'une comme de l'autre, assimilé leur démarche et surtout critiqué les conditions et la formulation même du problème. Le problème du fondement externe des mathématiques a-t-il été bien posé ? Y a-t-il un projet alternatif solide ? À cette série de questions importantes, il est possible de répondre en faisant appel à Wittgenstein. À mon avis, face aux inconséquences tant du psychologisme que du logicisme, il est nécessaire d'entrevoir un tel projet, ne serait-ce que pour combler le vide théorique créé par les échecs de ces deux approches. Ce projet alternatif existe chez Wittgenstein bien qu'il ne soit aisé d'affirmer quelque chose et prétendre qu'on le tient de lui.

Ce problème est fondamental pour la philosophie en ceci que des tentatives de réponses heureuses ou malheureuses, dépend sinon le devenir de la philosophie du moins le domaine de validité de son discours. Il s'agit, comme on peut le voir d'un suprême enjeu puisque la question essentielle reste celle que j'ai rappelée plus haut: la philosophie peut-elle ou doit-elle renoncer à doter les mathématiques d'un fondement philosophique quelconque ?

À cette question, Wittgenstein répond négativement. Aussi est-il à l'aise dès lors qu'il dénonce le logicisme et le psychologisme comme deux vaines prétentions extérieures aux champs mathématiques propres. Seuls les mathématiciens devraient être saisis de ce problème et pourraient ainsi offrir cette base fondatrice dont leur discipline aurait besoin. Il s'ensuit à ses yeux, que seule une entreprise, affirmant et soutenant l'auto-suffisance des mathématiques semble viable. Qu'offre une telle perspective anti-fondationnelle à la philosophie dont on sait l'acharnement à vouloir tenir un discours englobant sur tous ces savoirs qui, peu à peu, reconquièrent leur autonomie et rendent ainsi la philosophie des mathématiques difficilement prometteuse ? Wittgenstein semble l'avoir compris lui qui dénie le grand rôle à ce qu'il appelle la prose au profit du calcul proprement dit.

Que peut-on dire de ce projet visant explicitement l'évacuation de la philosophie d'un domaine dont elle croyait que c'était sa chasse-gardée ? La voie wittgensteinienne fournit-elle cette base théorique indispensable aux mathématiques, prises elles aussi dans le tourbillon d'incertitudes de cette période historique ? Doit-on s'en contenter faute de mieux ?

Bref, voilà ramassés les objectifs qui seront poursuivis dans l'enquête que je veux mener. Cette enquête sera divisée en trois parties inégales. La première sera consacrée aux programmes fondationnels:

ceux respectivement proposé par Husserl et par Frege. La deuxième tentera de montrer l'acuité et l'actualité du thème, de la contribution, de l'originalité et surtout de la controverse qui opposent Mohanty et Dummett. La dernière enfin, d'interroger la vérité et la spécificité du problème disputé et l'ébauche de solution avancée par Wittgenstein qui milite pour sa pure et simple dissolution en tant que tel. Ce travail se compose de neuf chapitres que clôt une conclusion générale.

PREMIÈRE PARTIE

PROJETS FONDATIONNELS: DE HUSSERL ET DE FREGE

Chapitre premier

HUSSERL : OBJET ET ENJEU

I- Le projet fondationnel de Husserl

La Philosophie de l'arithmétique est la première œuvre publiée de Husserl. Publié en 1891 à Halle, ce premier ouvrage se veut une modeste contribution au grand débat de son temps articulé autour des objets mathématiques. À ce titre, Husserl indique clairement dès l'Avant-propos qu'il s'agit d'un livre de portée propédeutique dont le cadre, le champ d'investigations est défini par un ensemble de recherches psychologiques et logiques. Ces enquêtes ont pour finalité si elles aboutissent, de dresser, de doter les sciences mathématiques de fondements scientifiques. Comme pour marquer davantage la modestie de son ambition, Husserl n'affirme pas qu'il parviendra à ce but ultime, mais insiste au contraire sur la nécessité d'une telle entreprise. Aussi, laisse-t-il ouvertes d'autres constructions futures car de son point de vue, le niveau des connaissances de l'époque ne permet pas d'aller au-delà.

Ce faisant, Husserl se montre conscient d'une part des limites réelles de son entreprise, limites que sont celles de l'état des connaissances en sciences et, d'autre part, dans la mesure même où c'est une *préparation,* son projet fondationnel lui offre à tout instant l'opportunité d'éventuelles retouches qui se seront rendues indispensables à la cohérence de ce projet exploratoire.

Cette démarche prospective, de débutant j'allais dire, va demeurer l'un des traits dominants de la longue carrière de penseur de son auteur. Husserl a toujours revendiqué le statut de *philosophe commençant,* statut qui oblige à se lancer dans la quête de quelque chose de virginal, de radicalement nouveau. Le philosophe commençant pour ainsi dire, doit mettre hors-circuit toutes les habitudes de recherches que la tradition a assemblées et sédimentées de sorte qu'elles sont devenues contraignantes et contre-productives. Ainsi, une entreprise de cette envergure ne peut réussir qu'à la condition que l'on s'engage du moins que l'on pratique ce que Husserl appelle dans son Avant-propos, la méthode critique. Cette méthode critique vise à trier, hiérarchiser ces nombreuses tentatives fondationnelles en présence dont le chercheur n'avait que l'embarras du choix, rivales les unes les autres. Peut-être qu'est en droit de lui reprocher cette préférence en raison même de son caractère arbitraire ?

Somme toute, devant cette profusion d'efforts théoriques menés par de grands savants de l'époque, Husserl est à mon sens justifié de choisir ce qui lui semble profitable à sa propre contribution.

Avant d'exposer le nerf probant de l'argumentation husserlienne, disons d'abord pourquoi son choix est légitime.

Il se justifie eu égard le contexte historique de cette fin du XIXème siècle. La fin du même siècle est marquée foncièrement, au sein des mathématiques, par une crise de confiance, le sentiment que tout l'édifice mathématique est faillible si l'on n'engageait pas de sérieuses recherches fondationnelles en vue d'y remédier. Husserl, mathématicien de formation -sa thèse de doctorat a porté sur le calcul des variations - n'est pas étranger à cette surchauffe intellectuelle. Il va lui aussi, à l'instar de maints mathématiciens de sa génération, se laisser gagner par l'envie d'y apporter quelque chose. Plus qu'un mathématicien tout court, Husserl en rédigeant la *Philosophie de l'arithmétique,* est un mathématicien à la quête de la certitude, cette certitude que les paradoxes de tous genres avaient miné et fini par supplanter.

À l'intérieur de la communauté des mathématiciens, les principes de la logique d'Aristote avaient largement montré leurs limites et singulièrement dans l'effort d'obtention des solutions de la démonstration des théorèmes de l'arithmétique. La logique d'Aristote qui régna pendant plus de deux millénaires perdit son autorité. Cette perte de crédit engendra la mise en route compétitive de toutes sortes de pensées et d'écoles de pensées.

Toutes ces écoles nourrissaient le vœu de doter les mathématiques d'un modèle de preuve infaillible, la seule susceptible de restaurer la confiance perdue.

Ce que Euclide avait cherché et obtenu pour la géométrie, c'est exactement ce que cette génération de mathématiciens voulaient pour l'arithmétique. Et sur cette route, leur confiance dans la certitude du raisonnement déductif fut renouvelée par certains tandis que pour d'autres, tel que Husserl, la foi en l'importance du rôle de la psychologie fut renforcée. Il ne faut pas oublier que la *Philosophie de l'arithmétique* est dédiée à Franz Brentano, le maître respecté par Husserl et le grand tenant de la place centrale des analyses psychologiques dans le procès de la connaissance en général.

Pour Husserl donc, il s'agissait de montrer la source de laquelle se justifient toutes nos assertions mathématiques et du coup, montrer que cette source est la seule instance qui puisse venir à bout du scepticisme ambiant. Les différents savoirs et assertions mathématiques jaillissent du moule logique et psychologique. Le mathématicien professionnel qu'il était, allait ainsi se muer graduellement en mathématicien-philosophe, itinéraire qu'il partage avec Frege. Pour Husserl comme pour Frege, être mathématicien ne se limitera plus à être inventeur, créateur de nouvelles et originales utilisations ou attitudes dans la vision et le maniement des objets mathématiques. Il s'agissait en outre, de mener et de diligenter une réflexion supplétive à la simple tâche de manipulateur de techniques plus ou moins éprouvées.

Cette réflexion qui jusque-là, était considérée comme relevant de second ordre, allait s'imposer comme préoccupation essentielle. Loin de s'articuler autour de la quête des champs mathématiques, elle prendra pour leitmotiv, l'exigence de fonder en amont les objets que l'on traite en surface. Cette quête fondationnelle est comparable à une ruée vers l'or avec ce que cela comporte comme espoir démesuré, gain réel minable et parfois s'avère une vaine prétention. Husserl pensait comme les autres qu'il y avait quelque chose à trouver. D'ailleurs pouvait-il penser autrement tant la perte de confiance à l'égard de l'infaillibilité des mathématiques était grande ?

Ces deux facteurs conjugués constituent les catalyseurs de cette surchauffe fondationnelle. Pour Husserl, ce travail de réflexion vise à unifier en les fondant psychologiquement, toutes les nouvelles intuitions mathématiques. Toute la difficulté comme on peut le voir, réside dans la possibilité de préserver l'intégrité des objets mathématiques en tant que tels tout en leur conférant en amont, une légitimité de nature psychologique. La préservation de cette intégrité est, il faut le dire, la mesure de la véracité des affirmations auxquelles le penseur parviendrait. Car tout résultat qui dénaturerait le statut spécifique des objets mathématiques perdrait du même coup toute crédibilité. Puisque l'un des lieux communs des divers projets fondationnels consiste précisément à dénier aux objets mathématiques la faculté de pouvoir s'auto-fonder, subséquemment ces projets s'obligent, c'est là le minimum de sérieux de respecter et de rendre telle quelle la spécificité des objets qu'on souhaite fonder.

À vrai dire, le statut des objets mathématiques n'étant pas en question directement ici, ne devrait pas poser problème. On peut même soutenir que leur statut se situe a priori dans un rapport de quasi-indifférence vis-à-vis des réflexions qui ne les mettent pas nécessairement en cause. Vouloir les fonder ne signifie pas les passer au crible. Aussi, l'écueil que Husserl doit éviter, c'est d'arriver en fin de parcours avec des objets méconnaissables parce que leur statut aura été jeté par-dessus bord. La réponse à cette question nous permettra de juger de la recevabilité de l'entreprise husserlienne.

Pour Husserl, le rôle primordial de ce qu'il appelle la logique et la psychologie pour l'arithmétique se situe en amont. Se situer en amont pour le mathématicien philosophe, cela voudrait aussi dire changer de cap, se jeter à la recherche d'un nouvel horizon, un ailleurs qui soit sinon la terre ferme du moins la base théorique irrécusable.
Cette base, seule la psychologie est à même de nous la fournir. Sur cette base théorique ferme, Husserl va pouvoir enraciner tout l'édifice mathématique. De là, il expliquera le processus d'engendrement et de donation des nombres.

Influencé par Weierstrass et Kronecker, cet édifice arithmétique aura comme matériau essentiel le nombre entier. Ce nombre va recevoir pour ainsi dire, un poids incontournable pour les mathématiques. Mieux, il va en constituer la pierre angulaire. En paraphrasant E.W. Beth, je dirai que cela s'explique et se comprend aisément dans la mesure où, à partir des postulats de Dedekind et des cinq axiomes de Peano sur lesquels on reviendra, on a la possibilité et le loisir d'obtenir et de procéder à l'engendrement des autres espèces de nombres tels que les réels, les complexes, les rationnels et les irrationnels, etc. La découverte du rôle essentiel du nombre entier naturel constitue un des grands achèvements de Kronecker. C'est en raison de cette importance qu'il déclarait péremptoire que : « C'est le Bon Dieu qui fit les nombres naturels, tout le reste est l'œuvre des hommes » (Beth 1955, p. 25).

Cet excès métaphysique[2] du maître hantera toujours les *recherches psychologiques et logique* de Husserl sur les fondements de l'arithmétique. Qu'est-ce que Husserl entend par arithmétique ?

> L'arithmétique est « cette science qui parle de nombres positifs et négatifs, rationnels et irrationnels, réels et imaginaires, idéaux, etc. Mais si différentes que puissent être les expressions arithmétiques de tous ces nombres, il n'en reste pas moins qu'elles renferment les signes des numérations 1, 2, 3... en tant que parties constitutives, et ainsi, les numérations semblent jouer aussi en arithmétique d'une certaine façon le rôle de nombres de base » (Husserl 1891, tr.fr. p.13).

Cette définition husserlienne de la science arithmétique a deux grandes caractéristiques. La première consiste dans la définition même de l'arithmétique comme science s'occupant non seulement de tous les objets mathématiques mais aussi et surtout, de tout le domaine du pensable. L'arithmétique n'est plus cette science exclusive des nombres entiers mais de tous les autres. Comme je l'ai déjà fait remarquer en introduction, cette extension des espaces arithmétiques n'est pas une nouveauté. Elle découle d'une dynamique interne résultant des progrès réalisés au sein de la discipline elle-même. En cela, Husserl loin d'innover, s'inscrit dans une tradition bien établie.

Cette tradition remonte à Leibniz qui, le premier a rompu avec l'approche attribuée aux stoïciens selon laquelle le concept de nombre n'est pas applicable aux objets incorporels. En contestant la validité d'une telle définition très restrictive, Leibniz inaugurait ou plutôt ouvrait d'immenses domaines d'applications jusque-là inexplorés par les arithméticiens. Cette restriction en partie, explique cette espèce de léthargie que la science arithmétique connut et n'a pu vaincre qu'à la fin du XIXème et début XXème siècle. Cette donne, nouvelle et productive pour les recherches mathématiques et qui n'excluait désormais aucune espèce d'objets arithmétiques, reste l'un des rares

---

[2] Il faut toutefois souligner que certains commentateurs dont Yvon Gauthier sont en désaccord avec cette interprétation. Ils font valoir que cet énoncé attribué à Kronecker n'a pas de portée métaphysique. Elle n'aurait qu'une valeur méthodologique. Il signifierait plutôt que l'arithmétique générale est auto-suffisante. Somme toute cette deuxième interprétation ne contredit pas nécessairement mon avis mettant l'accent sur ce caractère auto-suffisant de l'arithmétique (voir ci-dessous).

lieux de consensus autour desquels la communauté mathématique se rassemble. À ce titre, il constitue aussi l'une des convictions que Husserl et Frege partagent.

La deuxième caractéristique de cette définition réside dans l'importance, la haute estime dans laquelle Husserl tient les *numérations.* Les numérations jouent chez lui un rôle incontournable. Pourquoi ? Parce qu'elles « forment les seuls concepts fondamentaux propres de l'arithmétique » (Husserl 1891, p. 14, note 5).

Il s'ensuit que pour Husserl, il est nécessaire de compléter la définition de la science arithmétique en y ajoutant que n'étant plus seulement science des grandeurs linéaires, elle est aussi de ce fait, science des numérations.

Cette deuxième extension sémantique permet à Husserl d'en tirer toutes les conséquences philosophiques.

Science des numérations, l'arithmétique est d'un intérêt philosophique dans l'exacte mesure où comme l'indique la note 7, les concepts connexes d'unité, de quantité et de numérations sont des concepts fondamentaux de la connaissance humaine en général. Cette extension permet à Husserl de pouvoir davantage délimiter l'enjeu de son analyse qui se donne comme finalité, ni plus ni moins que, de révéler la réalité et la nature de la constitution des concepts arithmétiques. Puisque l'essentiel porte sur la nature de cette constitution, il s'agira pour lui, de démontrer que cette constitution est de nature immanquablement psychologique.

Aussi à la note 7, Husserl écrit que les problèmes que soulève la connaissance totale desdits concepts relève :

> de la constitution psychologique de ces concepts, que la psychologie prend elle aussi un intérêt spécial à éclaircir. Satisfaire non pas simplement ces intérêts-là qui sont arithmétiques, mais surtout ceux-ci, qui sont logiques et psychologiques, voilà la tâche que j'assigne aux analyses qui suivent.

Accessoirement à cet enjeu qui vise à faire ressortir les implications logiques et philosophiques et ce par le biais d'une analyse du concept de numération absolument indépendante, il y a l'avantage, du strict point de vue mathématique, que cette indépendance doit pouvoir démontrer la préséance logique du concept de numération sur celui de nombre ordinal.

On retrouve ici chez Husserl, l'héritage de l'enseignement des deux professeurs de mathématiques que sont Weierstrass et Kronecker. Pour ces deux mathématiciens, la science arithmétique est auto-suffisante. Ses concepts de base que sont les numérations n'ont pas besoin de quelque concept, tant en aval qu'en amont pour se justifier. Cette conception des choses participe sinon s'inscrit dans le vaste mouvement qui a consisté en une arithmétisation de l'analyse. Ce mouvement, faut-il le rappeler, a accordé une place importante aux contenus arithmétiques, pas du seul point de vue des simples applications mais aussi et surtout de celui de leur valeur conceptuelle; c'est du reste tout l'intérêt du sursaut théorique.

Ce faisant, ce mouvement constructiviste, puisque c'est de lui qu'il s'agit, s'est posé en vision rivale de l'approche ensembliste.

Ce n'est donc pas étonnant de voir Husserl, imprégné des prises de positions de ces deux mathématiciens, reprendre à son compte cet héritage et soutenir que seules les numérations constituent la pierre angulaire de la science arithmétique.

Cependant, il y a comme une bizarrerie pour ne pas dire un paradoxe chez Husserl pour qui sait que son projet fondationnel est incompatible avec son présupposé mathématique. Ce préjugé mathématique marqué par Weirstrass et Kronecker, comme on vient de le signaler, est fait d'une foi inébranlable en l'auto-suffisance du concept de nombre que Husserl appelle numération, dans l'édifice arithmétique. Tout se passe comme si Husserl a fait recours ou plutôt fait du concept de numération, un usage qui le soustrait de son contexte propre, c'est-à-dire constructiviste. En d'autres termes, il a puisé ce terme chez Kronecker, l'a employé mais en le réduisant à sa plus simple expression. Est-ce là une inconséquence ? Ce qui est sûr, c'est que ses deux maîtres en mathématiques et Poincaré ont une position anti-fondationnelle, anti-ensembliste et anti-logiciste au sens où, ils la rejettent comme recours possible pour l'arithmétique.

Leur approche du concept de nombre milite pour le mot d'ordre de Dirichlet appelant à reformuler arithmétiquement les théorèmes de l'algèbre et de l'analyse.

Chose certaine, Husserl en écrivant sa *Philosophie de l'arithmétique* semble faire ses adieux à l'arithmétique kroneckérienne pour laquelle l'usage de bons concepts suffit à démontrer que toutes les craintes de l'existence des contradictions en arithmétique, craintes de type hilbertien, étaient sans fondement. Ce qui revient à dire que la science arithmétique n'a nullement besoin d'une preuve de consistance pas plus que ses concepts de base ne requièrent un fondement quelconque. Le débat et le projet fondationnels sont ainsi frappés du sceau de vaines prétentions. Puisque pour Kronecker et Poincaré entre autres, l'essentiel dans cette affaire et la vérité de cette affaire, c'est que du moment où les calculs sont intuitivement vrais, il ne subsiste aucun problème.

Husserl utilise donc un concept-celui des numérations-le détache de son assise contextuelle et en contradiction avec les présupposés et les implications philosophiques de ce contexte, s'en sert comme pièce maîtresse dans son dispositif fondationnel.

II- L'analyse husserlienne du concept de nombre

Comment Husserl a-t-il forgé son dispositif fondationnel ? Quels sont les autres éléments qui ont contribué à donner forme à son projet ? Pourquoi est-on autorisé de qualifier son obsession fondationnelle de voie psychologiste et, dans quelle mesure cette voie peut-elle être taxée de voie sans issue ?

Pour répondre à cette question, il convient de décrire le processus abstractif des nombres. Ce processus vise à montrer comment on obtient un nombre déterminé. Pour ce faire, Husserl commence par démontrer le primat du concept de quantité sur celui de nombre. Aussi, est-il essentiel pour sa démarche de donner une définition claire de ce qu'il entend par numération.

La numération, dans son acception la plus large, signifie et recouvre le concept de quantité qui, on le sait, répond à la question du combien. Cette espèce de confusion entre ces deux notions nous rappelle la manière dont nous avons appris à compter à la maternelle. Ici, Husserl semble réduire le concept de nombre à l'acte qui consiste à spécifier celui-ci: le dénombrement. Si dénombrer, c'est dire le nombre de quelque chose, cette acception peut être taxée de très restrictive dans la mesure où elle se contente d'affirmer l'isomorphisme entre nombre et quantité que l'on tente d'inculquer aux enfants de la maternelle. Cette définition est non seulement banale et sans intérêt pour le spécialiste, mais aussi elle aboutit à une conception naïve comme quoi le concept de quantité dit tous les nombres. Ce qui n'est pas acceptable pour les autres types de nombres. On peut se demander légitimement quel rôle le concept de quantité peut par exemple jouer tant pour les nombres idéaux que pour les quaternions de Hamilton.

À l'inverse, avec une telle définition, Husserl réussit à atteindre le but provisoire qu'il s'est fixé, c'est-à-dire démontrer que le concept de quantité a une préséance sur le concept de nombre.

Dans la deuxième acception, celle qui se veut plus stricte, Husserl identifie numération à nombre déterminé. Illustrons ce lien intime entre numération et nombre déterminé: si nous prenons un nombre déterminé quelconque par exemple 3; nous dirons que le nombre 3, qui est un nombre déterminé, renvoie souvent à une quantité, soit 3 grammes, et inversement. II s'ensuit de cette acception que Husserl qualifie de propre, qu'il existe un rapport de circularité qui met au commencement de l'acte un nombre déterminé et à sa fin un nombre déterminé après avoir toutefois transité par le concept de quantité, concept incontournable dans le dispositif husserlien. Cette circularité s'exprime comme suit :

nombre déterminé ⟶ q ⟶ quantité ⟶ nombre déterminé

Ce schéma montre que le nombre déterminé n'épuise pas le concept de quantité. Au contraire, dans la mesure où, le concept de quantité renvoie à l'idée de pluralité, d'ensemble, le nombre déterminé qui dit le nombre d'un élément ou d'un sous-ensemble compris dans la quantité dont il est question, il ne peut dès lors épuiser le concept général et indéterminé qu'est celui de quantité. Inversement, ce concept général ne se comprend que par le truchement des concepts bien spécifiés, bien délimités que sont ceux des nombres déterminés.

Husserl en conclut qu'une analyse rigoureuse et pertinente du concept de quantité nous ramène du moins nous renvoie, instamment et indirectement à celui de numération. Cette solidarité entre quantité et numération est essentielle car, autant la quantité parce qu'elle subsume des concreta quelconques est incontournable, autant la numération, concept générique qui lui est nécessaire en ceci qu'elle la précède et la présuppose.

Ce lien intime entre ces deux concepts est indissoluble car « partout où une question est donnée, il y a place pour la question du combien et c'est précisément à cela que répond la numération correspondante- (Husserl 1891, tr.fr. p. 18, note 9).

Ceci étant, Husserl va pouvoir s'atteler et décrire l'acte d'abstraction des concepts de quantité et de nombre proprement dit.

D'un mot, il faut signaler que cet acte comporte trois principaux présupposés théoriques :

1. Il porte sur des objets physiques.
2. Il vise à révéler le mode d'engendrement et d'obtention du concept de nombre.
3. Ce processus abstractif a une nature foncièrement psychologique.

Quant au déroulement intrinsèque du processus abstractif, il faut remarquer que Husserl en la matière, n'innove pas le procédé méthodologique qu'est l'abstraction. Toutefois chez lui, il y a comme un schéma linéaire qui va de l'abstraction à la quantité et qui aboutit à la numération.

Abstraction ⟶ quantité ⟶ numération

L'intention de ce schéma husserlien, c'est de nous faire prendre conscience du fait que l'abstraction s'opère sur un agrégat d'objets quelconques, cela pour bien marquer le caractère général du procédé abstractif. Aussi, écrit-il ceci : « Les concreta auxquels se rapporte l'activité qui abstrait (...), ce sont des ensembles d'objets déterminés; nous ajoutons maintenant absolument quelconques » (ibid., pp. 19, 20, note 20). Ici, la logique de la démarche de Husserl, lui impose de ne point sacrifier cette faculté reconnue à n'importe quel type d'abstraction de parcourir un ensemble de données physiques quelconques, de pouvoir les discriminer dans le dessein de mettre leur réalité spatio-temporelle entre parenthèses, toutes choses nécessaires à l'obtention de leurs concepts. Ce faisant, il n'y a pas de contradiction avec la *relation intime* postulée entre quantité et nombre déterminé. Puisque ce rapport assume ou plutôt donne le nombre qui correspond à une quantité spécifique lors même que l'activité qui abstrait est une activité de type général au sein de laquelle se déroule l'obtention d'un nombre déterminé.

La difficulté que Husserl a contournée par cette définition, aurait été de restreindre le caractère général de l'activité abstractive comme si elle ne devait porter que sur des quantités d'objets préalablement déterminés. Car alors, le processus abstractif aurait appelé à sa rescousse une autre activité qui aurait consisté à exécuter cette abstraction de type général. Il ne pouvait pas se permettre un tel dédoublement dans l'exacte mesure où, précisément, tout repose sur deux points essentiels:

1. L'indépendance du processus abstractif à l'égard de ses vis-à-vis que sont ces objets quelconques. Cette indépendance est nécessaire pour garantir la véracité des résultats obtenus, une fois le processus complété.
2. Sa généralité se veut la preuve que le procédé d'abstraction qui est à l'œuvre ici, n'est pas différent de n'importe quelle autre activité abstractive. Ce caractère général autorise Husserl à affirmer et à soutenir que grâce à lui, cette abstraction n'a aucun statut spécial. En outre, cette généralité constitue la seule possibilité susceptible de rendre compte de l'état dans lequel se trouve notre conscience. Puisqu'après tout, ces objets quelconques sont loin d'être là ensemble *(zusammen)* dans notre conscience totale *(Gesammtbewusstsein).* Comme vis-à-vis de la conscience *(Bestand),* ces contenus divers s'offrent à la conscience comme motif de son activité de connaissance.

Pour Husserl, il s'agit de soutenir qu'il n'y a pas d'emblée, une unification de ce divers de façon totale en raison du fait que l'unification porte toujours sur des sous-parties d'un ensemble sur lequel s'ouvre la conscience. Cet ensemble, de façon immédiate, constitue le donné irrécusable qui lui est offert comme le lieu où s'exerce son activité. Ce faisant, ce travail d'unification partielle qu'opère la conscience, se fait exclusivement à l'intérieur de cette zone, de cette région de la conscience. Il n'y a donc point cette saisie totale et immédiate des objets que certains auteurs postulent et qui, à ce titre, sont fustigés par Husserl. Cette approche ignore tous les intérêts de connaissance qui motivent l'activité discriminante et distinctive de la conscience d'une part et d'autre part, le fait que la conscience remarque et détache certains contenus pour eux-mêmes. Toute cette activité de vigilance de la conscience j'allais dire, se déroule sous un toile fait d'arrière-fond ou d'horizon d'objets co-présents. Si la thèse de la saisie et de l'unification immédiate était juste, ces objets solidairement donnés avec ce que la conscience discrimine localement, se seraient évanouis d'office. Or tel n'est précisément pas le cas de figure auquel on assiste. Il s'ensuit que l'on ne peut pas légitimement soutenir que la conscience ramasse d'un seul coup ce Bestand.

Dès lors, est-il possible pour Husserl de critiquer ce leurre qui consiste à croire en une saisie totale, immédiate des phénomènes qui constituent le vis-à-vis objectif de la conscience.

Cette thèse est irrecevable car ce qui se passe effectivement est de toute autre nature. Pour expliciter toute la teneur du propos husserlien, J. English le traducteur en français du livre écrit ceci:

> L'unification des parties d'un ensemble se situe à l'intérieur de cette région privilégiée, ainsi détachée du fond global où elle transparait, et non pas, comme le croit la théorie discutée, à l'intérieur de la prétendue totalité de la conscience. Il n'y a pas d'unification collective immédiate de la conscience, il n'y a que des unifications collectives, régionales, médiatisées par des actes spécifiques qui consistent à remarquer successivement les contenus à unifier (Husserl 1891, tr. fr. J. English, 18a, p. 27).

Cette remarque du traducteur est, à mon sens, très pertinente car elle exprime clairement les tenants et les aboutissants de l'idée de Husserl. Elle lui rend justice car, comme on vient de le souligner, il faut garder à l'esprit que chez Husserl, les objets qui guident et activent nos intérêts de connaissance s'offrent à la saisie de la conscience non pas comme des totalités closes, mais au contraire dans un univers que structurent des contenus co-présents. Il est donc permis d'en déduire qu'il y a toujours d'autres contenus présents en même temps de telle sorte que la conscience a affaire à un objet inscrit dans un horizon.

D'unifications régionales totalisantes en unifications régionales totalisantes, la saisie des objets aurait pu échouer si Husserl n'avait pas au préalable, insisté sur le concept de liaison et du coup celui de continuum. Ces phénomènes partiels, débridés, hétéroclites et saccadés doivent être remarqués pour eux-mêmes d'abord et ensuite connectés au moyen de ce qu'il appelle la liaison collective. Cette liaison *(Verbindung)* est collective parce que, précisément elle porte sur l'ensemble; elle unifie ce divers chaotique de façon partielle, parcellaire voire partiale (au sens où la conscience discrimine et s'attache à ce qui l'intéresse, laissant les autres contenus dans cet horizon brumeux qu'ils forment).

Cet ensemble *(Inbegriff)* n'est donc pas unitaire. [3]Il est par conséquent illusoire de vouloir le décrire, pour paraphraser le concept de liaison est essentielle car notre conscience a face à elle, un halo d'impressions multiples et jamais un seul et unique objet, car alors le concept de liaison n'aurait aucune utilité. Une telle thèse revient aussi à postuler que la conscience est exiguë et ne peut, de ce fait que se rapporter qu'à un seul objet à la fois. Cette thèse ne saurait être accréditée par Husserl.

II est donc capital de maintenir la nécessité de cette liaison (Verbindung) collective. Elle donne l'un des traits caractéristiques de la quantité conçue en tant que totalité dont les parties constitutives sont unifiées, on le sait désormais, par des liaisons collectives. Elle repose ou plutôt se justifie pour le mode de donation des objets collectionnés. Ce mode de donation s'articule autour des concepts de collection et de succession (temporelle). À cet égard, Husserl écrit: «Une troisième manière de voir se fonde également sur le temps comme sur un facteur psychologique indépassable.» N'est-on pas, dès lors, autorisé à reprocher à Husserl d'utiliser le procédé du diallèle qui consiste à expliquer un concept par lui-même? En tout cas, il y a là, une faiblesse certaine de la démarche de Husserl. Cette faiblesse est induite par son souci de donner une caractérisation psychologique des phénomènes sur lesquels repose l'abstraction du concept de quantité. Ce faisant, il a perdu de vue toute l'importance de lui en donner une définition rigoureuse. Cette dernière tâche a été hélas, reléguée au second plan. Elle eût pour conséquence fâcheuse d'obscurcir davantage le concept de quantité. En se focalisant sur l'assise psychologique de ce qu'il appelle le *tout collectif,* cela a contribué à occulter la quantité.

En outre, il a conduit Husserl à soutenir qu'on peut dire qu'elle se morcelle en une multitude de concepts déterminés, séparés les uns des autres de façon stricte: « ce sont les nombres. Il se forme des concepts comme : un et un; un, un et un; un, un, un et un, etc. » (Husserl 1891,

[3] Husserl fait un usage indifférencié entre *Inbegriff* et *zusammen* (ensemble); il les oppose à l'adverbe substantivé *zugleich* que le traducteur rend par simultanéité en ceci qu'il est synonyme de *zleichzeitig* qui signifie *en même temps.* Toutefois il faut noter qu'en français, le mot ensemble peut signifier un nom commun ou être employé comme adverbe. Ce double emploi en français rend mieux l'idée de Husserl quand on les rapporte à sa définition du terme conceptuel comme nom général subsumant le mode sous lequel l'objet est visé et l'objet lui-même.

tr.fr. p. 99, note 87). De là vient que ces concepts, puisque primitifs, se retrouvent forgés dans l'esprit humain et dits dans toutes les langues du monde.

Il y a là, un détour par l'anthropologie culturelle pour se justifier. Pour lui, le concept indéterminé de quantité (le beaucoup indéterminé) se trouve déjà dans l'approche la plus élémentaire dans l'art de compter. À cet égard, il cite pêle-mêle des expériences qui auraient été faites auprès des enfants et des «peuples qui se trouvent dans la période de l'enfance (...), les peuples sauvages, ceux qui se trouvent au niveau le plus bas de la culture » (Husserl 1891, p. 102, note 90). Ici, Husserl reprend à son compte les clichés les plus grotesques des anthropologues scientistes de son temps. La pierre de touche de cette argumentation, c'est l'archéologie du savoir arithmétique, archéologie qui consiste dans un geste anthropologique de réhabilitation du fait primitif de compter qui n'a jamais été étranger à l'homme. Revenons à l'assise psychologique de l'analyse pour dire ceci :

> En regard de la constitution *(Beschaffenheit)* discursive de notre pensée, il est absolument impossible de penser en même temps plusieurs contenus différents les uns des autres. Notre conscience ne peut à chaque instant avoir affaire qu'à *un seul objet.* Toute activité supérieure par laquelle l'esprit pose un rapport ne devient possible que parce que les objets sur lesquels elle porte sont donnés *temporellement* les uns après les autres (Husserl 1891, p. 30, note 19).

Ce halo de contenus qui constituent le vis-à-vis objectif de la conscience, comme on le voit, s'inscrit dans des séquences temporelles.

La conscience qui discrimine les contenus, les saisit ensemble *(Inbegriff),* cet acte dans son déroulement rassemble et fait coïncider dans un même segment temporel de tels objets. C'est pourquoi Husserl parle de consécution temporelle.

Or cette consécution temporelle, à son sens, reste la marque essentielle du concept de quantité. Puisqu'au fond de ce chaos d'impressions qui se suivent, la conscience opère un travail de liaison, de rattachement de tels contenus à tels contenus, bref cette mise en rapport des contenus nous rappelle la place sui generis de la quantité. Dès lors Husserl est-il en mesure de nous donner une autre définition de la quantité et partant, celle de nombre:

> La quantité *in abstracto* n'est rien d'autre qu'une succession, la succession de contenus quelconques remarqués pour eux-mêmes. Quant aux concepts de nombre, ils représentent *(repräsentiren)* les formes déterminées de quantité ou de succession *in abstracto»* (Husserl 1891, tr. fr., p. 31, note 21).

Il ne faut pas voir dans cette deuxième définition de la quantité réduite à la succession et subséquemment celle de nombre, un tiraillement a fortiori une contradiction . Cette seconde définition n'est pas en contradiction avec la première qui insiste sur l'idée d'objets, la question du combien car après tout, ces objets s'inscrivent, dans leur mode de donation à la conscience, dans des séquences temporelles t_1, t_2, t_3, et ainsi de suite.
Autrement dit, la succession reste leur marque essentielle.

À vrai dire, cette deuxième caractéristique de la quantité que Husserl en a fait une définition lui a permis de mettre en relief son rôle moteur au sein du dispositif définitionnel. En outre, cette deuxième définition perpétue la conviction que Husserl a fait sienne et qu'il a toujours défendue: celle qui affirme qu'il existe un lien intime et indissoluble entre le concept de quantité et celui de nombre déterminé. Cet attelage a pour but, en dernière analyse de montrer que l'obtention ou la manière dont on se représente le nombre, est le fruit d'un processus. Il s'agit bel et bien d'un processus car la validité de la succession temporelle lui assure une assise psychologique irrévocable.

Mieux, Husserl en fait une *condition psychologique préalable* indispensable pour que se forment la très grande majorité des concepts de nombre et des quantités concrètes -aussi bien que, de tous les nombres plus compliqués en général. Plus loin Husserl ajoute:

> Puisque l'acte de dénombrer exige une succession temporelle des représentations, le nombre est la forme qui rassemble le successif in abstracto; mais elle [sa théorie du temps] pense aussi pouvoir montrer que la consécution temporelle constitue le seul point commun à tous les cas de quantité et qu'elle doit donc constituer le soubassement de l'abstraction de ce concept (Husserl 1891, tr. fr., p 35, note 25).

Tout l'intérêt de l'analyse husserlienne consiste précisément à mettre l'accent sur le palier psychologique des phénomènes qui s'offrent à nous. Il y a comme une gradation qui va de cette source qu'est le niveau psychologique à celui de l'analyse conceptuelle. Le palier logique qui, bien que supérieur -parce qu'il permet aux sujets connaissants que nous sommes d'accéder à de nouvelles réalités- ou plutôt en raison de ce fait, nécessite un fondement, un ancrage sûr. Cette assise est ce que Husserl appelle le niveau psychologique, la seule et unique instance qui donne le phénomène dans sa réalité intrinsèque. L'on est en droit de se demander si cette théorie husserlienne de la connaissance n'est pas victime de la psychologie. Ce qui est sûr, c'est que ce palier psychologique montre à quel point, la conscience qui discrimine, trie et finalement appréhende tel ou tel contenu dans la succession temporelle, est motivée par ce que j'appelle ailleurs, des intérêts de connaissance. Cette intention de la conscience indique que la conscience n'est point aveugle d'une part et d'autre part, témoigne du fait que, lorsqu'elle a opté pour tel contenu, les autres sont comme frappés du sceau de l'inexistence. Ainsi, les contenus qui n'ont pas été privilégiés, sont comme biffés, ce qui ne saurait signifier qu'ils le sont effectivement. Ils continuent, pour ainsi dire une espèce d'existence fantomatique.

À l'inverse, les contenus que la conscience a visés et sélectionnés, vont pouvoir accéder au second palier que constitue l'instance de l'analyse logique. C'est à ce niveau que revient la charge de l'assignation de leur signification logique *(Meinung)* et comme tel, il demeure un stade supérieur en tant qu'il est le lieu de la *Bedeutung.* Ceci explique pourquoi dans le dispositif husserlien, la *Meinung* témoigne de la vigilance et de l'intention de la conscience.

Ici, il convient de souligner l'importance de ce travail architectonique car sans lui, aucun contenu dans la succession temporelle ne peut devenir et recevoir le statut supérieur de visée à plus forte raison accéder à l'instance de la thématisation.

D'une façon générale, ce processus de maintien en prise d'une visée (un contenu déterminé) pour ensuite lui donner sa pleine et entière signification, montre éloquemment que le procès de la connaissance chez Husserl est synonyme de constitution intentionnelle. Cette vision est déjà anticipatrice de la théorie de la constitution à laquelle Husserl resta fidèle dans ses travaux ultérieurs. C'est du reste la même idée qui est à l'œuvre dans *Ideen I,* publié vingt ans plus tard.

Cette place importante que prend le temps dans le dispositif husserlien, reste pour lui une façon de s'inscrire dans la tradition aristotélicienne pour laquelle, le temps constitue le nombre du mouvement selon l'avant et l'après. À ses yeux, cette tradition a été rompue par Kant qui, au lieu de la perpétuer, se serait permis d'hypostasier injustement ce qu'il appelle la *forme de l'intuition* du temps comme fondement du nombre. À cette définition kantienne du nombre, Husserl n'y souscrit pas. Il rappelle contre Kant que le *nombre* et la *représentation du nombre* ne sont point une seule et même chose. Le nombre n'est pas la représentation de quoi que ce soit. Il s'ensuit qu'il ne saurait être celle du temps.

Husserl discute et critique par la suite certains des grands auteurs de son époque. Il leur reproche, en gros, le fait que leurs approches n'ont pas su prendre du recul par rapport à la définition kantienne. Leurs approches néo-kantiennes sont victimes de la philosophie de Kant qui place au centre de ses préoccupations le schème de la perception et la forme de l'intuition. Tous ces auteurs confondent deux choses: ils ne distinguent pas la représentation d'un ensemble délimité d'objets de la représentation de leur nombre, ce qui conduit à une approche aveugle car elle ne différencie pas des concepts aussi essentiels que collectionner, dénombrer et distinguer. Or, en perdant de vue cette différence et en n'étant pas capable de comprendre comment s'articulent ces trois concepts, quels liens les attachent les uns aux autres, ces auteurs ont royalement sous-estimé, pour ne pas dire ignoré leur fondement psychologique.

Ce faisant, ils ont manqué leur objet car la Bedeutung du concept de nombre doit toujours être rapportée et compris en fonction de son ancrage psychologique. C'est la nature de cet ancrage qui structure le lieu de constitution intentionnelle des contenus distingués sans lesquels, l'instance logique (qui leur assigne leurs significations) s'effrite. Pour Husserl, il reste capital de ne point escamoter cette base psychologique si tant est qu'on veuille posséder et décrire tout le procès de la connaissance des objets.

Sur les contours sémantiques de cette *Bedeutung,* Husserl et Frege ne s'entendent pas. Nous aurons l'occasion d'y revenir. Soulignons simplement que Husserl assimile *Sinn* (sens) et *Bedeutung* (signification). Ainsi, sens et signification sont les mêmes. C'est à ce titre que Husserl a maintenu sa définition en 1900-01 dans les *Recherches I,* paragraphe 21 et *Recherches II,* paragraphes 11 et 42.

À mon sens, on peut comprendre cette approche de Husserl dans la mesure où elle s'inscrit dans la continuité de ses efforts. Husserl a résolument défini une visée comme étant le produit d'un tri entre plusieurs contenus, en même temps que l'unification partielle de contenus distingués. Ainsi, le nom commun, par exemple que reçoit cette visée, indique à la fois cet objet visé et cet objet même. Cette faculté de double renvoi tant à l'intention de la conscience qu'à l'objet, explique l'univocité entre Sinn et Bedeutung, toute chose que Frege fustige et rejette comme inacceptable.

III- Husserl, critique de Frege : exposé de son système de nombre

1. La critique de Frege

D'entrée de jeu, il faut dire que Husserl s'inscrit en porte-à-faux à la théorie fregéenne de l'équivalence. Avant d'en dire quoi que ce soit, faisons le détour par ce que Husserl entend par égalité entre deux contenus. Pour lui, la question primordiale à laquelle il faut impérativement répondre, peut se formuler comme suit :

> … quelle est donc la raison pour laquelle on a le droit de placer un contenu à la place de l'autre dans certains jugements vrais ou dans tous ? La seule réponse exacte est celle-ci: c'est l'égalité, ou l'identité des deux contenus» (Stolz, F. *Vorlesungen über allegemeine Arithmerik,* Leipig, 1885, I, 9; cité par Husserl en pp. 117-8).

À cette question simple, des mathématiciens tel que Stolz ont apporté une réponse irrecevable à ses yeux. Stolz que cite Husserl aurait répondu ceci:

> On dit que deux quantités sont égales entre elles s'il est possible de mettre en correspondance avec chaque élément de la première un élément de la seconde, et si aucun élément de celle-ci ne reste sans liaison *(Ibid., pp. 117-8).*

Pour Husserl, cette définition de l'égalité numérique par la correspondance biunivoque se méprend sur le fait qu'il existe déjà une égalité entre les contenus. L'égalité que postule celle de la correspondance biunivoque n'est pas essentielle dans la mesure où elle porte sur les marques distinctives qu'elles soient internes ou externes. Or ces marques elles-mêmes, présuppose l'égalité entre les contenus.

C'est pourquoi Husserl la corrige en insistant que deux quantités dites quantitativement égales sont numériquement égales.

Husserl en conclut que de la possibilité de la correspondance biunivoque de deux quantités, on ne saurait postuler leur égalité numérique. Cette possibilité en est simplement la garantie. Il ne pouvait pas souscrire à cette approche car, au-delà de Stolz, Husserl a dans son point de mire Frege. Husserl a-t-il bien compris ce procédé ? N'est-ce pas de la correspondance biunivoque, en sa possibilité même que l'on obtient l'égalité numérique ?

Le moins qu'on puisse dire, c'est que Husserl rejette toutes les définitions des nombres au moyen de l'équivalence. Elles ont en commun de son point de vue, d'occulter un concept aussi central que celui de la numération. Husserl estime que la vision de Frege est *voisine* de cette théorie de l'équivalence. Et à ce titre, elle est taxée *comme* fausse dans l'exacte mesure où Frege serait passé à côté de l'essentiel pour s'attacher exclusivement à ce qui ne constitue qu'une simple garantie. Concernant par exemple, le concept de numération, Husserl soutient ceci à l'endroit de Frege à la page 144, note 129-130 :

> Il frôle aussi incidemment la réponse juste, mais pour s'éloigner ensuite davantage de la vérité. Ce que vise Frege, ce n'est absolument pas une analyse psychologique du concept de numération ; ce n'est pas d'une telle analyse qu'il espère une explication des soubassements; de l'arithmétique. Une fondation de l'arithmétique sur une suite de définitions formelles, d'où puissent découler tous les théorèmes de cette science d'une manière purement syllogistique, voilà l'idéal de Frege.

Husserl récuse ce qu'il décrit comme l'idéal de Frege pour une raison essentielle. Il n'est pas possible, il est même absurde de vouloir définir des concepts aussi primitifs et ultimes que ceux de quantité et d'unité qui n'ont aucune composante logique, à l'aide d'un procédé logique. C'est un non-sens radical. Pour lui, ces deux concepts et bien d'autres reposent immédiatement sur des données psychiques incompressibles. La nature éminemment psychique de ces données les rend indéfinissables par les définitions logiques qui du reste sont toutes formelles. C'est pourquoi il affirme que tout effort de définition formelle échoue dès le moment où elle touche cette zone infranchissable délimitée par lesdits concepts. Puisque la définition

dite logico-formelle achoppe ici, il revient à Husserl d'indiquer quelle autre voie reste praticable.
L'échec de la tentative logico-formelle étant ainsi démontrée, Husserl argumente et expose sa solution unique de remplacement. Elle consiste, au risque de nous répéter à montrer les phénomènes concrets à partir desquels ces concepts sont abstraits. Ce faisant, la tâche revient à décrire la nature du processus abstractif qui est à l'œuvre. Contre les vaines prétentions fregéennes, il convient de réhabiliter le rôle incontournable de la psychologie car, sa contribution est tellement inestimable que l'on ne saurait s'en passer au risque de rater l'objet recherché. Il n'est donc pas stupide de donner des descriptions *(Beschreibungen)* du procédé au moyen duquel on obtient les concepts de nombre, concepts dont la primitivité a été démontrée plus haut. C'est ce qu'il convient de faire et c'est ce que Husserl a tenté de faire.

Du reste, les difficultés énormes que Frege a soulevées et qu'il n'a pas été en mesure de résoudre, sont imputables à la nature logico-formelle de sa tentative :

> Nous nous trouvons par conséquent devant la difficulté suivante: si nous voulons laisser le nombre se former par le rassemblement d'objets différents, nous obtenons alors un amas où les objets sont contenus avec précisément les propriétés par lesquelles ils se distinguent, et cela n'est pas le nombre. Si d'autre part nous voulons construire le nombre par le rassemblement de ce qui est égal, ce qui est égal se fond constamment ensemble en quelque chose de un (in eins), et nous ne parvenons jamais à la quantité (Frege, *Grundlagen, p 50;* cité par Husserl 1891, tr.fr. p. 172, note *156).*

Citant ces difficultés qu'énumèrent les *Grundlagen* de Frege à propos de l'articulation entre quantité et unité, Husserl fait remarquer que seule son approche en donne une solution simple.

Husserl résout, c'est ce qu'il espère, ces difficultés en insistant sur le fait que ces éléments disparates sont comme tels (indistincts) dans la représentation qu'on en fait. Les relations de distinction *(Unterschiedenheit)* n'interviennent que lorsqu'il n'y a pas trop de disparités entre de tels contenus. Dans le passage ci-dessus cité, ces problèmes deviennent des difficultés réelles pour Frege dans la mesure où dans son dispositif, il semble qu'il n'a aucun moyen pour les résorber. Ensuite, pour Husserl il est clair que Frege pose mal le problème car cette distinction qu'il veut obtenir entre les objets et les propriétés par lesquelles ils se distinguent, exige de lui une procédure spéciale dont il ne dispose pas. Il y a là, une méprise car cette opération *(Thätigkeit)* spécifique de distinction n'est d'aucune utilité en ceci que les éléments constitutifs de l'ensemble ne sont pas engagés dans un processus d'unification. En d'autres termes, ils ne se confondent ni fusionnent en une unité.

Dès lors que Frege a manqué cet aspect essentiel, il lui était difficile, sinon impossible de comprendre le processus abstractif du nombre.

Comme pour donner le coup de grâce à l'entreprise fregéenne, Husserl argumente et écrit :

> En ce qui concerne le concept de *nombre,* il se forme à partir des ensembles d'une manière telle que, considéré dans son principe, il n'a besoin lui non plus d'activités particulières de distinction. Le fait de dénombrer, c'est-à-dire le processus successif par lequel nous découvrons le nombre d'une multiplicité, n'a besoin en règle générale que de l'état de distinction des objets à dénombrer, mais non pas d'une activité qui les distingue (Husserl 1972, tr. fr., p. 173, note 157).

Les concepts d'égalité ou de différence, ici, ne sauraient prévaloir nécessairement car cela contreviendrait à la liberté de choix que Husserl a conférée à l'intentionnalité. Elle peut saisir ces contenus pluriels comme tels en tant que simple réceptacle (d'où sa passivité) sans les différencier, de même qu'elle a la faculté de les distinguer et de les constituer activement dans leur concrétude et forme.

L'intentionnalité a par conséquent, une activité qui comporte ces deux versants irréductibles qu'il faut avoir à l'esprit dès lors qu'on veut abstraire les nombres.

Husserl force et dénature les légitimes interrogations de Frege dans le passage qu'il a cité. Ces difficultés que Frege recense, constituent pour lui l'occasion de montrer les types de difficultés auxquelles l'on est confronté dès lors qu'il s'agit de définir les nombres. En rien, ce n'est cette espèce d'aveu d'impuissance auquel Husserl le réduit. Cette critique de Husserl n'est pas acceptable quand on sait que Frege, dans une grande mesure a atteint son objectif. Les développements ultérieurs me permettront d'y revenir.

À l'inverse lorsque Husserl critique la définition du nombre chez Frege pour lequel le nombre dit quelque chose d'un concept *(Begriff),* il se montre d'une grande fidélité. Soutenir que le nombre dit quelque chose d'un concept, c'est mettre hors-circuit tout le processus abstractif.

Aussi, insiste-t-il pour faire remarquer que :

> ... le nombre ne se rapporte donc pas au concept des objets dénombrés, mais à leur ensemble *(Inbegriff). Si* nous dénombrons une multiplicité d'objets similaires, par exemple **A**, **A** et **A**, nous commençons par faire abstraction des constitutions intrinsèques de leur contenu, donc aussi du fait qu'ils appartiennent au genre A. Nous construisons la forme d'ensemble un, un et un et nous remarquons subsidiairement que un doit avoir ici la signification de «un A». Ce n'est pas le nombre qui énonce quelque chose au sujet du concept du dénombré, mais c'est ce concept qui énonce quelque chose au sujet du nombre (Husserl 1972, tr. fr., p. 206, note 186).

Il y a là, deux points de vue diamétralement opposés. Tandis que Frege s'interroge sur des difficultés manifestes pour mieux définir le cadre des contraintes qu'il faut satisfaire pour espérer obtenir une définition rigoureuse du nombre, Husserl quant à lui, s'attache à montrer comment nous lions les noms de nombre aux membres de la multiplicité à dénombrer, pour ensuite retenir le dernier nom obtenu comme étant celui du nombre recherché. Chez Frege la rigueur de la définition impose des règles contraignantes du début à la fin de la procédure alors que chez Husserl, l'abstraction retient les signes de contenu-durant le processus de dénombrement, la conscience ne s'occupe pas du contenu de ces signes-et ce n'est qu'à la fin du processus que le concept de nombre pénètre notre conscience avec son statut de nombre recherché et obtenu. Il n'y a donc aucune contrainte extérieure qui viendrait ainsi baliser le processus abstractif contrairement à ce que soutient Frege.

Ceci étant, Husserl décrit son système de nombre afin d'appuyer son propos et montrer en quoi il est valide.

2. Système de nombre chez Husserl

Il faut d'abord considérer les nombres 1, 2, ..., et un nombre quelconque x.

Ensuite, il faut opérer des formations suivant l'ancien principe de suite:

$x + 1, x + 1 + 1, x + 1 + 1 + 1,...$

Il faut à présent récuser l'ancien principe de désignation suivant lequel, on est autorisé à poser: x + 1, un signe nouveau x', et pour x' + 1 le signe x". Husserl juge cette façon de faire assez maladroite, de même que l'écriture suivante:

$x + 1,$	$x + 2,$	$x + x,$
$x + x + 1,$	$x + x + 2,...$	$x + x + x,$
$x + x + x + 1,$	$x + x + x + 2,...$	$x + x + x + x,$

Pour Husserl, ce qui est absurde dans la mesure où, plus on va loin, plus la distinction traîne en redondance (d'où l'entassement des sommes de x).

Aussi, Husserl se pose-t-il la question de savoir quel moyen (signe) abréviatif est adéquat. Pour lui le dénombrement simple des x , engendre une symbolisation multiplicative dans les pensées et dans les signes.

Ainsi, on a:

$2x, 3x, 4x,\ldots$
respectivement pour $x + x, x + x+ x, x+ x+ x+ x,...$

On a la suite:
$1 ... x, x + 1 ...$
$2\,x, 2\,x + 1 ... 3\,x, 3\,x + 1 ... 4x, 4x + 1 ... xx, xx + 1... xx + x... xx + 2x... xx + xx,$
ou bien en formation multiplicative:
$2\,xx$, puis , plus loin, $2\,xx+ 1... 3\,xx...xxx...$ là encore dans le système décadique (dix fois dix, dix fois dix etc.) Il y a là, des formations d'une manipulation difficile.
Et le dénombrement des facteurs conduit à la formation des puissances: $x^2, x^3, x^4,...$ une fois ces formations introduites, commence la suite des $xx = x^2 , x^2 + 1, ... 2x^2, 2x^2 + 1, ... 3x^2 ... (x - 1)\,x^2 ... x^3, x^3 + 1,... 2x^3 , 2x^3 + 1, ...3x^3 ... (x - 1)\,x^3$.
Le constat que l'on peut en déduire, c'est qu'il convient, pour des raisons pratiques, de s'en tenir à l'élévation à la puissance. Puisque dans le dénombrement multiplicatif x fonctionne comme l'unité

déterminée. Et ainsi, chaque nombre est plus grand de 1 que le précédent alors que le premier est plus grand de 1 que le dernier de l'échelon précédent. Ce faisant, on a une suite de nombres à l'infini et qui correspond exactement, selon Husserl à la suite naturelle des nombres. Et la formation des nombres se fait: 1, 2 ... x - 1.

Il faut noter qu'ici, chaque nombre est une *fonction entière à coefficient entier* d'un nombre de base x avec des coefficients qui appartiennent au segment de la suite des ombres naturels. 1,2,...x-1.
Il s'ensuit qu'il nous est donné symboliquement sous la forme d'un agrégat:

$$a_o + a_1x + 1a_2x^2 + a_3x^3 + .. ,$$

ou a possède 1 des valeurs 0, 1, 2, ... x - 1.

1, 2, ... ***x*** sont dits les puissances de $x(x^{\circ}, x^1x ...)$ des unités de 0, 1, 2 échelon.

Ce système de nombre ne semble pas réussir à éliminer ce que certains mathématiciens dont Frege récusent: le fait que la définition ne soit pas en mesure de donner une formule qui puisse embrasser et s'appliquer à n'importe quel nombre de la suite naturelle. En d'autres termes, il est inacceptable qu'une définition s'achève par des points de suspension, le ainsi de suite. La critique de Frege vise justement à dénoncer non seulement cet appel à la psychologie mais aussi cette incohérence qui consiste à introduire le ainsi de suite. Frege avec sa notion d'hérédité et Dedekind avec celle de chaîne, arrivent à saisir toute la suite naturelle sans le ainsi de suite.

Dans cette perspective, il est permis d'opposer l'approche de Husserl qui consiste à rejeter celle de Frege comme étant des définitions toutes formelles et par ricochet celle de Dedekind. Ces deux auteurs, au-delà des différences qu'on peut trouver entre eux, partagent une intention commune: celle de parvenir à l'élimination complète du ainsi de suite dans la définition. Puisqu'en fin de compte, les notions de chaîne et d'hérédité sont deux moyens semblables articulés autour des mêmes objectifs. Cette différence de démarche entre Husserl et les deux autres fait que tandis que ceux-ci seront confrontés au problème de la prédicabilité, Husserl est appelé à résoudre celui du dénombrement.

Pour comprendre la tâche de redressement de la logique, il faut garder à l'esprit, comme le souligne avec force Lukasiewicz, que:

> La logique *philosophique* des temps modernes est une discipline déchue, envahie par la psychologie et l'épistémologie. Tout s'estompe dans de vagues spéculations philosophiques (Lukasiewicz, 1972, p. 23).

Plus loin, Lukasiewicz rappelle qu'après cette déchéance, « la logique contemporaine a été régénérée par l'esprit des mathématiques » (Lukasiewicz, 1972, p. 23). On comprend dès lors pourquoi des mathématiciens comme Frege et Husserl n'étaient pas en reste de ce mouvement de renouveau logique en dépit du fait qu'on ne s'entend pas exactement sur les termes et enjeux de ce débat. Frege et Husserl, voilà donc, deux auteurs opposés sur les moyens susceptibles de fonder les objets arithmétiques. Pour Frege, il est sans appel que la psychologie, pour le paraphraser, n'a et ne doit s'imaginer contribuer de quelque manière que ce soit à la fondation de l'arithmétique. En marquant ainsi son divorce d'avec l'édifice psychologiste husserlien, Frege va affirmer et soutenir le lien indissoluble entre l'arithmétique et la logique. Ce faisant, il n'a fait que supplanter un ancrage absolu par un autre ancrage non moins absolu. La psychologie ou la logique, voilà deux a priori théoriques au secours des fondements de l'arithmétique, et qui résume tout le divorce méthodologique entre Husserl et Frege. À ce stade, il est difficile de procéder à une évaluation critique des deux contributions. Pour ce faire, il convient de savoir les centres d'intérêts de l'approche de Frege, de les exposer, de les commenter et de les évaluer.

Chapitre deuxième

L'ANALYSE DE FREGE : BUT DES GRUNDLAGEN

Les *Grundlagen* ont été publiés en 1884 (la traduction française date de 1969). En ce qui concerne la forme des *Grundlagen, il* faut noter qu'il s'agit d'un livre écrit dans un langage courant accessible au grand public. En ce sens, ce livre présente et vulgarise dans une certaine mesure les preuves formelles qui existent déjà dans la *Begriffsschriff* (1879). Plus tard dans sa préface aux *Grundsegetze (t.* I, 1893; t. 11, 1903) Frege écrira: « J'exécute ici un projet que j'avais déjà en vue quand je rédigeai la *Begriffsschriff,* en 1879, et dont je me suis ouvert dans les *Grundlagen,* en 1884 » (cité par Imbert, 1972, p. 175).

Ceci étant, il faut noter que même écrit dans un langage simple, il n'en demeure pas moins que ce livre l'est aussi dans des formes logiques rigoureuses. Cette rigueur logique était indispensable en regard de l'objectif qui lui est sous-jacent: donner une suite de définitions contraignantes susceptibles de permettre de s'attaquer à la question de savoir comment les concepts fondamentaux des mathématiques sont purement des concepts logiques. Quel est le but poursuivi dans cet ouvrage ? À mon sens, la préoccupation essentielle qui traverse ce livre peut se résumer comme ceci : il s'agit pour Frege de construire l'arithmétique par les seules ressources de la pensée pure, c'est-à-dire la logique. Pour atteindre pleinement ce but, il faut attendre dix ans plus tard avec la publication des deux tomes des *Grundgetze* (1893 et 1903) pour ce qui concerne la formalisation (langue symbolique) de l'arithmétique (pour ce qui concerne notre propos).

Avant de poursuivre, il faut dire deux mots sur ce qu'il est convenu d'appeler le projet logiciste en général et en particulier le logicisme de Frege.

I- Le logicisme de Frege

Il semble qu'il est possible suivant la lecture de Dummett de considérer deux types de logicisme à l'œuvre (qui ne recouvrent pas nécessairement la distinction en sens étroit et sens élargi faite par de Rouilhan 1988):

1. Le logicisme dit des concepts

C'est celui qui consiste à soutenir que tous les concepts mathématiques sont réductibles aux concepts logiques. Autrement dit, il s'agit de montrer que les concepts mathématiques sont indiscernables de ceux de la logiques.

Ce premier type de logicisme est celui qui motive Frege dans les *Grundlagen*. À cet égard, dans un récent ouvrage l'un des spécialistes de Frege en l'occurrence Imbert décrit la démarche fregéenne ceci :

> ...les définitions de la *transmission héréditaire d'une propriété et de l'ordre sériel,* n'utilisant rien d'autre que les symboles primitifs de l'idéographie à la syntaxe desquels elles s'intégraient immédiatement, montraient par le fait une indiscernabilité du logique et du mathématique» (Imbert 1972, p. 153).

C'est ce même type que l'on retrouve dans les *Principia* de Russell (1910-1913). Ce type de logicisme dont le leitmotiv réside, on l'a vu, dans la volonté de montrer comment tous les concepts fondamentaux des mathématiques sont réductibles à ceux de la logique, est encore vivace. Des héritiers de la tradition analytique comme Dummett (avec toutefois une petite dose d'intuitionnisme) et même Boolos le revendiqueraient volontiers.

2. Le logicisme dit des propositions

Ce deuxième type soutient que tous les théorèmes des mathématiques sont déductibles de la logique. Au début, il était allégué qu'ils l'étaient de n'importe quelle logique. Mais de nos jours, on précisera qu'ils le sont de la logique du second ordre. Ainsi, ce logicisme des propositions tend à montrer que les théorèmes mathématiques sont des vérités logiques. Ce deuxième type est lisible dans *Introduction to Mathematical Philosophy* de Russell (1919).

Comme on le voit, on peut classer suivant cette distinction, le projet de Frege dans le logicisme des concepts. Il faut insister et dire qu'il s'agit de montrer qu'un raisonnement proprement mathématique, repose sur les lois logiques ou plus précisément sur des concepts logiques.

Aussi, Frege énumère-t-il trois principes préliminaires qui sont au cœur de sa démarche. Le premier consiste à lever toute ambiguïté entre les différents éléments de son enquête :

a) Il y affirme clairement l'exigence de séparer le psychologique du logique, le subjectif de l'objectif (cf. Introduction [X] des *Grundlagen,* traduction française, Frege, 1969). Soutenir ceci, nous conduit à la question de savoir si l'on pouvait en déduire que la pensée effective avait engendré et structuré le langage symbolique utilisé par les sciences mathématiques. Frege pourrait y répondre par la négative car cela reviendrait à affirmer que les mathématiques pensent à notre place, ce qui est absurde. Il n'y a là, aucune construction mécanique dans laquelle, inexorablement l'esprit humain serait réduit à sa plus simple expression.

Pour Frege, cette thèse serait le pendant de cette illusion des psychologistes allemands tels que Benno Erdmann qui, à la suite de Locke, ont adhéré à l'associationnisme (suivant lequel images mentales et objets mathématiques sont des idées).

Resnik (1980) partage ce point de vue en ces termes :

> Although Frege accuses and criticizes the views of Benno Erdmann (Frege 1893: I, pp. XV-XXV) and Edmund Husserl (Frege 1894) at length, I have chosen the writings of John Locke as the source for my expositions of these claims (Resnik 1980, p. 27).

Ainsi donc, l'attaque de Frege des points de vue subjectivistes ne visait pas encore directement Husserl dont le livre paraîtra en 1891. Ce sera le cas à l'occasion de la recension critique du livre de Husserl et aussi à l'occasion de leurs échanges épistolaires. Ceci étant, il faut dire que pour Frege l'esprit n'est point un réceptacle qui se contente de voir se constituer et émerger les images intérieures. Frege dans l'introduction [IV] des *Grundlagen* récuse cette lecture car les images intérieures sont parfaitement indifférentes à l'objet des mathématiques. Cela se comprend aisément car pour paraphraser Frege, la psychologie ne doit point espérer concourir en quoi que ce soit au fondement de l'arithmétique.

Cette distinction catégoriale très nette est essentielle pour Frege. En conséquence, il convient de la dissocier de la psychologie car il s'agit de deux ordres de savoirs irréductibles. En maintenant cette distinction, Frege a introduit une distinction qui va imprimer et donner toute la mesure de son désaccord avec Husserl. En d'autres termes, Frege venait ainsi de marquer toute son opposition avec la démarche psychologiste que Husserl empruntera en 1891. Cette foi tenace en l'objectivité de sa démarche témoigne de l'esprit scientiste et fondationaliste de cette époque. C'est pourquoi pour Frege, il est hors de doute que l'objectivité du nombre est saisissable et que c'est la raison qui nous permet de l'obtenir. Du reste, c'est ce que les *Grundlagen* expriment clairement dans les sections 26, 27 et 105. L'objectivité au sens de Frege, est une catégorie philosophique qui s'applique à tout ce qui s'impose à nous et ce, indépendamment de nos sensations, de nos attentes et de nos représentations. À l'inverse, il est impossible de vouloir obtenir les éléments dits objectifs sans le recours de la raison.

À cet égard, il écrit :

> Par objectivité, j'entends indépendance par rapport à nos sensations, intuitions et représentations, par rapport aux ébauches d'images intérieures qui nous viennent des souvenirs d'impression passées, mais non indépendance par rapport à la raison. Prétendre dire ce que sont les choses indépendamment de la raison, ce serait prétendre juger sans juger, laver le cuir sans le mouiller. *(Frege,* tr.fr., 1969).

b) Le deuxième principe que pose Frege toujours dans son introduction [X] c'est celui désormais célèbre connu sous le nom de principe contextuel: en exigeant de *rechercher ce que les mots veulent dire,* il indiquait clairement que les mots n'ont de signification qu'au sein d'une proposition. Il s'ensuit que l'on ne saurait obtenir la pleine signification d'un mot si l'on le décontextualisait c'est-à-dire si on l'isolait du reste des propositions au sein desquelles il prend tout son sens. Cela revient à exprimer une contrainte: celle qui consiste à expliquer un mot, à définir des objets en respectant scrupuleusement le contexte au sein duquel ce mot prend tout son sens.

Inversement, cela revient à postuler qu'un mot n'a aucune charge sémantique en dehors du contexte où il est inséré et compris au sein des relations qui l'entourent. Cette définition exclut d'emblée les définitions de type général qui sont jugées trop vagues pour saisir des objets spécifiques. Cela veut dire qu'étant donnée une définition, il doit être possible de saisir son sens, toute chose essentielle puisqu'il permettra de dire si le jugement qu'elle contient est vrai ou faux. Ce principe que l'on a baptisé comme étant celui qui pose les conditions de la définition contextuelle est d'autant essentielle que les nombres naturels et réels sont des objets notamment difficiles à définir. Les Grecs s'y sont risqués. Mais l'apparition des nombres irrationnels a montré les limites de leur tentative sinon son échec. Or, force est de constater que les nombres semblent avoir un statut aporétique. Dès lors, il faut poser des contraintes irrévocables afin de ne pas permettre une définition qui s'applique à tout, ou des mots sortis de leur contexte pour dire autre chose.

L'objet des *Grundlagen,* précisément, c'est d'obtenir une définition des nombres pour eux-mêmes, c'est-à-dire en dehors de toute extériorité (si effectivement on arrive à montrer que les concepts mathématiques sont des concepts logiques, oui on pourra le qualifier d'interne).

Mais[4] c'est aussi un fondement externe pour un constructiviste pour qui l'arithmétique n'a pas besoin de fondement. Cette critique constructiviste pourrait dire qu'en réalité, il y a deux extériorités: l'une idéationniste[5] et psychologiste tandis que l'autre est logique.

D'où la nécessité d'une terminologie rigoureuse capable d'engendrer des nombres de manière intégrée, interne parce que logique, c'est-à-dire à l'exclusion de toute genèse explicite extérieure (au sens et à la condition ci-dessus indiqués).

C'est en raison de ce choix que la démarche de Frege est qualifiée par certains de définition génétique (il faut dire que la notion

---

[4] Il ne faut pas confondre ce type de fondement avec ce que Hilbert et son école ont tenté. Pour Frege, il s'agit d'asseoir l'édifice mathématique entier sur la logique tandis que pour Hilbert, il s'agit surtout de revendiquer la possibilité et la véracité d'un fondement mathématique interne, résolument auto-suffisant et donc garant de ce même édifice. Ce que Frege verrait comme interne serait tenu pour externe par l'école formaliste (cf. chap. 6).

[5] Cet idéationnisme inspiré de Locke est bien exposé par Laurier (1993) dans son chapitre 2, p. 17-34. Selon Laurier, il s'agit d'une approche qui est réductrice de la signification des mots à celle de la signification des idées.

d'hérédité chez Frege ne semble pas contredire cette lecture). Dans une large mesure on peut dire que Frege et Dedekind partagent ce souci : celui de ne point sortir de la suite naturelle des nombres pour espérer pouvoir en saisir leur sujet ou leur définition. C'est pourquoi, il subsiste une parenté irréductible entre la notion de chaîne de Dedekind et la notion d'hérédité de Frege. Toutes deux ont pour objet de montrer et de caractériser le caractère inexorable de leur mode de définition des nombres.

C'est en raison de cette démarche balisée dès le début de leurs démonstrations, qu'on peut à juste titre, les qualifier de contraignantes (eu égard au mode de transmission héréditaire des propriétés). D'ailleurs, elles y fondent et leur légitimité et leur vérité. En outre, ce caractère contraignant demeure l'un des traits dominants de l'approche fregéenne. Un autre aspect découle de ce deuxième principe : celui qui s'articule autour d'un ensemble de problèmes liés à la définition contextuelle.

L'un de ces problèmes et non le moindre -il a fait couler beaucoup d'encre- c'est celui dit communément de Jules César[6].

Ce principe contextuel rappelle la définition de l'opérateur de la cardinalité. Autrement dit, cette définition porte sur la faculté ou l'applicabilité de la définition contextuelle à dire, à saisir le nombre. À cet égard, Frege écrit : « le nombre **1** + **1+ 1** appartient au concept F », mais nos définitions ne nous permettent pas de décider si le nom Jules César appartient à un concept, ou si le célèbre conquérant de la Gaule est ou non un nombre. César est une personne et jamais une référence de quelque écriture mathématique. Cette difficulté recouvre la question urgente et apparemment indécidable que l'on est en droit de se poser: celle de savoir si l'objet que l'on obtient Jules César est une personne ou un nombre ? Et une autre question subsidiaire mais incontournable surgit: celle de savoir ce qu'il y a en commun entre le nombre et une personne en termes de critère d'identité ?

Comme on peut le voir, cette difficulté est liée au fait que la définition contextuelle, ici, joue sur deux registres celui de la déduction logique et celui de l'expérience. Suivant la déduction

---

[6] Ce principe, comme on l'a signalé est contenu dans l'introduction section 10 des *Grundlagen,* (Frege 1969, tr. Fr.). Nullement le nom de Jules César n'y est mentionné. Il s'agit d'un principe qui pose simplement l'une des trois contraintes auxquelles Frege souscrit afin de mener à bien son enquête. Le lien qu'on établit entre ce principe et la définition contextuelle de Hume, est en grande partie dù aux différents commentateurs.

logique on pourrait conclure que Jules César est un nombre tandis que suivant celui de l'expérience (qui ne le confirme pas) il y a un comme un vécu existentiel qui ne saurait nous l'autoriser, du moins, il nous retiendrait à affirmer que Jules César est un nombre. Aussi bien le raisonnement logique que l'expérience sont renvoyés non pas seulement en raison de leur contradiction, mais aussi et d'une certaine manière, en raison de leur non validité. Voilà une réelle difficulté qui ne sera pas escamotée dans les développements à venir. L'argument (celui de Dummett) qui insiste sur le fait que le problème de Jules César porte davantage sur la clause inductive que sur la définition contextuelle en tant que telle est-elle valide ? Que vaut un tel argument? Est-il recevable, du moins atteint-il son objectif.

Ce problème est désormais l'objet de beaucoup de publications (presque tous les commentateurs de Frege y ont consacré quelque chose) et la controverse dont elle est le moteur est loin d'être close.

c) Enfin, l'introduction des *Grundlagen* énumère un troisième principe. Celui-ci insiste sur l'exigence de maintenir la différence entre concept et objet. Le souci de clarté et de rigueur ont conduit Frege à ce principe qui lui non plus, n'est point une mince affaire. Puisque cette démarcation entre concept et objet se veut nette, Frege a été obligé de la maintenir jusqu'au bout. Mais force est de constater que cela souleva un grand problème lorsqu'il s'est agi de définir l'objet obtenu à travers une extension de concept. Ce troisième principe a abouti à compliquer l'analyse fregéenne en révélant un problème fondamental: celui de la thèse de l'extensionnalité des concepts *(Frege 1969,* tr.fr. sect.68).[7]

En quoi cette extension de concept engendra-t-elle une difficulté sinon un paradoxe supplémentaire pour Frege? Si l'on affirme avec Frege que les concepts ne sont pas des objets, comment peut-on sans sourciller, soutenir avec lui que les extensions de concepts sont des objets ? N'y-t-il pas là, une difficulté? Comment peut-on racheter une

---

[7] Il faut signaler que la technique de l'extension de concept semble être introduite faute de mieux. Puisque tout de suite, en bas de page Frege écrit qu'il pense qu'on pourrait dire tout simplement concept à la place de extension du concept. Mais il se résigne à la maintenir car ce serait une contradiction par rapport à ce qu'il a soutenu à savoir que chaque nombre est un objet d'une part et d'autre part, il y a le fait que des concepts peuvent avoir même extension sans coïncider.

telle position quand de surcroît il y est affirmé que toute extension est extension de concept ?

C'est, semble-t-il, ce que l'objection de Cantor à la définition fregéenne pointe du doigt. L'ironie ici voulant que Frege aie calqué sa définition sur celle de Cantor. J'y reviendrai pour exposer les raisons dernières de cette attaque cantorienne. Reprenons le fil conducteur pour faire remarquer que si par exemple, une extension de concepts n'est ni plus ni moins que le représentant *(Vertreter)* d'un concept, ne sommes-nous pas obligés suivant la définition contextuelle- d'obtenir un concept ou quelque chose du genre (de Rouilhan 1988, p. 59)? Il semble évident que si l'on affirme que toute extension est extension de concept, il s'ensuit inexorablement qu'il est exclu d'obtenir un objet. Cette autre difficulté est inhérente à la définition des nombres comme des objets. Là encore, il s'agit d'une grande difficulté (liée aussi au problème de Jules César) qui a donné lieu à maintes interprétations dont celle de Wright 1983, p. 113. La thèse d'extensionnalité renforce à son tour ce qui semble, ici, des plus problématiques. Faut-il rappeler que cette thèse d'extensionnalité a donné lieu à une vaine polémique entre Frege et Kerry en 1892 et que les anti-fregéens, aujourd'hui encore, lui consacrent maints commentaires.

Qu'on soit pour ou contre cette thèse d'extensionnalité, il est tout de même déroutant qu'un auteur aussi rigoureux que Frege, après avoir affirmé et maintenu une différence de catégorie entre objet et concept, en arrive à la conclusion qu'une extension de concept qui se fait toujours à partir d'un concept au lieu de signifier un concept, signifie un objet. Dès lors se pose la question de savoir si cette différence catégoriale, énoncée en introduction des *Grundlagen* n'est pas aussi tranchée qu'on le pensait. Cette interprétation, très flexible, ne conviendrait pas quand on sait la rigidité de la démarche fregéenne.

En outre, la conception fregéenne consistant à maintenir que le concept a un primat logique sur son extension, rend caduque une telle interprétation. Comment peut-on racheter l'analyse de Frege ? Husserl en 1891 dans la *Philosophie der Arithmetik* (traduction française, Husserl 1972, p. 148, paragraphe 134) dénonçait déjà toutes les ambiguïtés que comportait cette extension de concept à laquelle il a contraposé son concept de collection *(Inbegriff). La* collection chez Husserl, rappelons-le, est un type spécifique de la liaison. Elle assure la mise en relation des contenus disparates.

Compte tenu de sa nature psychologique, elle nous permet, écrit Husserl, de penser *ensemble* (zusammen) des contenus singuliers à la manière d'un ensemble *(Inbegriff* (Husserl 1972 tr. fr., chap. III, p. 81, paragraphe 69).

Frege discrédita en 1894[8] (Frege 1971, tr. fr. p. 144) le concept de *Inbegriff* qu'il qualifie de «conception naïve» (voir citation ci-dessous) dans le compte rendu critique consacré à la position de Husserl en rejetant sans appel cette analyse husserlienne. Après avoir exposé les points saillants de la conception de Husserl, il écrit:

> Nous assistons à un effort pour mettre une conception naïve du nombre sur le droit chemin de la science. J'appelle naïve toute conception pour laquelle le nombre n'est pas un énoncé portant sur un concept ou une extension de concept, alors que toute réflexion sur le nombre aboutit d'emblée et nécessairement à cette conclusion. Mais on appellera naïve, à proprement parler, la conception qui ignore les difficultés qui s'opposent à l'analyse du nombre, ce qui n'est pas entièrement vrai de notre auteur (Husserl). La conception la plus naïve est de penser que le nombre est quelque chose comme un tas, un essaim, où les choses figurent en chair et en os. La tentative dont nous rendons compte est à mettre au nombre de celles qui entreprennent ce nettoyage dans la bassine psychologique. (Frege 1971, tr. fr. p. 144).

Somme toute, on peut donc dire que ces trois préliminaires soulevés en introduction critiquent frontalement et sévèrement les tentatives de Mill, Kant etc. En tant que préliminaires, ils donnent une base pour éliminer les maladresses de ceux-ci. Mais ils posent des problèmes (la thèse d'extensionnalité a engendré le paradoxe dit de Russell et le problème dit de Jules César). Mais avant toute chose, il convient d'insister sur ce en quoi l'analyse de Frege constitua une rupture originale par rapport à la tradition. Pour ce qui concerne aussi bien la critique de son logicisme, une évaluation critique en sera donnée au chapitre 3 tandis que son platonisme sera traité au chapitre 4.

---

[8] Cette recension critique de la philosophie de l'arithmétique par Frege fut publiée dans la revue *Zeitsrift für philosophie und philosiphische Kritik*, (103), 1894

II- Partie Critique: Le projet fondationnel de Frege: de la nature du concept de nombre à la question de la preuve des lois de l'arithmétique

1. Définition logiciste des nombres

L'enquête de Frege, rappelons-le, s'articule autour de la question de savoir comment amarrer ou fonder les concepts mathématiques sur ceux de la logique. Or une telle question est loin d'être innocente dans la mesure où elle présuppose ou se greffe sur la question plus générale de savoir si, pour paraphraser Frege lui-même, les propositions de l'arithmétique sont a priori ou a posteriori, synthétiques ou analytiques *(Grundlagen, [4],* tr. fr., Frege 1969). A cette dernière question se greffent deux autres de statut subsidiaire que Frege formule comme suit: «Comment parvient-on au contenu d'un jugement et quel est le procédé qui nous permet de rendre légitime une affirmation» *(Ibid., [3])?* Ces questions sont capitales en ceci qu'elles ne portent pas sur le contenu du jugement mais ultimement sur la légitimité et la légalité de l'acte de juger lui-même, c'est ce que Frege appelle dans cette section 3 *les raisons dernières.* Ceci étant, Frege expose deux conditions, deux contraintes pour la validité de son analyse à venir.

a) La première contrainte, on l'a vu, est définie par le rejet pur et simple de la possibilité de concevoir, de penser, un tant soit peu, que d'hypothétiques substrats psychiques, psychologiques ou physiques constituent la source nourricière du contenu de la proposition dans notre conscience. Contre une telle analyse qui passe de façon cavalière par exemple des actes de compter aux nombres, de l'intuitif converti subrepticement en logique, Frege réaffirme et invoque les raisons ultimes qui valident et justifient en dernière instance *notre assentiment.*

Il en résulte pour les objets mathématiques, l'exigence de trouver les preuves sur lesquelles elles se fondent pour ainsi les poursuivre régressivement. Cette démarche descendante - car d'intention architectonique - est le procédé méthodologique le plus approprié pour la simple raison que nous sommes en quête des lois qui, en amont justifient nos allégations. Ainsi, au cours de ce mouvement régressif, si nous ne rencontrons que des lois logiques générales et rien que des définitions, l'on en conclurait qu'on a affaire à une vérité de nature analytique. Comme on peut le voir, Frege tient mordicus à cette hypothèse.

b) Et alternativement à elle, Frege estime que :
   En revanche, s'il n'est pas possible de produire une preuve sans utiliser des propositions qui ne sont pas de logique, mais concernent un domaine particulier, la proposition est synthétique (Frege 1969, [4], p. 127).

Avant d'aller plus loin, il faut signaler que Frege n'innove pas le sens de ces termes qu'il emprunte à Kant. Il le dit expressément in fine page 127. II faut se rappeler que la vérité a posteriori fait appel à des propositions de fait et que celles-ci offrent deux caractéristiques qui sont leur indémontrabilité et leur manque de généralité. Opposée à elle, l'on a la vérité de type a priori. Elle s'obtient par un procédé qui permet de tirer la preuve exclusivement au sein des lois générales. Ces lois, comme le soutient Frege, ne se prêtent pas à une preuve quelconque, à vrai dire elles n'en requièrent point.

Une fois ces deux préalables posés, Frege est alors autorisé à décider entre ces deux possibilités théoriques, étant donnée la question de savoir si oui ou non, il est possible de prouver les lois de l'arithmétique et ce de façon rigoureuse. Appliquée ici, la question peut être précisée comme suit: le concept de nombre cardinal se définit-il ou faut-il le reconnaître, preuve à l'appui, qu'il n'est pas Définissable ? Et restrictivement à la suite naturelle, le nombre cardinal se compose des nombres entiers positifs. Ici, Frege et Husserl s'accordent pour dire que de tels nombres sont ceux qui répondent à la question *combien.*

Ceci étant, il est possible grâce à l'enquête ainsi balisée et diligentée, d'affirmer que les lois de l'arithmétique sont analytiques, c'est-à-dire le nombre cardinal définissable ou non.

Dans ce deuxième cas de figure, l'on conclura que nous avons affaire à des vérités a posteriori.

2. Frege, critique de Kant

Avant Frege[9], Kant s'était déjà risqué à la question. A la question de savoir si oui ou non, il était permis de voir: *immédiatement que 135 664 + 37 863 = 173 527?* Kant a répondu négativement. Cette réponse négative l'a conduit à soutenir que les propositions arithmétiques étaient synthétiques. Kant fait reposer, selon Frege toute

[9] Jacques Bouveresse a publié un article très intéressant précisément intitulé: "Frege critique de Kant" . L'on trouvera cet article dans la Revue Internationale de Philosophie, no.130 pp.740-760, 1979.

la connaissance sur une intuition pure (c'est une représentation singulière) tandis que le concept reste une représentation générale et réflexive. Dans le même temps, il fait mention dans *l'Esthétique Transcendantale du* recours nécessaire à la sensibilité. Au dire de Kant sans ce rapport, l'intuition est vaine et ne peut dès lors constituer un principe de connaissance pour les jugements synthétiques a priori. C'est pourquoi Kant soutient que:

> La capacité de recevoir (réceptivité) des représentations grâce à la manière dont nous sommes affectés par les objets se nomme sensibilité. Ainsi, c'est au moyen de la sensibilité que des objets nous sont donnés, seule elle nous fournit des intuitions; mais c'est l'entendement qui pense ces objets et c'est de lui que naissent les concepts.(E. Kant tr. fr., 1944, paragraphe 1).

Pour Frege, Kant s'est mépris sur de telles propositions dans la mesure où sa réponse n'est seulement valide que pour les petits nombres. Puisque pour ces petits nombres, une expérience empirique nous en donne confirmation sinon permet d'y accéder pour ainsi dire immédiatement. Le *vieux Kant,* comme disait Nietzsche, en a tiré une conclusion générale. Ce en quoi il a commis une grave méprise car il n'est pas possible d'avoir une intuition pure de *37 863 doigts [6].* Il s'ensuit que pour ce qui concerne les grands nombres, Frege estime que les formules numériques qui les expriment doivent et peuvent être démontrées [7]. Cette conviction n'est pas défendue par le seul Frege. Ainsi, à l'appui de son propos, il cite Leibniz pour qui, il ne va pas de soi que 2 et 2 font 4. Leibniz écrit: Ce n'est pas une vérité immédiate que 2 et 2 font 4. À supposer que 4 désigne 3 et 1, on peut le démontrer ainsi (Frege 1969, tr. fr., p.131, sect.8) : Définitions :

1) 2 est 1 et 1
2) 3 est 2 et 1
3) 4 est 3 et 1

Axiome: quand on substitue des égaux, l'égalité demeure.

Preuve : $2 + 2 = 2 + 1 + 1 = 3 + 1 = 4$ (ce qui est l'application des définitions 1; 2; et 3). Il s'ensuit que d'après l'axiome : $2 + 2 = 4$.

Tout en donnant son assentiment à la preuve de Leibniz, Frege pense qu'elle contienne une lacune. Aussi, va-t-il la compléter en y adjoignant la loi de l'associativité qu'il faut prouver. Ce faisant, Frege la reformulera plus exactement comme suit :

2 + 2= 2 + (1 + 1) (2 + 1) + 1 = 3 + 1 = 4
2 + (1 + 1) _(2 + 1) + 1 qui est un cas particulier de l'équation
a + (b + c) _(a + b) + c
(Frege, 1969, tr. Fr., p. 131, section 8)

Frege en reformulant le procédé de Leibniz, reconnaît de fait que celui-ci est approprié. Puisque, la conséquence ultime de ce procédé définitionnel a consisté à donner du crédit à son désir de démontrer rigoureusement les lois de l'arithmétique. Aussi, Frege va en conclure que toutes les formules de l'addition sont démontrables, c'est-à-dire qu'on a le pouvoir de définir chaque nombre par son prédécesseur.

Il s'agit là d'un acquis fondamental car la suite infinie des nombres naturels, se présente comme une série rigoureusement ordonnée et inexorable à tel point qu'il est apparemment impossible d'y soustraire un nombre et de le définir sans au préalable obtenir son prédécesseur.

En raison de ces deux caractères, il s'est révélé que des notions telles que la Chaîne de Dedekind et celle d'Hérédité (ancêtre) de Frege étaient des instruments adaptés. Cette notion d'hérédité est appropriée parce qu'elle s'attache aux propriétés qui doivent être retrouvées et que chaque nombre communique à son successeur.

Ainsi, les propriétés que recèle le 1 seront identiquement distribuées entre tous les autres nombres et toute suite héréditaire dont 1 fait partie i.e. de toutes les intersections des chaînes dont le nombre 1 est membre. C'est en fait sa définition de la suite des nombres.

Toutes ces prises de position assez critiques, concourent à démontrer la conviction fregéenne de l'analyticité des lois de l'arithmétique. Ce faisant, Frege est dans la position de celui qui doit démontrer que le point de vue de son adversaire en occurrence Kant est inacceptable parce que son acception de l'analytique est restreinte.

Contre la position scolastique qui affirme que le nombre n'est pas applicable à *l'incorporel,* Frege en accord avec la tradition qui commença avec Leibniz, fait remarquer que ces lois ne sont plus applicables exclusivement au seul domaine du nombrable, mais aussi et d'une certaine manière, à celui du pensable (cf. section 21) et du réel.[10] Pour autant, il n'adhère pas intégralement à l'analyse leibnizienne. Pour Leibniz, cité par Frege à la section 11, l'arithmétique est innée et existe en nous. Les vérités des nombres sont en nous. Néanmoins, nous les apprenons. À mon sens, l'innéisme sur lequel Leibniz fait reposer l'arithmétique entière, est assimilable au fait psychologique ou psychique. Or, précisément, c'est tout ce que Frege rejette. Par conséquent, le monisme monadologique inhérent à cette position qui soutient l'innéisme mathématique est irrecevable. De là à rapprocher ce que l'on appelle le réalisme de l'idée chez Platon auquel Frege adhère et cette métaphysique de Leibniz, il y a un pas qu'il ne faut pas faire. Puisque l'un maintient l'indépendance des vérités mathématiques (voir le processus de ressouvenir des connaissances que l'esclave expérimente, connaissances que nous avons déjà contemplées dans le monde des formes pures que décrit Platon dans le *Ménon* en 86e-87c) s'inscrit en porte-à-faux avec l'innéisme qui les fait dépendre de nous.[11] Chez Platon, c'est le ressouvenir qui nous permet de nous réapproprier de tels savoirs tandis que chez Leibniz, c'est sur l'apprentissage que l'accent est mis.

Cette explication de Leibniz est très insuffisante car, en dernière instance, elle fait reposer le processus d'obtention des nombres sur une base difficile à décrire convenablement au moyen de concepts logiques.

En outre, elle comporte un présupposé métaphysique compatible avec la thèse créationniste du monde. Ce qui nous éloigne de la logique. L'innéisme leibnizien est un raccourci inacceptable. À l'opposé de la démarche scolastique, Frege nourrit le souhait de

---

[10] Pour ce qui concerne la position de Kant, il faut dire qu'elle n'est pas très lisible Parsons dans le volume 219 de *Synthese Library : Kant's Philosophy of Mathematics (1992)* publie un article intitulé "Arithmetic and Categories" attire notre attention sur les ambiguïtés de la position de Kant. Selon lui, entre la doctrine du Schématisme et les textes de *1788-90, il* semble que Kant aie infléchi sa position. Parsons écrit: «Kant at this time seems to have rejected the distinction of the Dissertation between the *intellectual concept of* number and its "actuation in the concrete >>.(Parsons *1992, p. 148).*

[11] Il faut signaler qu'entre *1975* et *1977,* un débat a opposé Hans Sluga (trois articles en *1975* in *lnquiry, 18, p. 471-484;* en *1976* in *Studies on Frege, Vol. 1* et en *1977* in *lnquiry. 20,p. 227-242)* et Michael Dummett dans son article de *1976* publié dans la revue *Inquiry, 19, p. 455-492) sur le* réalisme de Frege.

parvenir à un procédé capable de produire une loi générale dont l'application ne puisse pas être limitée aux seuls faits physiques. Une telle loi doit révéler le rapport intime que les lois de l'arithmétique entretiennent avec la logique à l'image de celui qui lie les théorèmes aux axiomes de la géométrie. Ce faisant, Frege aurait sacrifié l'épistémologie qui aurait pu s'édifier de façon interne aux mathématiques au profit de la logique selon de Rouilhan. C'est cette conviction qui a conduit de Rouilhan (1988, p. 12) à tirer une conclusion hâtive voulant que la tâche fregéenne soit articulée autour d'une quête ontologique (au sens classique et non de Quine)[12]. Je pense, au contraire, que Frege ne s'est point posé une question ainsi marquée métaphysiquement. Ceci étant, il reste entendu que cela n'exonère pas le programme fondationnel de tout arrière-fond métaphysique.

Ce qui est acquis, c'est que Frege ne cherchait aucune base ontologique mais plutôt une juste définition des nombres. Déduire de la nature non épistémologique de la question des fondements, un souci ontologique est une démarche simpliste, car alors il faudrait classer Wittgenstein puisque lui-aussi estimait que la question n'était point épistémologique au sens de théorie générale de la connaissance. Ainsi, tourner le dos à l'épistémologie ne signifie pas nécessairement aller dans une voie ontologique.

Il se peut que la démarche fregéenne lui soit dictée par la nature spécifique des objets arithmétiques. L'illustration la plus éloquente reste la rigueur interne de sa position. Frege présente sa démarche en deux points contraignants :

a) La première contrainte est méthodologique. Elle invite à suspendre provisoirement notre propension à attacher une série de raisons à une proposition
de fait. Il s'ensuit que nous sommes conduits à remplacer ces raisons par une suite de conditions. Ce faisant, l'on établit la nature de la dépendance d'un effet par rapport à une série de conditions.

---

[12] Quine dans son ouvrage *From a Logical Point of View (1953)* distingue ou plutôt définit l'ontologie différemment de son sens classique (quête de l'être en tant qu'être). L'ontologie au sens de Quine se compose de l'ensemble des objets existants dotés de réalité physique tels que chaises, livres.

b) La deuxième concerne le caractère de cette vérité. Une telle vérité trouve son ancrage dans la pensée. De ce fait, l'on est autorisé à en conclure que les lois numériques sont édictées par des jugements analytiques lors même qu'il n'y ait aucune nécessité d'attribuer leur découverte aux seules ressources de la pensée.

3. Frege, critique de Mill

Mill va s'atteler à démontrer dans quelle mesure il y a un sens à affirmer que les lois de l'arithmétique sont des vérités inductives. Pour Frege (cf. sect. 16, 17, 23, 24 et 25) il faut rejeter cette position de J. S. Mill sur les nombres. Mill part de la loi qui dit que des sommes d'égaux sont égales ce qui revient à soutenir que ce qui est composé de parties est composé des parties de ces parties. Mill en conclut qu'il s'agit d'une vérité inductive. Appliquée, cela revient à dire que 1 = 1 pourrait s'avérer faux du fait qu'un poids d'un livre n'est pas toujours égal exactement à un autre. Pour Frege, ceci est une méprise qui fait dire à cette proposition ce qu'elle ne saurait signifier car 1= 1 ne prétend nullement affirmer cela. Cette méprise semble induite par la confusion que MiII fait entre les applications d'une proposition arithmétique qui sont physiques avec celles de propositions mathématiques pures. Car alors, sur quels faits se base 0 s'interroge Frege ? Cet empirisme qui s'attend à ce que chaque nombre exprime un fait singulier est pris en porte-à-faux. La position de Mill est donc intenable car le nombre n'est ni physique ni spatial, pas plus qu'il n'est subjectif, ce en quoi il est insaisissable par nos sens.
Le nombre n'est pas une multiplicité ou un ensemble pluriel (voir ci-dessus au chap. 1) auquel cas, le 0 et le 1 seraient des intrus dans la suite naturelle.

La conviction de Frege réside dans le fait que les propriétés des nombres découlent de leur définition (d'où leur analyticité) d'une part et d'autre part, il est donc possible de démontrer les lois de l'arithmétique en s'en tenant strictement à leur mode d'engendrement. Pour ce qui concerne les lois propres à chacun des nombres de la suite naturelle, ces particularités, comme un jeu d'enfant s'expliquent par le mode de formation de chacun d'eux par la simple *addition réitérée de l'unité.*

D'où la nécessité de commencer la suite par O contrairement à Dedekind qui l'a fait débuter à 1, même si le résultat est le même au bout du compte. Il serait le même puisque la question de savoir quel nombre cardinal commence la suite naturelle ne change rien à la mod alité de l'engendrement des nombres, pas plus qu'il n'affecte la rigidité de la suite. C'est pourquoi, Frege conclut que :

> Il y a tout lieu de penser que le procédé de l'induction reçoit lui-même sa légitimité des théorèmes généraux de l'arithmétique à moins qu'on entende par induction un simple effet de l'habitude *(Ibid.,* section 17).

Bien que Frege ne critique pas encore Husserl (son livre étant de 1891) il n'est pas sans intérêt d'indiquer que cette critique féroce des uns et des autres trouvera son terrain d'application lorsque Frege fera en 1894 la recension critique de la *Philosophie der Arithmetik* de Husserl.

L'exposé proprement de Frege sur le concept de nombre cardinal nous conduira à marquer le point de fracture que celui-ci, pour être crédible, trace avec ce que Husserl aperçoit comme ce que l'on peut appeler l'assise psychologique du concept.

Qu'entend-on par problème psychologique du concept de nombre? En quoi ce *problème* est un faux problème pour Frege et comment le démonte-t-il ?

Ce problème résulte de cette manie qui consiste à invoquer pêle-mêle, source psychologique, images, intentionnalité, entités mathématiques et jugements qui sont des catégories philosophiques tellement dissemblables qu'on se demande bien ce qu'elles peuvent vouloir dire mises ensemble. L'on comprend pourquoi l'analyse psychologiste qui a pris son envol sur des bases aussi mouvantes, ne pouvait qu'échouer. La vraie problématique n'est point celle du passage du concept théorique de nombre au nombre concret, mais plutôt du mode d'engendrement des nombres.

Pour Frege, il n'y a pas d'abord l'instance du concept et ensuite celle du nombre. Il y a là, une méprise grave qui fait croire à l'existence d'une intuition donatrice du *concept théorique* qu'il faut interroger dans l'exacte mesure où elle précéderait le *nombre concret.*

La voie logique à la Frege qui est aussi celle de Russell, utilise des symboles (d'où une langue formalisée) qui n'ont aucun rapport intuitif. Dans un article de 1981 publié dans les *Cahiers du groupe de recherches sur la philosophie et le langage,* Bouveresse insiste sur ce point qui constitue l'une des pierres de touche de l'univers logique de Frege.. À cet égard, il écrit :

> Frege soutient et est contraint par sa philosophie de la logique à soutenir qu'il existe des distinctions logiques catégorielles qui se révèlent directement dans la nature et les régies de manipulation des signes d'une langue formalisée bien construite (Bouveresse 1981, p. 20).

Il s'agit donc pour Frege de présenter une logique des propositions dans laquelle lesdites propositions sont des jugements et de ce fait, applicables à tous les algorithmes. D'où la nécessité d'un langage épuré mais qui préserve les symboles et les normes. Pour définitivement *éliminer l'intuition,* Frege a besoin de démontrer que l'arithmétique a un fondement logique irréfutable. Cette thèse principale l'obligea, selon le mot de Ph. de Rouilhan, à s'engager dans deux mouvements, progressif d'abord et régressif ensuite. Ces deux mouvements constituent la démarche et l'objectif que Frege s'est fixé. Il le décrit lui-même :

> Mon premier pas [ce sera le chapitre dernier] fut de tenter de réduire logiquement le concept de succession-dans-une-suite [là, pour raisons de clarté et distinction, j'ai renoncé à traduire pour interpréter, nous verrons tout à l'heure de quoi il s'agit exactement] en vue de passer, à partir de là, au concept de nombre [mouvement progressif]. Pour que rien d'intuitif ne pût se glisser là à mon insu, le plus important était de garder la chaîne du raisonnement libre de toute lacune [cf. ce que j'ai dit à l'instant]. Comme j'essayais de satisfaire à cette exigence le plus rigoureusement, je trouvai un obstacle dans l' inadéquation du langage: en dépit de la lourdeur des expressions, plus les relations devenaient complexes, moins pouvaient être obtenue la précision que mon dessein exigeait. De cette déficience surgit l'idée d'une **Begriffsschrift** [mouvement régressif]. (de Rouilhan 1988, p. 17). Quels sont les grands centres d'intérêt de cette analyse ?

III- Définition du zéro et de la notion de succession dans une suite

Frege, en dépit de son opposition à une certaine forme du formalisme - j'y reviendrai - est grandement redevable à cette école.

Parmi les tenants de cette tradition, Frege s'est inspiré de Peano, notamment de ses cinq axiomes. Soit dit en passant, Peano lui-même est redevable à Dedekind à travers les postulats de ce dernier.

En gros, il semble que Frege a emprunté trois idées essentielles à Peano. Rien ne milite en faveur de la possibilité que Frege aie développé indépendamment de Peano ses propres recherches.

Premièrement, il a repris la définition de zéro comme nombre, ce en quoi il se distingue de Dedekind qui fait commencer la suite naturelle à 1.

Deuxièmement, Frege fait sienne la notion de successeur dans une suite. Cette notion est importante dans la mesure où c'est à elle, que revient la charge de désigner une place à chaque nombre dans la suite. Il s'ensuit qu'elle permet de dire que la suite naturelle est une suite ordonnée. Troisièmement enfin, Frege a repris et appliqué les 5 célèbres axiomes de Peano qui sont :

1. Zéro est un nombre ;
2. Le successeur d'un nombre est un nombre ;
3. Deux nombres distincts n'ont jamais le même successeur ;
4. Zéro n'est le successeur d'aucun nombre ;
5. Toute propriété que comporte le zéro, vraie d'un nombre, l'est aussi du nombre suivant et de ce fait, l'est de tous les nombres.

Cela est valable du début à la fin de la suite naturelle et ce, indépendamment du fait finitiste. Il en résulte que le 1 n'est le successeur d'aucun nombre d'une part et d'autre part, étant donnés deux nombres différents, nécessairement leurs successeurs seront distincts. On peut les transcrire en logique du premier ordre avec égalité de la façon suivante :

a) $\forall x$ (S (x) ; $\neq$ 1)

b) $\forall x$ v $y(x \neq x$ S$(x) \neq$ S$(y))$

Le langage qui opère avec la notion de classe est applicable (finie ou infinie). Frege applique ces cinq axiomes de la façon suivante; puisqu'attribuer un nombre, en dernier ressort revient à dire quelque chose d'un concept, il en déduit: *ainsi* le nombre zéro appartient à un concept si ce dernier ne subsume aucun objet. Ceci, en termes plus exacts donne: zéro appartient à un concept si, quel que soit a, il est toujours vrai que a ne tombe pas sous ce concept. Zéro est un nombre de la notion suivante: non identique à soi, c'est-à-dire rien ne tombe sous zéro. En d'autres mots, le nombre qui appartient au concept identique à zéro, suit immédiatement zéro dans la série naturelle, puisque zéro est le nombre qui appartient au *concept non identique à soi-même.* Zéro, selon Frege, est comparable au concept de fer en bois sous lequel rien ne tombe. Aussi, à la section 75 Frege écrit : « D'où il suit que 0 est le nombre cardinal qui appartient à un tel concept, et qu'aucun objet n'est subsumé par un concept si le nombre qui lui appartient est 0 ».

0 € C ssi étant donné a, on a: $a \neq 0$.

Ce faisant les conséquences suivantes s'imposent :

1. Si *a* suit immédiatement zéro dans la série naturelle, alors a = *1 ;*
2. Si a est le nombre cardinal qui appartient à un concept, il y a un objet qui tombe sous ce concept ;
3. Soit F l'ensemble des nombres naturels. Si le F, alors l'objet x tombe sous F, et y tombe sous F et de ce fait, y tombe sous F. Donc on peut dire que x= *y* et donc le nombre cardinal qui lui appartient est 1 ;
4. La relation de *m* à n dans *n suit immédiatement m dans la série naturelle* est par conséquent une relation biunivoque *;*
5. Enfin, il est clair que tout nombre, à l'exception de zéro, suit immédiatement un autre nombre dans la série naturelle.

Démonstration: soit la formule : *inclus dans la série naturelle des nombres dont n est le dernier terme.*

Si tout objet avec lequel x entretient la relation ø, tombe sous F, et si quand *d* tombe sous F, il suit que quelque soit ***d****,* tout objet avec lequel ***d*** entretient la relation ø , tombe sous F, alors y tombe sous F, quel que soit le concept F.

Transcrite, elle donne :

y succède à *x* dans la ø série
x précède *y* dans la ø série

Ce qui revient à dire qu'on recherche la succession et non la définition. En outre, cela revient à postuler que si ***n*** est inclus dans la série naturelle qui commence par zéro, ***n*** est donc un nombre fini. Ce qui est équivalent à dire qu'aucun nombre fini ne se succède à lui-même dans la série naturelle, c'est ce que du reste la section 83 démontre.

Le nombre (***n*** + **1**) est approprié au concept F, s'il existe un objet a qui tombe sous F et tel que le nombre ***n*** appartient au concept *qui tombe sous F mais n'est pas a.* Transcrite mathématiquement, cette formulation donne:

(***n*** + 1) ϵ F ssi a ϵ F tel que ***n*** ϵ F et ***n*** = a

Si l'on donne des valeurs chiffrées aux inconnues, nous sommes conduits au mode de passage d'un nombre à son successeur. Pour ce faire, Frege insiste sur le fait qu'il faut garder à l'esprit que les unités sont identiques lors même que les objets ne le sont pas. La définition de la notion de nombre successeur revient à postuler : ***n*** est un successeur de ***m*** ssi: il existe un F et un objet a tel que :

1. ***a*** tombe sous F
2. ***n*** soit le nombre de F
3. ***m*** soit le nombre de la notion: *tombant sous F et non identique à **a**.*

Ceci étant, supposons que :

n = 4. On aura (***n*** *=1)* = 4 + 1 = 5; or 5 convient à F

(F= ensemble des entiers positifs).

L'on en conclut qu'il existe un nombre, c'est-à-dire 5 ϵ F tel que 4 lui-même est élément de F et 4 différent de ***a***. Comme on le voit, ***a*** que l'on cherchait et à qui l'on a attribué une valeur chiffrée n'est rien d'autre que 5.

Par ce procédé, Frege est parvenu à montrer que cette équation assure l'engendrement des nombres et ce, à partir de l'adjonction de l'unité.

Même s'il est vrai que Frege s'est inspiré de Peano, il n'empêche qu'il est parvenu à des résultats incontestables. Certains de ces résultats le différencient de Peano. Dans le travail qu'il a consacré aux résultats de l'un comme de l'autre, G. Temple estime que l'analyse de Frege se distingue de celle de Peano sur trois points essentiels, points sur lesquels son travail a obtenu de meilleurs résultats. Ces points sont:

a) la définition des naturels et la preuve de la validité de l'induction mathématique (Dedekind y est aussi parvenu grâce à sa théorie des chaines en 1888), ce que Peano n'a pas obtenu;
b) le statut de l'unité;
c) enfin l'échec des axiomes de Peano à fournir une distinction dans la progression ordonnée des nombres naturels 1, 2, 3, ...

Cette situation est résumée par G. Temple en ces mots :

> The contribution of Peano to the elucidation of foundations of arithmetic is in sharp contrast to the work of Frege. Frege had attempted, with considerable success, to give a constructive definition of natural numbers and a proof of the validiry of mathematical induction, but Peano gave no such definition or proof. Instead he took the concept of number to be an indefinable-except in so far as it was characterized by a few axioms. Unity is defined as the unique number which is not the successor of any other number. But the most serious objection to Peano's system is that it provides no means of counting objects in the real world. It is true that the natural numbers which we employ in describing the size of a flock of sheep or the position of house in a street do satisfy Peano's axioms but so do the same numbers when each is increased by the same number, say one dozen. In fact Peano's axioms do not distinguish between the progression 1, 2, 3,... and the progression 13, 14, 15, ... For a satisfactory definition of unity which does make such a distinction we must return to Frege or progress to Russell. (G. Temple 1981, pp. 35-36).

Pour ce qui concerne le statut et la place de l'unité dans la suite naturelle, Frege semble lui accorder moins d'importance si l'on s'en tient au fait qu'il n'en souffle pas mot. Il faut nuancer la critique de Temple sur l'incapacité des axiomes de Peano à saisir les objets ordinaires. Le but de Peano, c'était de donner une radioscopie allégée des principes caractéristiques qui président à l'engendrement des nombres et non de savoir si les nombres naturels ainsi obtenus sont aptes à dénombrer les objets courants. Du reste, l'auteur reconnaît que le système de Peano a permis d'asseoir l'arithmétique sur des bases simples, de même qu'il est parvenu à définir des opérations telles que l'addition et la multiplication.

Revenons à nos auteurs de base pour dire que contrairement à Husserl qui fait reposer ce processus d'engendrement des nombres sur un fantomatique lien psychique qui préinforme et préside à l'obtention du nombre concret, Frege le fait reposer sur des lois arithmétiques. Ces lois sont à leur tour fondées sur des lois de logique générale. Frege vient ainsi de démontrer qu'attribuer un nombre c'est dire quelque chose d'un concept et ce, dit-il indépendamment de notre position subjective de voir les choses. Exit la philosophie du sujet!

En outre, cette démarche fregéenne démontre que le désir husserlien d'obtenir le nombre par le processus abstractif est un leurre car alors, ce n'est point le nombre qu'on obtient mais uniquement le concept. Or la démarche fregéenne s'attache au concept car dit-il, c'est du et dans le concept que réside le nombre. À cet effet, l'on peut argumenter avec Frege sur le fait que le processus husserlien ne constitue pas, loin s'en faut une infirmation de sa position qui se veut toute logique. Abstraire le concept ne veut pas dire qu'il ne renferme pas le nombre. Tout se passe comme si le concept était une gangue de laquelle l'on extrait le nombre. Husserl se serait arrêté à la gangue et ne serait jamais parvenu au minerai.

IV- Analyse du concept d'équinuméricité: la correspondance biunivoque

La thèse d'extension de concept est introduite à la section 68 dans une intention de clarification et de contournement de la difficulté de *définir rigoureusement* l'objet appelé nombre. C'est pourquoi, Frege a été conduit à invoquer des objets géométriques pour mieux se faire comprendre. Mais s'est-il fait comprendre ou a-t-il contribué à multiplier les sources de difficultés et de mésinterprétations de son travail ? Pour répondre à cette question essentielle, il convient d'exposer d'abord le propos fregéen.

Après un détour par les objets géométriques (direction, droite et angle), Frege en arrive aux entités propositionnelles en concluant que :

> Si nous voulons appliquer ce procédé de définition à notre cas, nous devons mettre des concepts à la place des droites et des triangles, et remplacer le parallélisme ou la

> similitude par la possibilité d'associer biunivoquement les objets qui tombent sous l'un des concepts à ceux qui tombent sous l'autre. En bref, je dirai que le concept F est **équinumérique** (c'est Frege qui souligne) au concept G si nous sommes en possession d'une telle correspondance. Le nombre qui appartient au concept F est l'extension du concept: 'équinumérique au concept F'. Le rapport que l'on rencontrera est le suivant: si tous les concepts qui sont équinumériques à G le sont aussi à F, alors, inversement, tous les concepts qui sont équinumériques à F le sont aussi à G. *(Grundlagen,* tr. fr., sections 68 et 69).

L'équinuméricité est, en deux mots, synonyme de correspondance biunivoque. Qu'est-ce que la biunivocité? Elle décrit les rapports de position en correspondance. [13]En d'autres mots, la biunivocité nous permet de conclure qu'étant données deux propositions, elles peuvent être vraies simultanément.

Dans la *Begriffsschrift*[14], Frege soutiendra, une fois ce processus ci-dessus admis, que passer d'un concept à son extension est fonction de la saturation d'une fonction de second ordre par un argument de premier ordre.

Exemple : Socrate, le maître de Platon.

Ici, Socrate est le concept de premier ordre tandis que *le maître de Platon* est un argument de premier ordre. Aussi, l'extension du concept de Socrate, concept non saturé se fera: «Socrate le maître de Platon, est le mari de Xantippe».

Cette technique de l'extension déjà présente dans *Les Lois fondamentales,* est appliquée aux objets géométriques. Dans *Les*

---

[13] Wittgenstein rejette cette notion d'équinuméricité car écrit-il : "Si l'énoncé 'le nombre A = le nombre B' signifie 'Il y a du sens à dire qu'une corrélation terme à terme est opérée', ne dit rien de la réalité. Dire que 10 x 10 = 2 x 50 dès lors que les unités sont géométriquement corrélées, c'est asserter une proposition de grammaire, et cela ne concerne pas le mode." *(Wittgenstein's Lectures, A.* Ambrose 1992, Cours xv, p.196).

[14] Pour ce qui concerne l'originalité de l'idéographie de Frege par rapport à la logique standard classique, l'on peut se référer à l'article de Claude Imbert intitulé: "Le Projet Idéographique" publié dans la *Revue Internationale de Philosophie, No.130,* 1979,pp.621-665.

Fondements, section 69, rappelée ci-haut, Frege établit une égalité entre la biunivocité et l'équinuméricité dans l'énoncé qui dit que la droite ***a*** est parallèle à la droite ***b***. Ceci est évident en raison même du fait que, l'extension de deux concepts dits sous le même rapport demeure puisque tout objet tombant sous F le sera nécessairement de G par exemple. C'est ce qui a conduit Imbert dans son introduction au recueil des écrits de Frege, à parler de prélude à *la naissance de la logique extensionnelle.*

Chose certaine, il s'agit pour Frege de démontrer que :

1. Si x a la relation vide avec a et si x a la relation vide avec *ε,* quels que soient x, a et *ε;* a et *e* sont identiques.

C'est-à-dire que si ***x*** *ø a et* ***x*** *ø ε, **il*** **s'ensuit que**

(∀x, a, ε) on a: *a = ε*

2. Si x a la relation vide avec ***a*** et si ***b*** a la relation vide avec a, quelques soient ***x, b,*** et ***a; x*** et ***b*** sont identiques. Autrement si

x *ø* ***a*** *et* ***b*** *ø* ***a*** *alors (∀x, b, a),on* a*:* ***x*** = ***b***

On sait que Frege identifie la logique, rationalisme et influence de Kant obligent, à la pure pensée d'une part et d'autre part, pour Frege, est logique tout ce qui est inféré, pensé sans recours à l'intuition. Ces deux présupposés théoriques conduiront Frege, non pas subrepticement mais plutôt délibérément, à opérer la réduction de la correspondance biunivoque à de purs rapports logiques. Ce en quoi, il démontre sa thèse logiciste. Cette démarche qui consiste à hypostasier la logique, Russell y est parvenu par un autre cheminement. Russell a rejeté la définition axiomatique des nombres, qui suivant sa conviction, n'est pas en mesure d'épuiser le concept de nombre. Il y a, en sourdine à cette position russellienne, le refus d'admettre qu'une construction formelle puisse être en mesure d'embrasser totalement une notion concrète, en l'occurrence le nombre. Pour lui, il faut rattacher cette axiomatique des nombres à l'œuvre dans le programme formaliste, à l'axiomatique des ensembles. Donc la logicisation de Russell est en ce sens différente de celle opérée par Frege. On le sait, Frege y est parvenu grâce à la mise en exergue des seules et uniques ressources de la pensée pure (logique) présentées comme prémisses utilisées par l'arithmétique. Quant à Russell, il y parvient en raison de l'invariance du nombre des ensembles physiques. Qu'on module comme on veut la composition des individus d'un ensemble et qu'on fasse correspondre lesdits éléments avec la suite naturelle des nombres, on obtient le même résultat. D'où cette similitude entre l'invariance du nombre des ensembles et celle du nombre. Suivant ce fait, Russell a été conduit à définir le nombre comme classe de classe. Le nombre n'est donc pas séparable de la notion de classe. (Russell, *Introduction à la philosophie mathématique, p. 36).* La différence se joue donc au niveau des termes comme ensemble, élément individuel, réunion de classe nulle, etc. Mais d'autres notions telles que la correspondance biunivoque, notion chère à Frege se retrouvent chez Russell. Ce faisant, dans le dispositif russellien tout est redevable aux propriétés de tels ensembles que ceux-ci communiquent aux nombres comme tels. Les propriétés ancestrales ou héréditaires suivant les concepts de Chaîne de Dedekind ou d'hérédité de Frege ne se communiquent donc pas intra-muros, mais plutôt des ensembles aux individus que sont les nombres, même si, finalement, il s'agit des mêmes propriétés. Mais, il ne faut pas s'y méprendre car, la théorie des nombres naturels de Russell s'appuie implicitement ou du moins présuppose la suite naturelle, ordonnée et réglée avec rigidité par Frege et Dedekind. Ce qui revient à reconnaître le bien-fondé de la démarche conjointe de Frege et de Dedekind. Il reste entendu que pour Frege, si F est équinumérique à G, alors *il existe une relation 0 qui associe biunivoquement les objets qui tombent sous le concept de F et les objets qui tombent sous le concept G* (section 72). Donc, on en conclut qu'il existe un cardinal qui appartient à F et il est l'extension du concept *équinumérique au concept F.* Aussi, si ***n*** est un nombre cardinal, cela est équivalent à dire que le nombre ***n*** est un élément de $\mathbb{N}$ Il s'ensuit qu'il appartient à l'ensemble F.

Subséquemment à l'équinuméricité, le nombre est défini comme une extension de concept. Ici, il semble que cette définition ou plutôt cette définition rectifiée contredise le paragraphe 57 des *Grundlagen* selon lequel le nombre n'est point un concept de concept. Frege définit le nombre du paragraphe 55 à 61, comme un objet indépendant tombant sous un concept. Un nombre n'est pas un concept de concept. Le nombre est un objet indépendant de plein droit. Cette distinction catégoriale entre concept et objet a été disputée entre Frege et Kerry. Par ailleurs, elle n'est pas compatible avec la définition qui nous est offerte dans *Sinn und Bedeutung* (1892) suivant laquelle le nombre peut être interprété comme un concept de concept. Cette interprétation a été rendue possible par le passage suivant dans lequel Frege écrit :

> Mais on accorde du même coup une différence qu'il est impossible de bien voir, entre ce qui ne peut être qu'un

> objet et le reste. Et cette différence ne serait même pas abolie si, comme le pense Kerry, il était vrai qu'il y ait des concepts susceptibles d'être également des objets. Certains cas semblent donner prise à cette opinion. J'ai moi-même indiqué **(Les Fondements, & 53, in fine)** qu'un concept pouvait tomber sous un autre concept et qu'il ne fallait pas confondre ce fait avec la subordination des concepts. (Frege, tr. fr. 1971, p. 130).

Tout cela n'est pas de nature à décanter la situation et à empêcher des mésinterprétations. Ce qui est sûr, c'est qu'il semble qu'il y aie beaucoup de tiraillements dans la définition du concept et par ricochets, celle du nombre. Le nombre est-il un objet (1) ou le nombre est-il l'extension d'un concept (2) ?

Qu'est-ce que le nombre? À ce stade, on peut dire que la question reste entière et que Frege semble donner des définitions suivant les circonstances. Finalement, on peut légitimement se demander si Frege a fourni une définition unique, claire et définitive du concept de nombre. Il semble que non. Cela est-il lié à la nature aporétique du nombre ou tout simplement, est-ce les impératifs de sa logique qui l'ont conduit à présenter des définitions apparemment incompatibles sinon contradictoires? Je reviendrai sur les raisons susceptibles de nous éclairer. Comme on le voit, ici transparaît un rapport logique identique au rapport arithmétique. C'est ce en quoi consiste la démarche réductionniste de Frege. Sans partager toutes les conclusions que tire Granger (1992), on peut soutenir avec lui que ce réductionnisme n'entame pas pour autant la valeur des contenus arithmétiques car dit-il :

> Ainsi l'information apportée par le sens des propositions arithmétiques n'est nullement, pour Frege, réduite à des règles de langage; les objets mathématiques, quoique analytiquement dérivés, ont donc pour ainsi dire parlé des contenus de sens (Granger 1992, pp. 73-74).

La notation desdits rapports préserve donc le sens des propositions dont parle Granger. Exemple :

Si **H** est équinumérique à **F**, alors **H** est équinumérique à **G** et inversement, l'application bijective définie sur deux extensions nous donnera: **H** ψ **F** ø **G**

Tout ce processus de définition, s'il est bien compris nous permet de construire un nouvel objet grâce à un concept dont l'extension n'est pas vide. Pour ce faire, Frege va introduire la relation d'identité. À cette logique binaire qui ne comprenait que deux valeurs de vérité, il en ajoute l'ensemble vide. Il va l'appeler la suite ø. Il faut garder à l'esprit que le domaine de la relation d'équinuméricité est celui des paires ordonnées définies. Celles-ci sont définies sur des ensembles de cas de vérité des concepts et jamais sur les objets subsumés par lesdits concepts. Quant aux concepts proprement dits, ils sont définis à l'aide de constantes logiques parmi lesquelles il y a l'identité. Donc la relation possède toujours une valeur définie lors même que l'un des deux concepts aie une extension vide.

Le principe d'identité chez Frege est en fait l'un des trois piliers de la logique standard classique. Les deux autres étant, le principe de non-contradiction et le principe du tiers exclu. Mais suite aux travaux de la logique de Boole (1847), on abandonna cette rigidité de ce calcul classique pour s'engager dans la quête et l'approfondissement de la logique symbolique et formelle, ayant comme substrat langagier, le langage des mathématiques. D'où la floraison des logiques plurivalentes quoique d'autres sont restées bivalentes. Les logiques de Frege et de Russell s'inscrivent dans cette quête de faire de la logique, non plus cette science dont le but est la détermination des règles de pensée mais davantage comme une science positive se voulant un *organon* pour les mathématiques.

Cette innovation va permettre de traiter les propositions et de ce fait, aboutir à ce qu'on appelle désormais la logique propositionnelle. Cette logique s'occupera des rapports qui tient une proposition à une autre. Celle-ci sera perçue comme un ensemble non analysé dont on jugera si elle est vraie ou fausse. La proposition sera représentée par des variables propositionnelles: p, q, r, etc. Les opérateurs logiques nous permettent ainsi de transformer lesdites variables en propositions vraies ou fausses.

L'autre progrès accompli plus récemment reste l'émergence de toutes ces logiques dites plurivalentes de Lukasiewicz et de Post-qui, en intégrant la bivalence vont engendrer une possibilité combinatoire multiforme (disparition du tiers exclu et du principe de contradiction car la négation est équivalente à l'affirmation) et pour ainsi dire assigner un nouveau contenu aux vieux principes de la logique standard classique. Cela a été rendu nécessaire avec l'émergence de nouveaux problèmes. À titre d'exemple, le principe de bivalence n'est plus approprié dès lors qu'on touche le problème des futurs contingents, à moins de penser comme Leibniz en termes de nécessitarisme absolu.

Puisque ces futurs ont une valeur autre que le vrai (1) et le faux (d) en d'autres termes la demi (1/2), ils échappent à la bivalence stricte. Avec une telle refonte de la logique standard classique, Frege sera amené à dire que son concept d'identité n'exprime que la relation entre deux objets et sans plus.

II s'ensuit qu'affirmer que 3 + 3 = 6 cela signifie qu'on dit plus la somme que le nombre 6. On peut donc déterminer le concept d'identité des grandeurs mathématiques. D'où le propos que Frege tient au chapitre IV, seconde section de la *Begriffsschrift,* comme quoi le critère de l'égalité des nombres livrera en même temps la nature des nombres.

Par ailleurs, il fait recours à la relation d'identité pour davantage expliciter l'extension de concept. Puisque l'identité entre deux concepts s'établit en fonction de l'identité du rapport numérique sous lequel transparaît celle-ci. Ce qui revient à postuler que leur extension de concept n'est pas vide. L'identité, comme précédemment indiquée, est une constante logique. Si elle est prise comme prédicat, c'est le cas ici et qu'on y associe le facteur propositionnel de négation, on obtient le contenu conceptuel ***x*** *n'est pas identique à* ***x***. Ce contenu aurait une variable libre dont l'extension est l'ensemble vide. Il s'agit là d'un apport capital à la logique, même si la technique d'extension de concept proprement dite, comme telle, était connue et utilisée par Aristote.

Cela n'entame nullement le rôle de pionnier sinon de fondateur de la logique moderne de Frege. En quoi a consisté cette innovation fregéenne de la logique ? L'originalité et l'apport de Frege ont consisté à non seulement à utiliser les quantificateurs mais aussi à adjoindre au modèle binaire de la logique standard classique, l'ensemble vide. Il y a donc application du principe d'identité dans le champ arithmétique en l'occurrence au concept zéro pour donner *N'être pas identique à soi-même.* Seul le zéro appartient à ce concept.

D'où la définition du 0 : il est l'extension du concept *équinumérique au concept non-identique* à soi'. Dès lors que le 0 est défini, par une bijection restreinte entre concepts, un nombre qui appartient à un concept F sera successeur d'un nombre m appartenant au concept F'. Pour ce faire, il suffit de démontrer qu'il existe une bijection entre F et F', restreinte sur F par l'exclusion d'un de ses éléments. On obtient l'application entre le concept *identique à 0* et le concept identique à 0 mais non-identique à 0' *(Grundlagen,* section 77). Ce concept existe et 1 lui appartient. 1 est par conséquent le successeur immédiat de 0 sous réserve que l'on démontre ce fait; chose faite aux sections 77 et 78.

Frege est ainsi parvenu, en utilisant une constante logique (l'identité) à construire et à définir un nombre. D'où la démarche logiciste que certains lui reprochent que d'autres saluent comme une entreprise audacieuse en regard à la spécificité et du statut apparemment aporétique de l'objet étudié. Il fallait démontrer que définir un nombre, c'est en dernier ressort, définir un concept. Grâce au concept d'identité, Frege est ainsi arrivé à démontrer ce qu'il fallait démontrer. Ce sur quoi sa réduction de l'arithmétique à la logique s'enracine et ce en quoi l'hypostase logiciste est incontestable.

Dans les *Grundgesetze,* Frege démontre son logicisme, c'est-à-dire définit les nombres individuels 0, 1 et leurs successeurs. À Frege qui est parti des axiomes de Peano pour argumenter son approche logiciste des nombres, C. Wright (1983) pose la question de savoir si lesdits axiomes *admettent* cette tentative. À mon sens, il faut davantage chercher à savoir l'intention de Peano plutôt que de s'intéresser à l'usage réservé à ses axiomes. Si l'on porte l'enquête à ce niveau, l'on réalisera que la question de Wright est mal posée. Puisque les cinq axiomes n'offrent apparemment aucun interdit théorique à la démarche fregéenne, la modalité de leur usage importe peu et ce d'autant plus qu'un tel usage n'est pas en contradiction flagrante avec l'esprit de ces axiomes. Frege est donc en droit de les utiliser s'il estime qu'ils offrent un intérêt pour sa construction. À l'inverse, lorsque Wright évoque les problèmes liés à la technique d'extension de concept pour la ramener à ce que Russell appelle *formally equivalent = **(x) (Fx Gx)**,* il a raison.

C'est un secret de Polichinelle que l'extension de concept n'a pas donné les résultats escomptés. Pire, elle est considérée aujourd'hui comme l'une des insuffisances et demeure un des problèmes laissés sans solution viable et acceptable dans l'édifice fregéen. L'autre problème et non le moindre est celui que nous avons déjà parcouru: le problème de la définition contextuelle connu aussi sous le nom du problème de Jules César. Somme toute, il arrive à définir la suite naturelle sans recours aucun à l'intuition conformément à son dessein.

Quant aux cardinaux infinis, ils sont traités comme un cas particulier. Puisque pour Frege le nombre cardinal qui appartient au *nombre fini* est un cardinal infini, symbolisé par ∞. Cela se comprend aisément dans la mesure où s'il était fini, il ne saurait succéder à lui-même dans la suite naturelle. Or, précisément, c'est ce qui lui appartient en propre. C'est qu'il se succède à lui-même. Le nombre qui appartient au concept F signifie que : il existe une relation qui met en correspondance biunivoque les objets tombant sous F et les nombres finis. Ici, Frege s'accorde avec l'approche cantorienne selon laquelle l'usage de ∞ est légitime dans l'exacte mesure où il s'agit d'un nombre déterminé. En ce sens il n'est point différent de n'importe quel nombre cardinal fini. Cependant, il ne faut pas oublier que si Frege est d'accord avec Cantor pour doter les cardinaux infinis *d'existence effective, il* n'en demeure pas moins qu'il marque sa différence quant à la terminologie susceptible d'exprimer de tels nombres. À cet égard, Frege, en statuant sur ce désaccord, écrit :

> Si, à ce qu'il me semble, je suis d'accord avec Cantor sur ce point, je m'en sépare quelque peu dans le choix des termes. *Le* nombre cardinal, tel que je l'entends, Cantor l'appelle 'puissance", tandis que le concept cantorien de nombre se rapporte à l'ordre. Il est vrai que les nombres finis sont indépendants de l'arrangement en une suite et qu'il n'en va pas de même pour les infinis. Mais ni l'usage commun du mot `nombre", ni la question 'combien ?" n'enveloppent l'idée d'un ordre déterminé. *Le* nombre de Cantor répond plutôt à la question : le combientième est le nombre final d'une succession? Pour cette raison, ma terminologie semble mieux s'accorder avec l'usage.
> *(Grundlagen,* tr. fr., section 85, p. 209).

Ici, il convient de ne pas extrapoler le propos plus qu'il n'en faut car la succession a été, bien souvent, source de maints malentendus tandis que la notion cantorienne de puissance s'est dédoublée en deux conséquences essentielles dites puissances infinies: celle du dénombrable et celle du continu. Accessoirement à cela, l'enquête sur ces puissances comme des nombres a débouché sur une excroissance de l'arithmétique dans le transfini (arithmétisation de l'infini).

Sans oublier la problématique générale de la théorie des ensembles, des paradoxes qu'elle souleva et du problème de la définition imprédicative.

Comme on peut le voir, il ne s'agit pas, loin s'en faut, d'une mince affaire. Son traitement nous éloignerait de l'exposé de Frege.

Revenons à notre propos pour tirer la grande conclusion à laquelle Frege a abouti: le logicisme. En quoi cette logicisation de l'arithmétique est-elle un fait établi ? L'arithmétique n'a point de prémisses qui lui appartiennent en propre. Elles lui sont toutes fournies par la logique. Affirmer que l'arithmétique n'est qu'un développement de la logique et que toute proposition arithmétique est une loi logique, qu'est-ce que Frege veut signifier par là. Il semble que cela veut dire qu'on peut passer des objets arithmétiques à des objets logiques sans emprunt quelconque à la psychologie. Tout se passe comme si, Frege réalisait le projet leibnizien, tant dans son volet de *calculus raciocinator* que de celui de *lingua characteristica.* C'est en cela qu'il est redevable à Leibniz même s'il estime que son travail est beaucoup plus un *lingua characteristica* qu'un *calculus.* Puisque pour Frege, la logique doit en tout point diligenter les langues naturelles. En outre, il est permis de dire que déduire signifie désormais déduire logiquement et que de ce fait, le calcul n'est rien d'autre qu'une déduction logique. En tout cas, cette dissociation des deux volets apparemment solidaires du projet leibnizien semble répondre davantage à l'impératif de parvenir à une langue complètement épurée, c'est-à-dire ce qu'il est convenu d'appeler son idéographie.

C'est ici que le divorce entre le projet fondationnel de Frege et le projet fondationnel de Husserl est frappant. Husserl dans la *Philosophie de l'arithmétique,* à la page 21, assume ce divorce lorsqu'il écrit que contrairement à Frege, ce n'est point le nombre qui énonce quelque chose au sujet du nombre mais plutôt ce concept qui énonce quelque chose au sujet du nombre. Ici, la dispute porte sur le statut prioritaire ou non du concept. On sait que Frege, à la suite de Kant a conservé le caractère général et donc le pouvoir de subsomption des individus sous le concept. Il n'a donc pas fait subir à l'acception kantienne de ce terme, un quelconque infléchissement sémantique. Il s'agit du même vieux concept remis au service. Peut-être que le statut prioritaire du concept sur le nombre chez Frege a été rendu nécessaire en raison de ce choix. Husserl a opté pour une autre approche. J-T. Desanti a qualifié et décrit le dessein de l'entreprise husserlienne dans sa Postface *à Frege-Husserl Correspondance* comme suit :

> ... l'établir [arithmétique] fermement en son lieu d'émergence, exigeait son déplacement et comme sa transplantation en un autre terrain. C'était prendre le risque de dénaturer l'Arithmétique entière (Desanti 1987, Postface p. 68).

Dans quelle mesure peut-on souscrire à ce jugement de Desanti? Husserl s'est-il complètement mépris sur la nature réelle du concept de nombre ? Peut-on justifier en quoi l'approche de Frege est meilleure que la conception de Husserl? Pourquoi, au demeurant, Dedekind est davantage l'interlocuteur privilégié de Frege que Husserl pour cette problématique fondationnelle ? Voilà autant de questions et de critiques qui seront explicitement traitées au chapitre 3.

Chapitre troisième

ÉVALUATION CRITIQUE

Ce chapitre 3 tentera d'exposer d'abord les insuffisances de Husserl face à Frege (partie A) et ensuite s'attachera à montrer en quoi l'analyse de Dedekind (partie B) sans être à la rescousse de Frege témoigne, par ses ressemblances et ses différences, que Frege était sur la bonne voie.

I- En quoi l'analyse de Frege est-elle meilleure que celle de Husserl ?

Les chapitres 1 et 2 consacrés respectivement à Husserl et à Frege, ont montré toute la divergence, tout le divorce procédural entre ces deux approches fondatiorulelles. Husserl, si l'on se fie à la division simplifiée et grossière que l'on fait de sa pensée en trois moments, a écrit La *Philosophie der Arithmetik* au sortir de ses études de mathématiques. C'est au cours de ce premier moment qu'il a écrit aussi les *Recherches logiques* dont le centre d'intérêt résidait dans son désir de montrer que la logique pure, c'est d'abord et avant toute chose, la phénoménologie, c'est-à-dire la description de la conscience. Les deux autres moments se résument à la possession de l'outil pédagogique qu'est la réduction avec la publication des *Idées directrices pour une phénoménologie,* tandis que le troisième est marqué chez Husserl, par des interrogations que pose le problème de la culture, du monde et des personnes. C'est ce que l'on désigne comme la période d'historisation de la conscience *(Lebenswelt)* engagée dans une réflexion portant sur *le monde de la vie.* Durant cette période, Husserl publie la *Krisis* (1935-1936). Somme toute, on peut dire que toute la vie intellectuelle de Husserl a été marquée par des préoccupations centrées sur les voies et moyens de faire de la philosophie une *science rigoureuse.*

1. L'héritage de Brentano ou le premier handicap de Husserl

Le propos que l'on soulève ici, concerne le premier moment de son itinéraire intellectuel. Il faut rappeler que de 1884 à 1886, Husserl a suivi les cours donnés par Franz Brentano à Vienne[15]. Dans sa Postface à la correspondance entre Frege et Husserl, Desanti écrit à ce propos :

> En ce temps-là pour Husserl, l'enseignement de Brentano livrait le terrain, le socle réflexif, sur lequel devait nécessairement prendre racine, pour tout objet susceptible de s'offrir en une expérience sensée, la tâche de son élucidation. Il lui fallait donc déplacer l'Arithmétique vers le domaine ouvert par Brentano (celui des *consciences intentionnelles* d'objets). Il lui était difficile, dans une telle recherche, de se fier, pour établir le statut du nombre, aux seules procédures logiques qu'indiquait et semblait exiger la théorie elle-même. *(Frege – Husserl Correspondance,* Postface, 1987, pp. 67-68).

Il s'ensuit que la disqualification de la position de Husserl sur le statut du nombre, au dire de Desanti, tient en ce qu'elle *a déplacé et transplanté* l'arithmétique dans un espace qui ne pouvait que contribuer à l'obscurcir. Ce début sur des bases psychologistes n'a pas donné les résultats escomptés. À l'inverse Frege a obtenu un meilleur résultat. Quoique son analyse se soit soldée par une grande amertume (cf. chapitre 4), il n'en reste pas moins que son analyse a su créer un programme de recherches très prometteur.

Le prisme sous lequel l'analyse de Husserl a été conduit lui a peut-être fait manquer son objet. Aussi son début n'a été ni prometteur ni même en mesure de se défendre contre les attaques frontales du programme logiciste. Son analyse s'est révélée n'être qu'une tentative

---

[15] Il faut signaler que le volume supplémentaire LXX (1996) des Actes de The Aristotelian Society, publié par ladite société traite des emprunts que Husserl a contractés auprès de Brentano de même que la critique qu'il a pu en formuler. Dans ce volume l'article de Dermot Moran (pp. 1-27) montre que lorsque Brentano en est venu à concevoir l'intentionnalité comme une détermination du sujet ou comme une relation entre un sujet et ses propres représentations intérieures, Husserl et Heidegger l'ont critiqué.

aux prétentions excessives. Le moule psychologiste n'était point adéquat. Sur ce point, je partage le point de vue de Bell (1990) pour qui, ce début a été un échec retentissant :

> By far the most significant failure of Husserl's first project, is it's inherent inability to reconcile claims concerning subjectivity (about intuitions, presentations, concepts, judgement, abstractions, etc.) with claims concerning objectivity (about numbers, objects, existence, truth, validity, and like) (Bell 1990, p. 82).

À l'inverse, il me semble que le reste de son analyse accorde une place sui generis à l'héritage de Brentano à telle enseigne qu'il passe sous silence les mérites de Husserl.

Pour Bell, sans cet héritage la philosophie de Husserl serait « impénétrablement obscure, ou un puzzle arbitraire et idiosyncratique » (Bell 1990, p.82).

Quand on sait que Bell dans le même temps tente de racheter le livre de Husserl, on ne peut que reconnaître que son analyse brille par son inconséquence. Si Husserl était ce disciple docile de Brentano, comment comprendre qu'il ait été capable de rompre cette allégeance pour devenir aussi original par la suite ? Bell lui-même travaille avec un préjugé favorable à la philosophie analytique. De ce fait, son travail a manqué de cohérence. Il a mis l'accent sur l'héritage de Brentano dans le but d'en défendre un autre: celui de la philosophie analytique. En outre, quand il écrit que Frege a mal interprété la position de Husserl, il le fait en opposant philosophie analytique et philosophie transcendantale. Cela est contestable car à cette époque, rien ne corroborait cette distinction passe-partout entre ces deux philosophies (connue sous le nom de philosophie continentale *versus* philosophie analytique). Cette distinction a reçu ses lettres de noblesse à l'occasion de la découverte par Husserl de l'outil d'analyse phénoménologique qu'est la réduction (voir ci-dessous). On peut dire que la position husserlienne, en s'engageant dans la voie tracée par le maître Brentano, a abouti, au mieux, à décrire des objets de l'expérience immédiate Évaluation critique difficilement reconnaissables comme nombres, et au pire, a purement et simplement abandonné les nombres à leur sort afin de mieux décrire la réalité de la conscience comme ultime réceptacle des phénomènes. Ces phénomènes qui émergent pour s'offrir et rythmer la vie de la conscience, témoignent que celle-ci n'est pas statique. C'est pourquoi, là où Frege parle de concept de nombre, Husserl préfère parler de numération. La numération, lors même qu'elle est un terme primitif, suggère l'idée de mouvement, c'est-à-dire de succession non pas entre les individus de la série naturelle, mais plutôt entre les *moments abstraits* du processus psychique. Il n'est point possible d'obtenir le concept de nombre sans ce processus psychique de l'intuition interne. Aussi, des termes aussi importants dans la construction husserlienne tels que :

> L'égalité, l'analogie, la gradation, le tout et la partie, la quantité et l'unité, etc., sont des concepts qui ne sont absolument pas susceptibles d'une définition logico-formelle. Ce que l'on peut faire dans de tels cas, c'est seulement ceci: montrer les phénomènes concrets à partir ou au milieu desquels ils sont abstraits, et tirer au clair le genre de ce processus abstractif (Husserl 1972, tr. fr., p. 145).

2. L'analyse solipsiste de Husserl

Husserl rejette catégoriquement la démarche de Frege qu'il qualifie de logico-formelle (Husserl tr. fr., 1972, chap.2) incapable et inadéquate quant à saisir le nombre. Pour ce qui concerne ces termes primitifs, il n'est nullement possible de les définir dans l'exacte mesure où ils reposent sur des bases psychiques. A son avis ce qu'il faut, poursuit-il, c'est procéder à *l'analyse psychologique du concept de numération.* Ce faisant, Husserl a abouti à une analyse solitaire voire solipsiste du nombre. Cette réaction husserlienne qui consiste à s'atteler à la description du processus abstractif des nombres constitue, en même temps, leur mise à mort. Car, nous ne sommes pas plus dans le domaine de l'arithmétique que dans celui de la logique. Il en est résulté l'impossibilité où nous sommes, de dire qu'effectivement les objets ainsi obtenus sont des nombres. Or, précisément, l'enjeu c'est de trouver un cadre approprié à la définition des nombres sans, bien entendu, les défigurer ou les rendre méconnaissables. Souscrire à cette exigence épistémologique est le préalable à toute entreprise qui voulait fonder l'arithmétique.

Husserl semble n'avoir pas pris toute la mesure de cette contrainte interne. Le cadre d'explication qu'il s'est donné ne convient pas aux nombres en ce qu'il fait l'impasse sur la spécificité des nombres, quitte à présenter une solide théorie de la connaissance. Ce cadre inspiré de ses anciennes lectures est très bien décrit par Mohanty (1995) dans un récent article comme suit :

> The underlying philosophical and methodological conceptions, derived from Brentano as well as from Husserl's own mathematics professor, Karl Weierstrass are these: the clarification of a concept consists in determining its psychological origin (Mohanty 1995, p. 47).

Face à cette spécificité, il s'est avéré que le solipsisme méthodologique mis de l'avant par Husserl était inapproprié. Ce faisant, on s'est retrouvé avec un dédoublement de la tâche: de la simple exigence de définir et de fonder les objets arithmétiques de façon rigoureuse, Husserl est allé d'abord à la quête d'une théorie de la connaissance pour ensuite tenter de mouler les nombres dans cet édifice théorique. Ce faisant, il devenait évident que les risques de distorsion et de dissolution desdits objets s'élevaient au fur et à mesure que son édifice théorique non seulement montait, mais lui imposait des contraintes à satisfaire pour sa pleine réalisation. En d'autres termes, ce qui s'imposait à lui comme indispensable à sa construction, l'éloignait en même temps de la nécessité de s'en tenir rigoureusement au statut spécifique des nombres.

On peut dès lors soutenir que la quête d'un fondement pour les objets arithmétiques, était devenue le prétexte à la tentative d'application ou de vérification des enseignements de Brentano. Or, ces enseignements ne permettent pas de répondre positivement à cette espèce de pétition de principe à laquelle, tous ceux qui voulaient fonder l'arithmétique souscrivaient: *Éliminer l'intuition.* Comment peut-on relever un tel défi si l'on adhère à l'idée qu'il revient à la psychologie de résoudre les vieux problèmes philosophiques ?

On comprend dès lors pourquoi le deuxième volume promis par Husserl est resté lettre morte. Certes, il y a l'échec retentissant du premier volume mais fondamentalement et cela contre Bell, le deuxième volume ne fut jamais rédigé parce que Husserl a fait le saut transcendantal. Il a découvert sa voie. Ce n'est plus pour ainsi dire le *philosophe commençant.* Entre les mathématiques et la philosophie, Husserl a choisi son chemin. Il a opté pour la philosophie en jetant par-dessus bord les résidus psychologiques, toute chose qui lui a permis de fonder et de développer une méthode de pensée originale: la phénoménologie.

Ceci étant, face aux travaux de Frege et de Dedekind, l'enquête de Husserl apparaît au mieux, comme une régression et au pire comme une tare. Puisque toute la charge de la démonstration porte sur la preuve à fournir sur l'élimination de l'intuition, le propos husserlien sur l'intuition interne, c'est-à-dire celle qui donne les phénomènes que la conscience vit (il s'agit d'un vécu sensible), se disqualifie de lui-même. Il y a une dissymétrie entre les deux auteurs: pendant que Husserl prenait le virage transcendantal, Frege quant à lui, opérait ce que l'on appelle le tournant linguistique (philosophie analytique). Cette dissymétrie de démarches ne pouvait qu'alourdir les divergences qui séparent leurs approches. L'amorce fregéenne de ce tournant linguistique est exposée par Dummett (1981) dans les pages 56 et 72. Ces deux perspectives sont dissemblables tant dans leurs présupposés théoriques, leurs implications que dans leurs résultats. Husserl, dès le moment où il a découvert l'outil phénoménologique de premier choix en l'occurrence la réduction, le philosophe a pris le dessus sur le mathématicien et le logicien. Cette découverte a ouvert la voie aux interrogations sur l'assise psychologiste de son analyse. Mais qu'on ne s'y trompe pas car si l'on s'accorde à dater l'abandon par Husserl du psychologisme en 1896 (Introduction à la seconde édition des *Recherches logiques)* même si cette introduction fait suite à une autre écrite la même année mais non publiée du vivant de Husserl, il est clair que tout cela est postérieur à l'échange épistolaire allant de 1891 à 1906. Ce qui reviendrait à créditer Frege pour avoir inspiré Husserl dans cet abandon. II s'agit là, d'une grosse controverse qui oppose essentiellement Dummett et Mohanty et que j'exposerai dans la deuxième partie de l'enquête au chapitre 4.

C'est ce virage qui explique, du moins en partie, le fait que son premier ouvrage dont il est question ici est délaissé, mal apprécié par les phénoménologues. La plupart des commentateurs de Husserl rangent la *Philosophie der Arithmetik à* part. Pour eux, les thèmes qu'on y trouve sont loin de ceux traditionnellement abordés par les phénoménologues. En cela ils ont raison. Mais il n'y a pas là l'ombre d'une raison suffisante pour rejeter cet ouvrage de l'héritage husserlien, pas plus que de l'oublier sous prétexte qu'il consacre l'échec du maître.

Paradoxalement, toutes ces divergences entre les programmes logiciste et psychologiste n'ont pas empêché un auteur comme de Rouilhan d'affirmer des contre-vérités. Dans son ouvrage sur Frege, cité plus haut, de Rouilhan dans un amalgame inacceptable écrit: « Dedekind ou Husserl étaient aussi logicistes en ce sens, et d'autres avant eux, de Leibniz *à* Lotze, avaient déjà eu l'idée d'une réduction logique de l'arithmétique » (de Rouilhan 1988, p. 12-13).

Il n'est pas possible de rapprocher artificiellement des auteurs aussi différents en raison d'un hypothétique point commun. Ce n'est pas parce qu'ils veulent tous fonder l'arithmétique (que Dummett appelle l'orthodoxie de l'époque) qu'ils partagent pour autant les mêmes présupposés théoriques. Il faut dire que l'auteur distingue deux types de logicisme : d'abord au sens étroit où tous les termes utilisés doivent être logiques, c'est-à-dire objets, opérations et relations arithmétiques; et au sens large, où dans une démarche régressive (de Rouilhan recourt aux chapitres premier et deuxième de la *Begriffsschrift) il* s'agit selon lui, pour Frege de valider le logicisme étroit par la réalisation (mouvement progressif) dudit projet aux chapitres 3ème et dernier en 1879. C'est en raison de cette distinction que, hâtivement, il classe Husserl parmi les logicistes au sens étroit. Je m'inscris en porte-à-faux à cet amalgame dans lequel, le plus pur psychologiste en l'occurrence Husserl, est étiqueté comme un logiciste.

À mon avis, de Rouilhan se base sur la communauté d'intérêts scientistes et fondationnalistes entre les mathématiciens de cette génération pour taxer Husserl de logiciste. C'est là une grave méprise car jamais Husserl n'a adhéré au projet logiciste[16] quel que soit le sens qu'on donne à ce programme, pas plus au désir tenace de Dedekind et obsessionnel de Frege et de Russell d'éliminer l'intuition. Rien chez Husserl, à mon sens, ne milite en faveur de cette allégation. Il n'est que de se référer au contenu des lettres échangées entre les deux auteurs et de la question disputée qui était le motif de tels échanges épistolaires pour s'en convaincre. Si, un tant soit peu, Husserl avait adhéré au logicisme quel qu'il soit, ces correspondances auraient été le lieu de célébration de la congruence des points de vue de l'un et de l'autre. Or, c'est tout le contraire.

3. Dans quelle mesure ce divorce peut-il être interprété comme l'échec de Husserl face à Frege ?

Dans l'exacte mesure où Husserl a opéré un délitage des nombres pour en faire des objets psychologiques, il ne pouvait plus être question d'analyse logique même si, au demeurant, son intention

---

[16] Husserl n'est pas plus logiciste au sens des deux types que considère de Rouilhan qu'à celui des deux autres (des concepts et des propositions) que l'on attribue à Dummett (tous ces types de logicismes se recoupent) et s'accordent sur l'essentiel : réduire l'arithmétique à *la* logique.

initiale était celle-là. En fait, nous avons affaire à deux analyses extraverties mais dont les résultats de l'une se sont avérées meilleures que ceux de l'autre: d'un côté l'analyse logiciste ou plus précisément l'analyse logique des nombres et en cela son succès relatif et de l'autre, l'extraversion psychologiste qui surestime le vécu de la conscience.

Nonobstant le fait que constituent leurs échecs respectifs, la première s'est avérée un bon programme de recherche et ainsi contribué positivement peut-être à montrer la juste voie à la deuxième (abandon du psychologisme) et à la postérité (les élèves et le maître Dummett affirmeront contre vents et marées que le logicisme n'est pas mort). Ces derniers tentent de faire valoir que les courants tels que la théorie des ensembles, l'intuitionnisme et le formalisme voire même le psychologisme peuvent être rangés comme des variantes du logicisme qu'il conviendrait de qualifier, comme on le voit, de logicisme dominateur. Il y a là, manifestement une appréciation surestimée de ce qu'a valu le logicisme (le fait même de parler au passé est en soi inacceptable pour cette interprétation). D'une manière ou d'une autre, le programme logiciste perdure à travers les recherches de Dummett (qui y a ajouté un peu d'intuition). Je ne discuterai pas de cela ici, car c'est d'un intérêt marginal pour mon propos.

Outre ce fait, les lettres échangées témoignent elles aussi de la consistance de l'analyse de Frege par rapport à celle de Husserl. Dans sa lettre datée du 24 mai 1891 et envoyée d'Iéna à Husserl, Frege pointe du doigt la divergence entre les deux points de vue. Cette divergence, on peut dire, se résume principalement à ceci : « Tout ce que je puis dire ici est qu'il semble que nos opinions divergent sur le point de savoir comment le terme conceptuel [le nom commun] se trouve en relation avec des objets. »

Le schéma suivant illustre ma position :

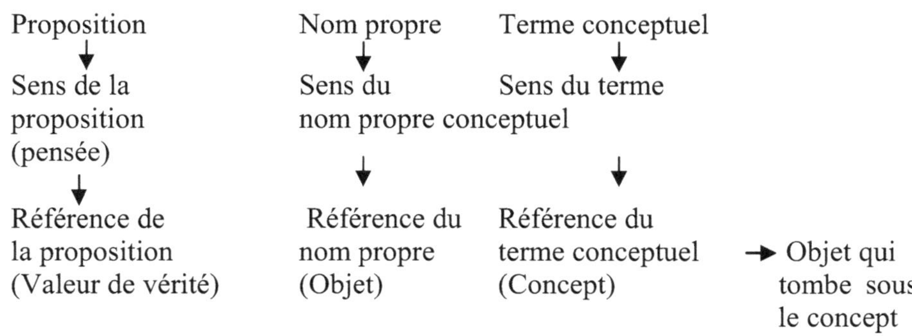

(Frege - Husserl 1987, p. 25)

Ce tableau est très important. Il est le cœur d'une dispute importante entre Frege et Husserl: celle de la référence des termes conceptuels. Cette question du rapport entre les termes conceptuels et les objets auxquels ils s'appliquent, Desanti la résume comme suit: « La question est de savoir ce qu'on pense au juste quand on désigne un concept au moyen d'un nom (Postface, p. 63.).

Qu'en est-il de la signification des termes conceptuels et quelle est la nature du désaccord entre Husserl et Frege d'une part et d'autre part, pourquoi la position husserlienne n'est pas recevable ? Qu'est-ce qu'un terme conceptuel ? Il faut souligner qu'après avoir comparé les deux schémas, j'ai réalisé que sur ce point essentiel, je partageais l'interprétation de Rouilhan (1988) et parfois même j'ai emprunté sa terminologie qui me semble très adéquate en la matière.

Pour Frege, les noms propres qui sont traités comme des énoncés, sont à la fois des expressions complètes *(vollständig),* indépendantes *(selbständig)* et saturées *(gesättigt).* Quant aux expressions incomplètes, elles sont constituées par des expressions qui ont une place vide. Cette place inoccupée est susceptible d'être comblée par un nom propre et ce, en qualité de complément. Lorsque ces expressions ont été une fois complétées, elles engendrent des noms propres de valeur de vérité, c'est-à-dire deviennent des énoncés. Ce faisant, elles reçoivent chez Frege le nom de *Begriffworter* ou termes conceptuels. Le dédoublement du mot *contenu* jadis utilisé dans la *Begriffsschrift* en *sens et dénotation* dans *Sinn und Bedeutung,* cette distinction n'est pas rompue, mieux elle est appliquée aux *Begriffworter.* Toujours dans la lettre du 24 mai 1891, Frege ne rompt pas cette distinction. Mieux, il la maintient eu égard l'analogie qu'il établit entre les noms propres et les termes conceptuels. Du reste, c'est ce que le tableau ci-dessus nous fournit comme renseignement. Par ailleurs, même si pour Frege les énoncés sont assimilés aux noms propres, ce tableau ne le traduit pas effectivement. Est-ce pour des raisons de convenance à l'usage commun, chose certaine, la première colonne n'innove pas, elle se contente de décrire le mode de fonctionnement du langage ordinaire: l'on va d'un énoncé à son sens et enfin on statue sur sa valeur de vérité (c'est pour Frege l'aspect le plus important).

Approximativement le schéma est le même pour la deuxième colonne dont on pourra statuer si l'objet auquel le nom propre renvoie est vrai ou faux. Quant à la troisième colonne, les concepts sont désignés comme *Bedeutung* habituelles des termes conceptuels. Cette dernière colonne marque une innovation par rapport à la tradition qui, en lieu et place de *Bedeutung* mettait *Sinne* car un terme conceptuel, habituellement, était pris comme un concept.

Cette lecture fregéenne semble répétitive selon Husserl. Pourquoi? Parce qu'à ses yeux, les trois niveaux opérés d'expression *du Sinn,* qu'il appelle par ailleurs *Bedeutung* (car ils renvoient à la même chose) peuvent être ramenés au couple *Sinn* et *Objekt.* Cette simplification de Husserl correspond à la disposition de la deuxième colonne du tableau de Frege. Le terme conceptuel, pour lui, est un nom général. C'est en fait un nom commun qui se rapporte à moult objets, d'où la multiplicité des sens qu'il regorge car plusieurs objets visés y sont subsumés puisqu'il leur sert de nom commun[17].

Chez Frege, c'est l'inverse qui est vrai. Un terme conceptuel ne peut jamais avoir des sens multivoques. Son sens est toujours univoque en dépit des multiples objets qu'il subsume.

Pour toutes ces raisons, Frege s'est dès lors vu dans une espèce d'obligation de corriger l'approche husserlienne qui néglige et abandonne les termes conceptuels à leur sort.

Frege interprète et schématise le propos de Husserl comme suit :

Terme conceptuel

↓

Sens du terme conceptuel
(concept)

↓

Objet qui tombe sous le concept

---

[17] Cette opposition sur la valeur sémantique du terme conceptuel montre à quel point les deux approches sont dissemblables. Alors que pour Husserl, il n'est ni plus ni moins qu'un nom général (nom collectif ou un nom générique si l'on préfère) qui se rapporte à beaucoup d'objets d'où samulitivocité. Ici, la lecture husserlienne ne s'éloigne pas de ce que Kant appelait le pouvoir de subsomption du concept. Quant à Frege, cette généralité et donc la multivocité du terme conceptuel n'est pas recevable en raison du fait qu'il faut pouvoir identifier l'objet singulier auquel il renvoie. Aussi, seul le maintien de son sens univoque est susceptible de mesurer s'il signifie quelque chose.

Il critique ce tableau sur le fait qu' :

> Il y aurait exactement autant de parcours à faire pour arriver aux objets à partir des noms propres qu'à partir des termes conceptuels. La seule différence qu'il y aurait alors entre noms propres et termes conceptuels, est que les premiers ne pourraient renvoyer qu'à un objet, tandis que les seconds renverraient à plusieurs objets. Dès lors, un terme conceptuel dont le concept serait vide devrait être banni de la science exactement au même titre qu'un nom propre auquel aucun objet ne correspondrait (Lettre du 24 mai 1891).

Rappelons que la question centrale reste et demeure celle du rapport entre les termes conceptuels et les objets auxquels ils s'appliquent. Comment Frege y réagit-il?

En comparant les deux tableaux, l'on réalise que le passage de ceux-ci aux objets auxquels ils s'appliquent chez Frege est, comme à l'accoutumé strictement et rigoureusement règlementé. Il le fait par le sens (niveau auquel Husserl s'est arrêté) d'une part et d'autre part, en y ajoutant celui de la *Bedeutung*.

Ce faisant, Husserl méconnaît ou plutôt saute l'instance médiane que constitue le concept. Cela est inacceptable du point de vue de Frege car alors l'on passe directement pour ne pas dire cavalièrement du sens des termes conceptuels aux objets alors que de tels objets tombent sous le concept qui lui correspond. Entre un tel sens et lesdits objets, subsiste une instance tierce qui joue le rôle de lieu de conciliation: le concept (la quintessence de l'analyse de Frege consiste à refuser l'inhibition du concept).

Comme on peut le voir, tandis que chez Husserl c'est le sens qui reste la pierre de touche de l'édifice, chez Frege la pierre angulaire reste le concept. Cet ordre divergent de priorité est à l'image de la dissymétrie soulignée plus haut. Le schéma husserlien semble situer le concept au niveau du sens.

Telle semble en tout cas sa position dans la *Philosophie der Arithmetik* (1891) et même plus tard en 1990-01 dans *Recherches I,* paragraphe 21 et *Recherches II,* paragraphes 11 et 42).

4. Maturité et continuité dans le travail de Frege

Exposons et résumons à présent les grandes lignes de la logique de Frege pour en comprendre les contours généraux. Il faut recourir à la

Begriffsschrift (1879) et aux écrits de *1892, Sens et Dénotation* pour apprécier toute l'originalité et les différents écueils auxquels Frege a été confronté, même si quelques infléchissements ont pu se produire dans sa conception entre ces deux ouvrages importants. Entre ces deux ouvrages, la pensée de Frege a sensiblement varié: dans la *Begriffsschrift* le terme de *contenu* se trouve scindé pour donner le couple de dénotation *Bedeutung* et de sens *Sinn.* C'est là, une nouvelle signification dont les deux termes veulent dire ceci: la dénotation selon Frege, c'est l'objet de pensée auquel renvoie le signe. Elle est un objet déterminé mais n'est jamais un concept, ni une relation *(Concept et Objet).*

Quant au sens, il est *le mode de donation de l'objet* et à tout sens déterminée correspond une dénotation déterminée. Il s'ensuit que lorsque deux expressions ont le même sens, ipso facto, elles auront la même dénotation.

En raison de ce fait, elles sont intersubstituables, lors même que la dénotation d'un énoncé n'est pas la pensée qu'elle exprime. Cette dénotation est le sens de l'énoncé_ Tandis que la dénotation d'un énoncé, c'est sa valeur de vérité. Il s'ensuit qu'un énoncé qui n'a point de dénotation, reste dépourvu de valeur de vérité. Dans son récent ouvrage (1993), Laurier qui qualifie le travail de Frege de *théoriedénotationnelle de la signification* résume la difficulté que Frege tente de résoudre dans *Sens et Dénotation* en ces termes :

> Il [Frege] commence par examiner un cas particulier de la difficulté générale que j'ai signalée pour toute théorie purement dénotationnelle de la signification, à savoir, le fait que si la signification d'un terme singulier se réduit à sa dénotation, alors deux énoncés comme: *Le maître de Platon est mort* et *Socrate est mort ou* comme: *Tullius est un grand orateur,* et *Cicéron est un grand orateur* devraient être synonymes, ce qui impliquerait qu'on ne peut pas croire que le maître de Platon est mort sans croire que Socrate est mort, et inversement. Cela impliquerait aussi que l'énoncé *Le maître de Platon est (identique à) Socrate* est conséquent qu'il n'est pas possible de comprendre un énoncé d'identité sans immédiatement en reconnaître la valeur de vérité. Mais cela fait problème, puisque si Socrate est le maître de Platon, c'est là un fait empirique (en l'occurrence un fait historique) et non pas un fait linguistique. (Laurier 1993, p. 106).

Pour résoudre ce problème, Laurier estime qu'il fallait différencier entre un terme singulier (qui exprime une connaissance substantielle) et son sens. Aussi, Frege a-t-il été dans l'obligation de faire remarquer par exemple que, la différence entre *Hespérus* et *Phosphorus* ne réside pas uniquement dans le fait qu'on a affaire à deux formes linguistiques distinctes, mais aussi et d'une certaine manière, dans la manière dont elles dénotent leur objet. Dès lors Frege a été conduit à marquer une distinction entre la dénotation d'un terme singulier et son sens, le sens contenant le mode de donation de l'objet.

À cette difficulté se greffe une interrogation : celle de savoir comment sont reliés les termes dénotation et sens. Ainsi, s'il est aisé de comprendre que la dénotation porte sur l'objet auquel il renvoie puisque celui-ci est toujours dénoté par un terme singulier, il n'en va pas de même pour le sens. À la question de savoir quel est le sens d'un terme singulier, il semble que Frege n'aie pas donné une réponse très lisible. Il s'est contenté d'indiquer que le sens *contient* le mode de présentation de sa dénotation. Ce tâtonnement, selon Laurier aurait conduit beaucoup de commentateurs à opérer, non sans raison, une réduction entre le sens et le mode de présentation. Il semble que cette réduction n'est pas vaine dès lors qu'on garde à l'esprit que le sens, est loin d'épuiser toute la signification d'une expression.

Somme toute, note Laurier, la question de savoir comment une expression peut être à la fois dotée d'un sens et ne pas avoir de dénotation, alors même que, le sens est défini comme le mode de présentation de la dénotation (c'est-à-dire expliquer comment un mode de présentation peut être vide, c'est-à-dire ne rien *présenter),* ce fait demeure une énigme non résolue par Frege.

À mon avis, il ne s'agit pas en réalité d'une insuffisance dans la mesure où précisément, n'avoir pas de dénotation claire et nette ne revient pas à invalider l'énoncé. Il convient de nuancer ce jugement de Laurier et en ceci que ce cas semble correspondre à l'exemple désormais classique que Frege donne comme suit: «la courbe qui converge le moins rapidement». Comme on peut le voir, il s'agit d'un énoncé qui laisse ouverte la possibilité infinie de construire une courbe qui converge le moins rapidement. Cet énoncé est sans dénotation, j'allais compléter la phrase de Frege en disant sans dénotation précise car, de la simple virtualité de pouvoir construire une telle courbe, il est possible de lui conférer une dénotation. Il y a donc un sens à exprimer un tel énoncé lors même que ce sens ne convoie pas comme à l'habitude une dénotation.

Le mode de présentation que constitue le sens convoie ici, une dénotation virtuelle même si traditionnellement l'on s'attend à ce qu'une dénotation renvoie à un objet doté d'une existence objective. D'ailleurs, pour Frege la notion de dénotation n'est pas, loin s'en faut une notion saturée. En tout cas, si ce n'est pas une énigme, il convient de dire qu'il s'agit bel et bien d'un cas particulier.

À bien des égards, *Sens et Dénotation,* constitue un infléchissement de la position fregéenne telle qu'elle est exprimée dans la *Begriffsscriff.* On se rappellera que Frege y soutenait que l'identité entre A=B était une relation entre deux noms. Ici, Frege maintient cette définition mais en y adjoignant ou plutôt en admettant que A=B n'est plus « seulement l'assertion d'une relation entre deux noms », puisqu'il pourrait arriver qu'il nous « apporte une connaissance sur les choses ». Au-delà de cette relation d'identité, il y a information sur par exemple, « l'Étoile du soir et de l'Étoile du matin ». Cet apport n'est pas le seul.

Il y a une deuxième addition, c'est que ce n'est plus simplement une relation entre ce que les noms dénotent, puisqu'ils exprimeraient alors une relation entre *une chose et elle-même* c'est-à-dire une pure identité: A=A. Ceci étant, postuler que A=B signifie que les signes ou noms a et b dénotent la même chose, revient à soutenir que la proposition ne porte que sur les signes. Or, les signes s'appliquent autant aux noms, groupes de mots qu'aux caractères. Chez Frege, signes et noms sont des manières de désigner, et en cela ils jouent le rôle d'un nom propre. Il ne s'agit donc pas d'une relation d'un objet avec lui-même. Du reste, pour que A=B soit vrai, il faut que A soit différent de B. Ce qui est manifeste, rien que par la forme.

Enfin troisièmement, postuler que la relation est arbitraire dans la mesure où le jugement d'identité ne peut pas *davantage exprimer une liaison des signes avec la chose commune désignée.* Cela s'explique par la différence de signes, différence pouvant induire une différence dans la manière dont la chose est désignée.

Il semble que c'est à cause de ces difficultés que la *Begriffsschrift a* mis en avant une simplification du terme *contenu* dans *Sinn und Bedeutung.*

Tenons-nous-en à l'essentiel pour dire d'abord qu'un énoncé exprime toujours un jugement chez Frege. Dans tout jugement, une distinction est à faire entre le niveau des pensées et celui des dénotations (objectif). Ce qui revient à dire que réunir un sujet et un prédicat ne revient nullement à passer d'un sens à sa dénotation, ni d'une pensée à sa valeur de vérité. On reste toujours au même niveau en ceci qu'une valeur de vérité n'est pas une pensée, puisqu'elle n'est pas un sens, mais plutôt un objet (passage de la pensée au vrai). Il s'ensuit que connaître, c'est unir une pensée à sa dénotation (valeur de vérité de la pensée). C'est pourquoi, substituer une expression de même dénotation à une autre n'altère pas la valeur de vérité d'une proposition (exception faite des styles direct et indirect).

En outre, il y a deux convictions qui traversent et organisent le travail de Frege de la façon suivante:

1. Puisque l'énoncé exprime un jugement, il s'ensuit que le jugement autorise à dire d'un énoncé qu'il est vrai ou faux ;
2. Étant donné le point (1), il est permis de distinguer l'énoncé de son contenu *(Vorstellungsinhalt).* Ce contenu n'est pas ce qu'une subjectivité singulière lui assigne en dépit de l'usage du mot *Vorstellung* qui semble nous renvoyer à la notion de représentation subjective.

Cette distinction se fait par le biais des deux signes antéposés à la proposition qui permettent de différencier l'assertion du contenu. Il faut noter que ce qui est original et inédit ici chez Frege, c'est fondamentalement le caractère neutre du contenu de l'énoncé par rapport à l'assertion même. Cette neutralité est capitale dans l'exacte mesure où le recours à la réalité s'effectue par le truchement du couple assertion/contenu.

D'une manière générale, les énoncés que l'on manipule sont traités comme des noms propres. D'un mot, il faut dire que Frege assigne trois propriétés à ceux-ci: Il s'agit d'expressions indépendantes *(selbständig),* complètes *(vollständig)* et saturées *(gesättigt).* Comme on peut le voir, il s'agit de formes linguistiques marquées par trois caractéristiques essentielles : la saturation, la complétude et l'autonomie. De ces trois propriétés, Frege déduit leur statut prioritaire sur les expressions incomplètes qui expriment des pensées incomplètes.

Aussi, la dénotation d'une expression incomplète s'appelle une fonction. Pour Frege, lorsqu'une expression de ce genre est une expression prédicative, alors la fonction dénotée est appelée un concept. Pour ce qui concerne finalement ces noms propres, il y a exigence de maintenir en prise la dénotation et seulement alors, on pourra faire varier le sens.

Ex: Aristote. (élève de Platon); créateur du Lycée.

Ceci est rendu possible par le fait même que la dénotation n'est pas, dit Frege, donnée en « pleine lumière ». Cela revient à dire que la dénotation, au risque de nous répéter, n'est pas une notion saturée. Et en raison d'une telle insaturation, elle peut recevoir plusieurs signes, lors même qu'au signe correspond, strictement, un seul et unique sens déterminé, c'est-à-dire saturé. On peut en conclure que le type de lien qui existe entre le signe et son sens est de nature univoque malgré le fait qu'il peut recevoir, dans la langue naturelle, plusieurs expressions. Husserl aurait, contrairement à Frege, conclu qu'il s'agit de sens multivoque comme on l'a fait remarquer plus haut.

Ainsi en est-il de la fameuse expression fregéenne : « la suite qui converge le moins rapidement » ; cette expression est sans dénotation puisqu'on peut toujours construire une suite qui converge plus lentement qu'une suite donnée (voir l'analyse de ce cas ci-dessus).

Pour ce qui concerne les deux valeurs de vérité (v, f), elles acquièrent un statut d'objet. Ceci rend la substituabilité entre énoncés et noms propres, possible sinon légitime.

En outre, les valeurs de vérité sur lesquelles sont définies les fonctions de vérité, sont dès lors considérées comme des instruments de calcul. Elles ont un statut accessoire et jamais prioritaire car il ne revient pas à elles d'offrir les tables de vérité mais plutôt au vieux principe de bivalence qui les présuppose et sur lequel se fonde le calcul classique. Ces deux valeurs de vérité restent la pierre de touche de l'analyse fregéenne et elles expliquent la nature binaire de son projet logiciste.

Dans *Sens et Dénotation*[18], Frege écrit en page 110, à propos de la valeur de vérité, qu'elle ne peut être que vraie ou fausse. Pour lui, *il n'y a pas d'autre valeur de vérité. Il* y a là, comme un avatar de la logique traditionnelle.

---

[18] G.-G. Granger, dans son livre *La Vérification* publié chez Odile Jacob, 1992, a dans son approche de Frege opté pour une interprétation partiale. Ainsi, son interprétation en termes de *dédoublement* en se référant *à Sens et dénotation,* est contestable puisque le nerf probant de l'argumentation fregéenne reste la rigueur de sa démarche. Cette rigueur est démonstration. Aussi cette distinction-dissociation en *Sens et dénotation* a-t-elle pour but de fonder la logique comme pure légalité absolue de la pensée pure. Granger tente désespérément de fonder sa théorie très confuse de la *vérification* sur cette rigueur Fregéenne.

Mais ceci ne saurait porter quelque ombrage que ce soit sur la prodigieuse impulsion initiée par Frege pour ainsi ressourcer la logique. Hormis la fameuse *crise des fondements* déclenchée par ce qu'il est convenu d'appeler le paradoxe de Russell (1903), il semble acquis que les notions telles que *la fonction, le concept, l'objet,* les *parcours de valeur de vérité,* la *variable* et bien sûr celle fondamentale de *langage formel* et d'autres encore, sont redevables à Frege. Toutes ces notions combien importantes dans la logique moderne sont établies sur une rigueur telle qu'elles semblent incontestables et incontournables pour les logiciens contemporains.

Il semble donc acquis que l'analyse husserlienne a été un échec. Un échec quant à son intention initiale de fournir un ancrage fondationnel adéquat qui puisse permettre non seulement de reconnaître les nombres naturels mais surtout de régenter leur spécificité. Cet enjeu n'a peut-être pas été compris par Husserl de façon appropriée. Certes Husserl s'était affranchi des lieux communs de l'idéalisme allemand. Mais hélas, il était encore prisonnier de cet vent positiviste qui voulait fonder le vieil édifice métaphysique sur la science dans la mesure où la philosophie de ce point de vue, est et doit être une science à l'image des sciences dites naturelles. Ce vent de scientisme auquel Frege lui-même n'est pas étranger, assignait ainsi une nouvelle ambition à la philosophie, prétention arrogante selon la perspective wittgensteinienne dont un exposé sera donné dans la troisième partie. Pour Husserl, la science la seule capable de fournir ce socle fondatif, c'est la psychologie. L'on comprend dès lors pourquoi son penchant psychologiste avec son allure de philosophie mi-mentale mi-logique, allait à la fois soutenir tous ses efforts et annihiler subséquemment tous les résultats auxquels il était en droit d'espérer. Ce n'est que plus tard que Husserl allait, semble-t-il, au contact de la critique acerbe de sa position psychologiste faite par son correspondant Frege, abandonner le psychologisme. Ce point controversé sera exposé au chapitre 5.

L'apport de Husserl, tout compte fait, à la problématique fondationnelle est en deçà des espoirs soulevés. N'empêche qu'il témoigne à la fois d'un début original qui n'a pas su tenir ses promesses et d'un moment fort de l'histoire des projets fondationnels proposés par cette génération de mathématiciens qui se sont épris de philosophie pour ainsi dire espérer résoudre les problèmes internes soulevés par la nouvelle donne mathématique. Les correspondances échangées entre lui et Frege témoignent d'une marche à reculons pour lui, toute chose qui contraste avec la prodigieuse percée, du moins sur ce domaine de Frege. Somme toute, la confrontation entre Frege et Husserl a été digne d'intérêt en ceci que de tous les auteurs qui se sont frottés à ce sujet, Husserl reste le seul qui a tenté une approche originale (même si, au demeurant, elle s'est avérée non viable). Ainsi, son approche psychologiste, en dehors de son infortune, a le mérite d'avoir su contourner les lieux communs que sont la logique ou la voie mathématique interne (l'élue des formalistes).

Une autre tentative fondationnelle qui ne brille pas par son originalité mais qui s'est avérée consistante, a été celle proposée par Dedekind. Avec le recul du temps et surtout l'échec du fondationalisme psychologiste, l'on réalise que l'auteur qui aurait pu faire avancer de façon intéressante le débat, reste Dedekind. Le point H qui suit tentera de montrer en quoi un tel point de vue est digne de créance.

II- L'analyse du concept de nombre chez Frege et Dedekind: Ressemblances et différences

Pourquoi ce rapprochement entre Frege et Dedekind? Et quel rapport existe-il entre ce rapprochement et le débat Frege-Husserl? D'abord il faut dire que la *Begriffsschrift* (1879) de Frege partage avec l'opuscule *Was sind und was sollen die Zahlen (1888)* de Dedekind, le même souci méthodologique primordial. Ce souci théorique est le suivant: celui, dans la rigueur, de démontrer tout ce qui ne doit pas être accepté sans démonstration. Cette exigence épistémologique, pour être remplie doit partir de l'élément le plus immédiat, le plus élémentaire car, c'est là précisément que le travail mathématique prend son envol, mais aussi, hélas, le lieu de toutes sortes de supputations et de mésinterprétations. Cela veut dire que les mathématiciens prennent, parfois, trop de liberté avec les réquisits méthodologiques les plus élémentaires en raison peut-être de leur caractère trivial.

Les mathématiques reposent sur le nombre, la réalité la plus immédiate des objets mathématiques. Le nombre, en regard de cette position unique, mérite d'être pensé et défini rigoureusement. A cette tâche, Frege et Dedekind ont consacré quelques écrits. Cette parenté de vue entre les deux a d'ailleurs été soulignée et attaquée par Hilbert en ces termes :

> En opposition avec les anciennes tentatives de Frege et de Dedekind, nous sommes parvenus à la conviction que certaines représentations et idées intuitives sont des

> préalables nécessaires à la possibilité de la connaissance scientifique (Hilbert 1925, cité par Largeault 1972, p. 245).

Dedekind lui-même, dans la préface à la seconde édition de 1893 écrivait ceci :

> Il s'est écoulé environ un an après la publication de mon mémoire lorsque j'ai pris connaissance des Fondements de l'arithmétique de Frege, déjà paru au cours de l'année 1884. Lors même que le point de vue adopté dans ce travail sur l'essence du nombre est différent du mien, il n'en demeure pas moins que son contenu, en particulier à partir de la section 79 et sq, est très proche de mon livre, spécialement avec ma définition (44). (Dedekind, traduction anglaise, 1963, p. 42.)

Quelles étaient ces tentatives ? Schématiquement, les préoccupations fondationnelles de Frege et de Dedekind, les ont conduit non pas à rechercher la genèse du nombre, quête qui nous aurait conduit à des analyses de type architectonique (ex: l'analyse psychologiste de Husserl) mais surtout à s'attacher au fondement propre des mathématiques. Cette tâche ne pouvait, dans la mesure où il fallait construire le concept de nombre à travers celui de suite logique et accessoirement celui de succession, aboutir qu'à une enquête logique comme le précise la *Begriffsschrift. Il y* a là, une foi que l'un et l'autre partage à travers deux notions jumelles qui sont respectivement celle d'hérédité et celle de chaîne.

Il semble que ces deux notions soient destinées à en finir avec les définitions qui comportent le fameux ainsi de suite duquel Husserl, hélas, n'a pu s'en défaire. De là aussi toute l'importance de la contribution de Dedekind au débat Frege-Husserl. D'une certaine manière, Dedekind en rejetant le *ainsi de suite* qui stipule sans le dire que la suite va indéfiniment répéter la même fréquence sans trahir nos attentes. Cela revient à rejeter explicitement cette certitude comme quoi rien de surprenant ne devant se produire, s'exonère aussi de l'effort nécessaire de donner une procédure susceptible d'aller au-delà de cette certitude non prouvée. Quel est le but de l'un et de l'autre ?

Dans sa lettre désormais célèbre à Keferstein datée du 27 février 1890 (cf. à la fin de ce chapitre), Dedekind manifeste ce souci de rigueur et cette foi. Dans son mot d'introduction à cette lettre, A. Sinaceur estime qu'elle contient les motivations intuitives, particulièrement pour ce qui concerne les notions essentielles de *chaîne* et de *chaîne propre d'un élément. La* notion de chaîne chez Dedekind est exposée dans les pages qui vont de la définition 36 à 44.

Soit $\mathbb{N}$ un système :

> Indeed, he understood the primary concern of arithmetic to be the *relations or laws* derivable from the essential characteristics of simply infinite systems (188a, art. 73) **A** class $\mathbb{N}$ is simply infinite if there is a one-one function ø mapping $\mathbb{N}$ into itself and an object ***b*** such that ***b*** in not a value of *ø* for an argument in $\mathbb{N}$, and $\mathbb{N}$ is the intersection of all classes containing ***b*** and also ø (y) wherever they contain y. Thus the essential characteristics of a simply infinite system $\mathbb{N}$ are the following (Peano's axioms in 1889) a coincide with or are immediate consequences of them. (From the Calculus To Set Theory 1630 - 1910, *An Introductory History,* ed. by Grattan-Guinness Duckworth 1980, p.227).

Pour prouver qu'il est infini, il faut satisfaire quatre conditions:

1. $(\forall y)(Y \in \mathbb{N} \rightarrow ø(y) \in N),$ *(6.3.1)*

2. $\mathbb{N} = n\{Z \backslash b \in Z \quad \& \quad (\forall y)(y \in Z \rightarrow ø(y) \in Z)\},$ *(6.3.2)*

3. $(\forall y)(Y \in \mathbb{N} \rightarrow b \neq ø(Y)),$ *(6.3.3)*

4. *ø* is one-one, *(ø* est une bijection étant
donné deux ensembles (6.3.4)

Appelons $\mathbb{N}$le système S (cf. section 73). À partir de là, nous avons le pouvoir d'abstraire les propriétés particulières de la suite $\mathbb{N}$. Ceci étant on peut procéder comme suit:

Supposons que $\boldsymbol{n} \in S$. Pour vérifier cette appartenance, il faudra que n remplisse la condition suivante:

$\boldsymbol{n} \in \mathbb{N}$ssi n est un élément de toute chaîne partie K de S qui possède les propriétés 1 ∊ K et ø (K) ø (K).

Il en est de même de son pendant la notion de chaîne propre qui ensemble, sont incontournables en ceci qu'elles permettent de fonder l'induction mathématique (paragraphes 59, 60 et 80):

$$((1 \in M) \forall x (x \in \mathbb{N} \in M) \rightarrow (x \in M))) \rightarrow (M >).$$

On reproche à juste titre à la démarche au plan philosophique, sa circularité. Puisque $\mathbb{N}$ étant l'intersection de tous les $\mathbb{N}$, il se trouve que x contient déjà les nombres naturels. Démarche frauduleuse pourraient dire les gens comme Poincaré et Kronecker.

Somme toute, la construction de la suite logique et la notion de succession dans une suite, comme on peut le voir nécessite une démarche inductive stricte et réglée de sorte que, les objets qu'on va définir aient les propriétés identiques à celles du premier nombre ainsi défini. Cette définition contraignante vise à rejeter toute intrusion dans la suite naturelle d'élément ne répondant pas à la contrainte théorique posée préalablement. D'où le besoin d'argumenter une théorie des chaînes susceptible non seulement d'y répondre, mais aussi et d'une certaine manière de démontrer que les nombres naturels constituent une suite infinie (S).

Le propos de la lettre, justement c'est de démontrer la nécessité d'une telle théorie d'une part et d'autre part, de montrer en quoi cette théorie est la seule qui a su éviter l'intrusion d'éléments étrangers. De tels éléments ne sauraient appartenir à S (un système infini). C'est ce que apparemment Kefferstein semblait contester. Mais au bout du compte, il a fini par concéder que la théorie des chaînes contenait effectivement la notion de successeur, notion capitale pour le système de Dedekind. L'on comprend pourquoi Dedekind s'est viscéralement opposé à toute modification de son propos que lui suggérait Kefferstein. Au fond, que contient cette fameuse lettre et pourquoi cette théorie des chaînes ?

Dedekind énumère les raisons qui justifient sa théorie dans sa lettre. Il souligne qu'il s'agit d'une synthèse parachevée à l'issue d'un travail de longue haleine, bâtie sur une analyse antérieure de la suite des entiers naturels. Quelles sont les propriétés fondamentales de cette suite $\mathbb{N}$? Pour Dedekind, il suffit de montrer en quoi ces propriétés sont indépendantes les unes des autres, c'est-à-dire irréductibles et dont découlent toutes les autres comme de simples conséquences logiques (en raison du mode de transmission interne desdites propriétés). Ensuite, il reste la tâche ardue qui consiste à les dépouiller de leur caractère intrinsèquement arithmétique pour ainsi les subordonner aux concepts généraux et aux activités de l'entendement. Ici, le rôle de l'entendement est essentiel car c'est à lui que se rapportent les concepts (il y a là un relent kantien). Sans ses activités, nos preuves n'offrent aucune certitude, il en est de même pour nos concepts et définitions. Ceci étant, Dedekind donne la composante de (individus = nombres), l'ordre entre les individus, la possibilité d'une application générale Q d'un système qui fait que Q(*n*) d'un nombre ***n*** donne ***n*** et que Q($\mathbb{N}$) est une partie de $\mathbb{N}$. Comme tout nombre ***n*** est pas un successeur ***n***, donc Q($\mathbb{N}$) est une partie propre de . Il s'ensuit que ***a*** et ***b*** succèdent à ***a*** et ***b*** et ce par Q qui définit une application univoque (paragraphe 23 de son opuscule de 1888 mentionné plus haut).

En conclusion, l'on peut dire qu'il s'est agi de l'application de Q d'un système dans lui-même. Cette démarche exclut toute intrusion, tout élément non standard et implicitement cela renforce l'idée d'un modèle standard. Q($\mathbb{N}$) = $\mathbb{N}$. Quant à $\mathbb{N}$, il est une suite infinie de nombres. Il est ordonné. C'est ce que Dedekind est parvenu à démontrer de manière complètement abstraite. Une fois arrivé à un tel résultat, il restait la question de savoir *s'il existe un tel système dans l'univers de nos pensées.* Pour y répondre, il faut passer par la logique, c'est-à-dire s'atteler à la construction des preuves. Comme on le voit, dans ce travail transperce le désir d'élucider le concept de nombre de façon rigoureuse et ce en dehors de tout rapport intuitif ou psychologique.

En cela, les intérêts des deux auteurs sont congruents puisqu'ils mettent au cœur de leurs constructions, les preuves. À cet égard, Dedekind écrit:

> L'essence complète de la suite $\mathbb{N}$ n'est établie que par là. Soit dit en passant à propos de cette question : pour la première fois l'été dernier (1889) j'eus quelque temps entre les mains **l'Idéographie** et les **Grundlagen** de Frege; j'ai relevé avec plaisir que sa manière de définir la succession immédiate d'un élément à un autre dans une suite coïncide pour l'essentiel avec mon concept de Chaîne *(Ibid.,* sect. 37, 44).

Ainsi, il semble acquis que la notion qui les rattache le plus c'est bien celle de successeur. Cette notion est très explicitement exposée dans la théorie des chaînes qui, eu égard les contraintes qu'elle pose, est d'abord un modèle abstrait. Charge ensuite à lui de pouvoir saisir les propriétés essentielles des objets arithmétiques. Une fois achevé, surgit la question de savoir si quelque chose de réel lui correspond grâce à son application. Schématiquement, cela donne:

Théorie des chaînes ⟶ Preuves ⟶ Nombres

Comme on le voit, ce n'est ni le système abstraitement construit qui pose problème, encore moins l'existence des nombres eux-mêmes. Ce qui est ardu, c'est l'instance intermédiaire que constitue les preuves devant soutenir l'édifice. D'où l'insistance quant à montrer que le système abstrait ainsi balisé ne comporte aucune contradiction interne et aussi d'une certaine manière, montrer que grâce aux preuves, *définitivement,* on arrive à définir la suite $\mathbb{N}$. À ce premier acquis s'ajoute un autre, celui qui assure la caractérisation adéquate de $\mathbb{N}$, la possibilité de saisir les individus qui la composent et finalement, sa réalité infinie et l'ordre dans lequel ces individus sont agencés. La preuve en dernier ressort, doit pouvoir montrer qu'aucune intrusion d'un élément quelconque n'est tolérée.

Cette démarche qui consiste à subordonner les nombres aux concepts généraux se retrouve en termes identiques chez Frege car pour lui, un nombre dit toujours quelque chose d'un concept. Chez lui, l'équivalent de la notion de Chaîne, c'est bien celle d'hérédité. Là où Dedekind voit une application univoque, Frege définit une application biunivoque. Ces notions sont tellement imbriquées et tellement mues par les mêmes intentions qu'il est permis d'en déduire qu'entre Frege et Dedekind, c'est une question de terminologie. Dedekind dit d'ailleurs qu'il suffit de mettre de côté le langage *peu commode* de Frege pour réaliser combien ils se rejoignent sur ce plan. Ici, les contraintes de nombre de pages ne me permettent pas d'exposer les grandes lignes de l'analyse de Frege. Ceci étant, leur ressemblance ne doit pas nous faire perdre de vue, les points de dissemblance.

Il subsiste deux différences incompressibles entre les théorie de Frege et de Dedekind. Selon E. W. Beth la théorie de Frege est supérieure à celle de Dedekind en ceci que :

> [elle] permet de démontrer l'existence d'un modèle pour la théorie des nombres naturels, tandis que la théorie de Dedekind se borne à caractériser un tel modèle au moyen d'un système de postulats (Beth 1955, p. 126).

À mon avis, les deux systèmes se valent quant à leurs intentions et aux résultats obtenus par l'un et par l'autre. II n'est pas vrai que Dedekind ne soit pas parvenu à démontrer l'existence d'un modèle. Par ailleurs, caractériser un tel modèle, c'est implicitement démontrer son existence. Ce que Beth n'a pas pris en compte, c'est que Dedekind n'a pas corsé plus qu'il n'en faut l'importance de la logique. Si ce fait est une faiblesse sur ce plan, sur un autre, c'est une approche plus prudente car ce faisant elle ne subit pas le contrecoup de la perte de crédit du logicisme des concepts.

En outre, elle permet à Dedekind de ne pas réduire l'arithmétique à la logique, résultat auquel Frege est parvenu. Je pense que l'analyse de Dedekind a le mérite de respecter et de s'en tenir à l'arithmétique, de refuser de la sacrifier. En ce sens, son souci fondationnel est assis à l'intérieur de l'espace mathématique, il préserve et laisse ouverte la possibilité d'une réflexion mathématique propre.

Le deuxième point porte sur la question de savoir quel nombre commence la suite. A cette question les deux auteurs divergent. Tandis que chez Frege la suite h1 commence par 0 chez Dedekind elle commence par 1. Il reste à s'interroger sur le fait de savoir si la théorie de Dedekind échoue à saisir le 0. Pourquoi n'y touche-t-il pas? Est-ce à cause du fait que bien avant les cinq axiomes de Peano, il était parvenu à définir les entiers naturels? Ce fait n'est pas sans importance car l'analyse de Frege s'est largement appuyée sur ces axiomes.

Bref, au-delà de ces différences, il reste entendu que leurs analyses ont beaucoup en commun. Construire un système pour procéder déductivement à l'obtention des nombres. D'où le rôle essentiel de la logique, même si au demeurant, la logique au sens de Frege est plus forte, plus dominatrice qu'elle ne l'est chez Dedekind.

PREMERE CONCLUSION PARTIELLE

Cette première partie a, comme on a pu le voir, situé les enjeux essentiels du débat fondationnel entre Frege et Husserl. Dans cette première partie de l'enquête, l'accent a été mis davantage sur la thématique du problème, qu'aux motivations de l'un comme de l'autre. Ainsi, le récit historique du programme fondationnel quoiqu'essentiel a été laissé en filigrane. Ce choix arbitraire, puisque c'en est un, avait comme leitmotiv, la stricte circonscription du débat à nos deux principaux auteurs. Ce faisant, l'on a pu faire l'économie d'un débat auquel maints mathématiciens et philosophes se sont attelés et parfois avec beaucoup de succès mais bien souvent en empruntant les mêmes sentiers. L'on comprend dès lors pourquoi, l'approche historique bien qu'essentielle n'a pas été privilégiée par rapport à l'analyse thématique du programme fondationnel.

Pour éviter une simple accumulation de contributions multiformes, il était indispensable de focaliser l'enquête des auteurs qui, tout en partageant le même dessein, ne partageaient nullement les moyens de le mener à bien. Or, il se trouve que de tous ceux qui ont participé à ce programme, force est de constater que Frege et Husserl étaient ceux dont les convictions, les choix et présupposés théoriques de même que le développement de leur itinéraire intellectuel étaient radicalement différents voir divergents.

Ainsi, il était devenu impératif d'exposer les idées forces des deux protagonistes afin de permettre une juste appréciation de leur apport respectif. C'est pourquoi, le chapitre premier a tenté de cerner les pièces essentielles du dispositif psychologiste de Husserl. Il a montré comment se déroulait le processus d'abstraction, l'obtention de la numération. À l'occasion de la description de ce libre déploiement de la conscience ou plutôt du mode d'abstraction à partir des *concreta* qui sont ses vis-à-vis, il s'est révélé que cette méthode pouvait être toute quête solitaire, cet ultime repli du philosophe afin de pouvoir mieux décrire le mode de donation des objets aussi spécifiques que ceux de l'arithmétique, n'a pas rempli ses promesses.

Ce n'est point son originalité qui est en cause. Ce qui était immédiatement en cause, ce n'était pas le projet fondationnel en tant que tel mais plutôt l'ancrage sur lequel il était édifié. Or, précisément, celui qu'a choisi Husserl était psychologique. Dès lors, tout s'est passé comme si d'une quête de fondement, le problème s'est mué ou a abouti en une recherche sur la genèse du nombre. Husserl a-t-il, au regard des difficultés rencontrées, jeté par-dessus-bord le projet initial vers un hypothétique fondement psychologique dont les accents métaphysiques ne pouvaient que porter préjudice à la juste compréhension des objets arithmétiques? Ce qui est sûr, c'est que le moule théorique était inapproprié. Et comme tel, il ne pouvait que méconnaitre ou plutôt se méprendre sur la réalité des objets arithmétiques. Il s'agit là d'une situation ironique quand on sait que Husserl est mathématicien de formation.

Aussi, est-il aisé de comprendre la féroce dénonciation de cette illusion psychologiste par Frege pour qui, la psychologie ne peut contribuer en quoi que ce soit au fondement des objets arithmétiques. Pour Frege, une telle tentative louable dans ses intentions, est une véritable hérésie quant au choix de ses moyens. Mais Frege ne se contente pas seulement d'attaquer vigoureusement Husserl dans ses correspondances ou dans ses écrits. Il proposa sa propre médecine à ces sciences arithmétiques mûres mais hélas éprises éperdument de certitude, c'est-à-dire d'un socle fondationnel. Dans l'exacte mesure où elles ont progressé (mouvement de leur maturité ascendante), il reste à accomplir le mouvement retour (que Hadamard nomme *régressif)* vers leur socle afin de le rendre ferme. Et comme c'est la coutume en philosophie, Frege présenta *l'ultime* moule dans lequel il allait fondre et le psychologisme et bien sûr les objets arithmétiques. Ce moule indépassable à ses yeux, c'est la logique car autant la psychologie ne doit même pas ouvrir la bouche au risque de débiter des absurdités, autant à la logique une habilité sui generis à dire l'alpha et *l'oméga* desdits objets.

Cette conviction tranchée, intransigeante allait trouver des échos chez d'autres pour ainsi devenir ce qu'il est convenu d'appeler l'école logiciste. Au mérite de cette école, il y a entre autres la préservation de la spécificité du concept de nombre. Le logicisme fondationnel, même s'il constitue une construction extravertie, est parvenu à définir les nombres de façon appropriée ou plutôt le moins méconnaissable. Son succès, c'est celui d'un printemps puisque le jeune logicien d'alors qu'était Russell allait découvrir l'inconsistance de la démarche de Frege.

Or, en logique, l'inconsistance est dévastatrice. Le paradoxe dit de Russell (juin 1902) connu aussi sous le nom de définition imprédicative (qui consiste à définir un objet par référence à une totalité dont il est membre) invalida la loi V de Frege (une pièce essentielle). Cela créa non seulement la plus grande amertume mais aussi la quête acharnée de l'ultime parade pour conjurer ce triste sort: la perte irrémédiable de la signification et de la valeur du logicisme.

Lutte contre le temps puisque le second volume des *Grundgesetze der Arithmetik* était sous presse. Hâtivement, Frege rédigea un appendice. Peine perdue! Il fallait infiniment plus pour sauver l'édifice logiciste. Qu'est-ce qui ne marchait pas chez Frege ?

Pour Dummett (1991) la grande imprudence de Frege dans ce projet de sa vie, ce fut de ne jamais interroger l'analyticité des définitions. Pourquoi? Parce qu'elles allaient de soi en raison du fait que tout s'est opéré au moyen de la raison déductive. À cet égard, Dummett écrit: «Frege does not ask, in this connexion, how a definition may be known to be correct, but treats that as if it were unproblematic (Dummett 1991b, Essays II, p. 19).

Cette opinion de Dummett est incontestable. Cependant, elle ne questionne pas ce qui est à la source de cette démarche Fregéenne tellement sûre d'elle-même au point de manquer d'attitude critique à l'égard de sa propre argumentation. À mon avis, ce manque d'interrogation sur sa propre construction est caractéristique d'un trait de caractère franchement dogmatique du philosophe. Frege est un auteur dont la foi, le dogmatisme que l'on qualifie de platoniste, en la vérité est tellement rigide qu'un mode procédural aussi rigide et inexorable (d'où son assurance insoupçonnée) qu'est le raisonnement déductif semble lui convenir et à quelqu'un comme Dedekind avec qui il partage beaucoup de choses (voir ci-dessus). Aussi un exposé comparatif articulé autour des objectifs congruents deux travaux a-t-il été esquissé. Dummett (1991) jetant le même regard sur les *Grundlagen* de Frege et *Was sind und was sollen die Zahlen?* de Dedekind (première version datant de 1878) en a conclu ceci:

> Of the two, Frege's book was by far the more philosophically pregnant and perspicacious; but there is a clear sense in which Dedekind's revealed more about natural numbers. (Dummett 1991a, p. 47)

Somme toute, pour ces deux auteurs il reste que toute connaissance certaine découle de principes irrécusables (notion respectives d'hérédité et de chaîne), évidents dont elle est la conséquence nécessaire. Ainsi, nous nous retrouvons avec deux pertes: l'une irrémédiable, c'est cette quête presque généalogique (psychologisme des profondeurs) de la numération à laquelle tenait Husserl et l'autre qui s'est inoculée (Russell étant un des gourous du logicisme) son propre poison pour ainsi dire se disqualifier n'ayant pas pu inventer l'anti-dote. Restait alors la perspective d'un fondement interne des mathématiques, c'est l'ambition qu'a nourrie le formalisme hilbertien.

En soi, il s'agit d'une question pertinente. Mais, il ne suffit pas à une question d'être pertinente pour recevoir une réponse satisfaisante. Ce que l'on a ainsi appelé la théorie de la démonstration avec son argument massue de preuve syntaxique de la consistance interne des axiomes de l'arithmétique, après les vives protestations de Poincaré pour qui il y a confusion entre définitions et justification du principe d'induction complète par le biais d'un recours à l'intuition, Hilbert (1904 et 1922) tenta d'atténuer les accents de cet *appel à l'intuition* . Dès lors, Hilbert esquissa sa solution dédoublée en deux méthodes récursives: la première se voulant une *construction intuitive du* nombre entier comme symbole numérique et la deuxième visant la *la décomposition d'un symbole donné en symboles élémentaires* et qui, de ce fait, n'aurait plus besoin ni de formalisation ni même de démonstration de consistance. Cette foi en la viabilité d'une preuve de consistance de l'arithmétique au moyen de procédés métamathématiques en revenant à une expression restreinte de l'induction (comme l'avait déjà analysé Hardy dès 1929), tourna au cauchemar avec l'estocade reçue de Gödel (1931). Les mathématiques ne sont pas un système *homologique* selon Gödel. Il s'ensuit qu'une adjonction d'axiomes ou leur renforcement n'y peuvent rien. Cette lecture nous place devant un dilemme: c'est soit que le système formel traduit n'importe quelles relations récursives et ce faisant il est incomplet. Si jamais il n'est pas incomplet, alors il est contradictoire. Seule l'alternative d'une construction excessivement simple échappe à l'incomplétude. Mais, hélas, une telle construction offre peu d'intérêt- N'est-ce pas là, un véritable champ de ruines qui rappelle le jugement que Kant portait à la métaphysique ?

En tous cas, cette crise dites des fondements qui a éclaté en 1902, d'une certaine manière, continue de hanter les mathématiciens et les philosophes qui prétendaient justifier les mathématiques par un recours à la raison déductive car c'est de cela qu'il s'agit. Vaine prétention ou illusion philosophique ? Et si autre chose était possible? Que serait-elle? Dans la troisième partie de l'enquête, l'on passera en revue cet autre possible: la perspective wittgensteinienne. Mais auparavant, il convient d'apprécier dans la deuxième partie, l'actualité de ce débat fondationnel à travers deux écoles rivales respectivement représentées par Dummett et Mohanty.

DEUXIÈME PARTIE

THÈME ET CONTROVERSE

Chapitre quatrième

MOHANTY CONTRE DUMMETT

Dans ce quatrième chapitre, une attention soutenue sera portée à l'actualité du débat fondationnel. Puisqu'il se trouve que les deux auteurs les plus importants autour desquels l'enquête a été menée, sont à la fois des penseurs qui ont engagé deux traditions philosophiques. Il s'ensuit que le débat qui les a opposés semble trouver à travers leurs disciples respectifs, une continuité sinon une certaine jeunesse. Husserl le fondateur de la phénoménologie s'est trouvé un fervent défenseur en la personne de Mohanty tandis que l'héritage de Frege, le fondateur de la logique moderne et dans une certaine mesure celui de la philosophie du langage, est pris en charge par le plus connu de ses commentateurs qu'est Dummett.

Ce que Desanti a appelé le sort de la phénoménologie confronté à celui de la logique trouve à travers ces deux philosophes, toute sa réalité. Ce faisant, il était impératif de défendre chaque tradition contre les assauts parfois même imaginaires de l'école adverse. D'où cette empoignade entre les deux auteurs sur ce qu'il est convenu d'appeler le cas de l'abandon du psychologisme par Husserl Cette controverse dont l'enjeu reste de savoir si oui ou non Frege a exercé une influence déterminante sur Husserl, ce qui l'aurait conduit ainsi à jeter par-dessus bord le psychologisme de ses débuts.

Cet enjeu immédiat cache celui plus général qui reste de savoir qui est le parrain de qui. Autrement dit, quel tribut, si tribut il y a, la phénoménologie doit-elle payer à la logique moderne? Comme on va le voir, les deux auteurs invoqueront les mêmes faits, parfois les mêmes dates mais sans jamais les interpréter de la même façon.

I- La thèse de Mohanty

Mohanty (1982), dans sa lecture, fait mention du compte-rendu critique que fit Frege en 1894 de l'ouvrage de Husserl: la *Philosophie der Arithmetik,* publié en 1891. Selon Mohanty, Husserl y a réagi par la publication en 1900 des *Prolegomena of Pure Logic* dans lequel il abandonne le psychologisme au profit de l'introduction du concept de pure logique. Mais qu'on ne s'y trompe pas car, fait-il remarquer, en réalité dès 1896 il avait opéré cet abandon et ce livre n'est qu'une retouche du cours qu'il a donné durant la même année à Halle. Ainsi, Pour Mohanty c'est entre 1894 et 1896 que cette espèce de *rupture épistémologique* (pour parler comme Bachelard) est devenue effective. Il s'ensuit que la critique et le rejet par Frege de son psychologisme qui date de 1894 est jusque-là valide du moins par la chronologie des dates. Cette perspective est rejetée par Mohanty. À cet effet, Mohanty avance un premier argument :

> In this chapter I wish to argue that the basic change in Husserl's mode of thinking which by itself could have led to the **Prolegomena** conception of pure logic had already taken place by 1891. This change may be discerned in Husserl's review of Schröder's **Vorlesungen über die Algegra der Logik.** It also underlies the programme of Inhaltslogik worked out in *Der Folgerungskalkül und die Irchaltslogik* of the saine year. If pure logic is defined in the **Prolegomena** in terms of concept of ideal objective meanings, then the 1891 review of Schröder's work already contains this concept.
> If the major burden of Frege's 1894 review of the **Philosophie der Arithmetik** is the lack of distinction, in that work, between Vorstellung and Begriff and between both and the object, then Husserl already had come to distinguish between Vorstellung, meaning, and object in this 1891 review. (Mohanty 1982, p. 2).[19]

En outre, il faut signaler que dans un récent article portant sur le développement intellectuel de Husserl, Mohanty (1995) avance un autre argument très intéressant :

[19] Il faut noter que Mohanty a depuis toujours observé la même position et ce dès 1974. Cf. "Husserl and Frege : A New Look at their Relationship". Cet article *a* été publié dans *la* revue *Research in Phenomenology* 4(1974), pp. 51-62.

Husserl had planned a second volume of **Philosophy of Arithmetic,** which was to exhibit the arithmetic of cardinal numbers as a member of an entire class of arithmetics, united by an identical algorithm. But this volume never appeared. As late as 1894, he seems to have been working on this volume. Eventually, lie abandonned the project, partly because he realized that a universal arithmetic could not begin with cardinal numbers, partly because, under the influences of Klein and Hilbert, he moved away from an `operational" theory of mathematics towards an axiomatic theory. (Mohanty 1995, p. 49).

Ce deuxième argument est intéressant en ceci que c'est en raison d'une évolution de sa vision des champs arithmétiques que Husserl aurait infléchi son ambition fondationnelle et de ce fait, la source psychologiste pour embrasser l'axiomatique hilbertienne. Dans le premier argument, il était question de chronologie des dates dans le but de montrer que Husserl avait renoncé de lui-même au psychologisme. Ici, Mohanty rectifie et soutient que s'il y a quelques-uns à féliciter, c'est bien Klein et Hilbert. Dans la même veine, BeII[20] estime que Husserl a opéré cet abandon avant la critique de Frege, même si son argumentation est davantage basée sur le compte-rendu critique que Husserl fit du travail de Schröder.

Voyons si ces arguments de Mohanty à la défense de Husserl sont recevables. Qu'est-ce que lui répondrait un Fregéen comme Dummett?

D'abord, on pourrait rétorquer à Mohanty concernant son premier argument, en lui rappelant que la recension des dates des ouvrages cités ne milite pas nécessairement en faveur de Husserl. Cette chronologie contredit l'argument de Mohanty. Invoquer par exemple que dès 1891 Husserl avait déjà dans sa note critique portant sur le travail de Schröder, acquis et manipulait le concept de significations objectives, ne signifie pas grande chose.

Objectivité ne signifie pas nécessairement critique du psychologisme. Si la thèse de Mohanty s'avérait juste, cela voudrait dire que Husserl a adopté deux positions contradictoires: psychologiste dans la *Philosophie der Arithmetik* et anti-psychologiste dans les *Prolegomena.* Or, le contenu de la première lettre de Husserl

[20] Bell (1990) estime que Frege mésinterprète Husserl en prenant les nombres de Husserl comme des idées lors même que celui-ci les aurait défini comme des *prédicats collectifs d'agrégats.* C'est sur cette base qu'il rejette toute idée d'influence qu'aurait exercé Frege sur Husserl, rejoignant ainsi la conviction de Mohanty.

à Frege portant la date du 18. VII. 1891 envoyée de Halle brille par son silence non seulement de la critique anti-psychologiste mais aussi Husserl semble ranger aux accessoires le problème de la référence des termes conceptuels.

Cette lettre souligne le mérite de Frege et leur communauté de vue sur certains points concernant Boole et Schröder (Husserl estimant qu'il manque à ce dernier *la finesse et l'acuité logiques).* Nulle part, il n'est fait mention de la rupture d'avec le psychologisme. En outre, il faut dire qu'aussi bien Frege que Russell se sont accordés avec Husserl pour soutenir que le point de vue de Schröder était irrecevable (cf. la lettre du 24. V. 1891 de Frege à Husserl). Cette critique des travaux de Schröder par Husserl[21] est, à mon sens, loin de constituer un argument dans la juste mesure, comme on vient de le dire, où c' est l'un des rares moments de consensus entre eux. Cette critique commune aux deux est un tout autre problème.

Critique à l'occasion de laquelle, les deux se sont mutuellement félicités alors que leurs relations se sont *refroidies* lorsque Frege a critiqué le point de vue psychologiste de Husserl. Un point de vue congruent ne peut être, quelque soit l'exégète, se muer en un divorce irréductible.

Ce premier argument de Mohanty n'est pas valide car alors la *Philosophie der Arithmetik* aurait été retardé dans sa publication pour ainsi permettre à Husserl d'y apporter non plus quelques modifications squelettiques mais une véritable refonte du livre. Cela va sans dire que, au plan formel, Husserl aurait vraisemblablement renoncé à dédier son livre à son maître Brentano. D'ailleurs on peut très bien se demander si Husserl, le philosophe commençant, avait tous les moyens théoriques indispensables pour commettre un parricide aussi précoce car le rejet du psychologisme en est un quand on sait l'influence que lui a exercé son maître Brentano[22]. L'emprise de

---

[21] Husserl, E., in *Göttingen Gelehrte Anzeigen, 1891, No. 7, p. Z43-278.* Pour la traduction française, voir J. English *1975, p. 9-61.*

[22] Bell *(1990)* est l'un de ceux qui pense que le livre *Psychology from an Etnpirical Standpoint* (New York, Humanities Press, *1973)* de F. Brentano *(1874,* tr. ang.) est nécessaire, sinon incontournable, pour comprendre Husserl dans la mesure où il a exercé une influence profonde sur Husserl. Le point de vue de Bell serait injuste si l'on accorde avec Hill *(1991) qu'il* passe sous silence le fait que dès *1886 à* Halle, Husserl semblait dire adieu à Brentano pour se convertir au platonisme et ce grâce à la logique de Lotze à qui Husserl paie ainsi tribut même si, par ailleurs, il se montre très critique *à* son endroit *(cf. J.* English *1975, p. 378).* Dans la critique de Bell tout

Brentano a été certes déterminante dans le choix de la base psychologiste mais certainement pas au point de faire de Husserl une créature de Brentano comme Bell semble le dire. L'ombre de ce choix a continué de peser sur le contenu de ses lettres à Frege. Si l'hypothèse de l'abandon du psychologisme remonte aux alentours de 1894-1896, semble probable, il est indéniable que Frege y a contribué positivement. Dans l'introduction de *Correspondance Frege - Husserl,* l'éditeur écrit :

> Ils (les auteurs qui s'y sont intéressés)[23] s'accordent pour conclure que, par sa critique de l'attitude psychologiste qui est au fondement de la Philosophie **de l'arithmétique,** Frege a préparé, si même il ne l'a pas provoqué, l'abandon du psychologisme de la part de Husserl. Il arrive même que, par référence aux arguments de la préface aux **Grundgesedzen der Arithmetik**, Frege soit considéré comme l'authentique vainqueur du psychologisme. C'est ce que Husserl lui-même concède dans une remarque des **Recherches logiques:** que je ne sois plus d'accord avec la critique principielle que j'ai faite de la position antipsychologiste de Frege dans ma **Philosophie de l'arithmétique,** il est à peine besoin de le dire.(Correspondance Frege - Husserl 1987, p. 12-13).

En 1896, date charnière de cette controverse, Husserl donne un cours à Halle et le contenu de ce cours sera remanié et publié en 1900 sous le titre de Prolegomena of Pure Logic. Du reste, Husserl le mentionne à la page 47 en ces termes : « In its essential content, a mere reworking of two complementary series of lectures given at Halle in surnmer and autumn of 1896 ».

Comment Mohanty peut-il soutenir que cette rupture date de 1891 ? S'agit-il d'un anachronisme ?

---

se passe comme *si* Husserl n'était que le pur produit du seul Brentano, ce qui est loin d'être vrai.

[23] Citons entre autres, le pionnier D. Follesdal, *Frege und Husserl, Oslo, 1958. H.* Pietersma; Lothar Eley, *Metakritik der formalen Logik,* La Haye *1969 (Phenomenologica 31); G_* Gabriel, *Einige Ein.reitigkeiten des fregeschen Logikbegriffs* in M. Schirn (éd.) *Studien zu Frege II,* Stuttgart-Bad Canstatt, *1976, p. 67-86.*

Contre Mohanty, il faut dire que la recension de Schröder faite par Husserl ne milite pas en faveur de sa thèse. Ce n'est pas parce que Husserl définit la pure logique comme la signification objective idéale dans les *Prolegomena* (terme que l'on retrouve dans la recension de Schröder de 1891) que Husserl avait déjà pressenti la perte irrémédiable du choix psychologiste. Ce terme n'est, à mon sens, qu'un outil pour mieux fustiger la position de Schröder. Autrement dit, alors même que cette critique est perspicace et audacieuse, Husserl se trouve lui-même en porte-à-faux avec tout ce qu'elle lui exige en retour: ne point se cramponner à une quelconque base psychologiste auquel cas, l'on sacrifie le caractère *objectif* des objets arithmétiques. Or, précisément, Husserl semble avoir confondu objectivité et intentionnalité (cf. chap. 1) pour aboutir aux résultats que l'on sait.

Cependant, Mohanty a raison de souligner que le souci de Frege dans son compte-rendu de la *Philosophie der Arithmetik* résidait dans la volonté d'une délimitation sémantique rigoureuse de ce qu'il entendait par *Vorstellung, Begriff and Object.* Il est en outre vrai que cette distinction est déjà contenue dans la recension husserlienne de Schröder de 1891. Mais il ne suffit pas d'utiliser la même sémantique pour signifier les mêmes objets car ces termes ont éloigné l'un, tandis qu'ils ont ramené l'autre à la base psychologiste. Si même l'on concède cette terminologie de circonstance commune aux deux, c'est qu'ils étaient installés au même point de vue dès lors qu'il s'agissait de Schröder. Ce que les deux auteurs rejettent chez Schröder, Frege le dit en ces termes dans sa lettre du 24 mai 1891: «Lorsque vous trouvez fautives les définitions que Schröder donne de 0, 1, ***a*** + ***b*** et ***a.b***, je suis tout à fait de votre avis».

Même si les deux critiques ne procèdent pas de la même façon Husserl critique Schröder sur le fait qu'il ne s'occupe que du calcul logique sans ambitionner une *logic of Calculus* comme le souligne avec raison Mohanty (1995, p. 49), tous deux s'entendent pour dire que la construction de Schröder n'est pas acceptable. Or, tel n'est pas justement l'enjeu.

L'enjeu, le véritable enjeu, Frege le délimite dans cette même lettre: « Tout ce que je puis dire ici est qu'il semble que nos opinions divergent sur le point de savoir comment le terme conceptuel (le nom commun) se trouve en relation avec les objets ».

On sait que Husserl ne l'a pas perçu comme tel ou peut-être n'était-il pas prêt d'y répondre. Chose certaine sa réponse du 18 juillet 1891 n'en dit pas un seul mot. Mohanty s'est lui aussi mépris sur la nature réelle et la juste portée de l'enjeu. Se contentant de relever les différents usages de certains termes par l'un et par l'autre pour insister sur la date précise d'usage de tel ou tel terme ici ou là, il perd ainsi de vue du moins banalise-t-il, l'enjeu qui sous-tend le débat. Banalisant ainsi l'enjeu thématique, Mohanty a tout loisir de rappeler en page 3, chapitre premier que Frege lui-même dans sa lettre du 24 mai 1891, reconnaissait n'avoir pas encore opéré la distinction entre *sens* et *référence* dans ses *Grundlagen. Il* s'agit, me semble-t-il, simplement d'une question de lente maturation. Mieux, ceci ne saurait signifier que Frege ignorait ou ne pressentait pas cette distinction.

On peut même dire qu'il la connaissait d'une certaine manière, si l'on se réfère au contenu de cette lettre dans laquelle il écrit :

> Dans les *Grundlagen,* je n'avais pas encore opéré la distinction entre *senset référence.* Aujourd'hui, au & 97, au lieu de *pourvu de sens,* je dirai plus volontiers *pourvu d'une référence.*

Mohanty aurait gagné à confronter les différents schémas contenus dans cette lettre pour réaliser que l'enjeu n'est pas seulement une question de terminologie et de chronologie (du reste contestable). C'est pourquoi, la conclusion logique à laquelle il a abouti, ne convainc pas. Il écrit ceci :

> What is of importance for our present purpose, however, is that Husserl's overcoming of subjectivism in favor of an objective theory of meaning and the consequent theory of logic is already foreshadowed in the 1891 review of Schroder's work and three years prior to Frege's review of the Philosophie der Arithmetik (chap. I, sect. l).

Il est donc inapproprié de se baser sur le deuxième Husserl-celui qui a tourné le dos à l'attitude psychologiste mais surtout celui qui a découvert l'outil indispensable à sa phénoménologie, c'est-à-dire la réduction- pour rejeter le bien-fondé de la critique de Frege. Car alors, on fait un anachronisme et subséquemment, on se rend injuste à l'endroit de Frege et des critiques pertinentes et audacieuses (qu'elles aient été déterminantes ou pas) qu'il a formulées contre Husserl.

Le Husserl de la *Philosophie der Arithmetik (1891)* est différent du Husserl des *Recherches logiques (1900).* Entre ces deux ouvrages, Mohanty préfère se baser sur la cohérence du second pour défendre les insuffisances du premier. Certes qu'il n'y a pas un abîme entre les deux, mais sûrement cette rupture épistémologique que constitue l'abandon du psychologisme. À cet égard, Follesdal dans son article désormais classique de *1958* et traduit par Claire Ortiz Hill et publié dans le volume 237 de *Synthese Library (1994)* écrit :

> The reason Frege has so little to say about the normative character of logic in his review of the *Philosophy of Arithmetic is* probably that the work was more mathematico-psychological than logical. In the *Logical Investigations* Husserl is no longer mainly concerned with mathematics, but rather with problems of pure logic (Follesdal tr. angl. *1994, p. 34).*

Comme on le voit, la démarche de Mohanty est problématique dans l'exacte mesure où ces deux ouvrages s'inscrivent dans deux moments différents sinon opposés. Cette ligne de démarcation est nette. D'une certaine manière, elle marque la ligne de partage entre les objets des deux traditions dominantes de la philosophie du 20ème siècle: le subjectivisme au cœur du *tournant transcendantal* et la philosophie du langage pour la tradition analytique. Cette rupture est marquée par ce qu'il est convenu d'appeler le tournant transcendantal de Husserl que l'on contrapose couramment au tournant linguistique (philosophie analytique) de Frege.

II- Dummett : commentateur et défenseur de Frege

Le chemin emprunté par Mohanty pour assurer la défense de Husserl semble donc tortueux. II a consisté à faire le grand plongeon vers les débuts de Husserl tout en mettant en relief le génie du phénoménologue averti qui, précisément, a déjà opéré ce tournant transcendantal. Le commentateur qu'est Dummett n'est pas sans savoir que ce plan d'attaque de Mohanty est bien difficile à soutenir.

II n'est pas nécessaire pour notre propos d'exposer tous les aspects et les grandes lignes de l'édifice fregéen fait par Dummett dont toute la carrière intellectuelle s'articule autour de l'œuvre de Frege. Cette tâche requiert à elle seule plusieurs thèses de recherche.

Aussi, il a été préféré de cibler dans toutes ces publications de Dummett, ce qui aide à mieux cerner les justes contours de notre propos.

Ceci étant, donnons un bref aperçu de ce que Dummett (1991b) appelle les trois principes moteurs de l'édifice fregéen :

a) Le premier s'articule autour de la conception des nombres comme des objets. À cet égard, les termes numériques qui apparaissent dans les différentes équations arithmétiques doivent être considérés dans leur valeur de vérité dans le même sens que les termes singuliers. Cet exposé va des paragraphes 55 au 66.

b) Le deuxième principe qui, en réalité va de pair avec le premier, stipule que les nombres naturels en tant que référents de tels termes numériques, sont ancrés dans le domaine de quantification ;

c) Le dernier principe non défendu mais assumé par Frege, Dummett le décrit comme suit: «is that natural numbers are to be regarded as finite cardinals; if so, they can of course be designated by terms formed by means of the cardinality operator» (Dummett 1991b, p. 32).

Étant donné ces trois principes, Dummett plus loin en conclut:

> It would be difficult to put up a convincing case that, supposing the cardinality operator[24], to be correctly understood, Frege's definitions of these expressions fail to represent exactly what we mean by them *(Ibid., p. 32).*

Ceci étant, Dummett (1991b) présente deux objections de Husserl à la construction fregéenne.

1. La première concerne l'usage de la relation R(1-1) par Frege - distinctif de sa logique- au lieu de la fonction comme le souligne Dummett. Cette spécificité réside dans le fait que chaque fonction est définie pour chaque objet comme argument.

Aussi, Dummett écrit-il: «To treat of what we should call a function whose domain is less inclusive than the universe, he therefore has to represent it as a many-one relation» (Ibid., *p.* 41).

Dummett souligne que dans les années 1880 cette définition était utilisée par d'autres comme Schröder et Cantor en ceci qu'elle était devenue *une orthodoxie mathématique.* Husserl va la pourfendre comme telle. Le contenu nouveau de *just as many* pose des problèmes notamment le paradoxe de l'analyse qu'implique l'opérateur cardinal. L'objection husserlienne insiste sur le fait qu'il s'agit d'une pétition qui porte sur ce qui est *logiquement nécessaire et la condition suffisante*

[24] Ce que Dummett appelle l'opérateur cardinal, c'est le fait que le nombre de F = le nombre de G ssi F et G sont exactement aussi nombreux l'un que l'autre (cf. chap. 2).

de son application. Ce faisant, Frege se serait mépris sur la priorité conceptuelle des notions qu'il définit : «Il ne devrait pas définir [l'opérateur cardinal] en termes d'équivalence cardinale, mais l'équivalence cardinale en termes de la cardinalité de l'opérateur *(Ibid., p. 42).* Le reproche montre ainsi que Frege a insisté plus qu'il n'en fallait sur le primat conceptuel de l'équivalence cardinale sur la cardinalité de l'opérateur.

2. La deuxième objection de Husserl à Frege porte sur la fameuse technique d'extension de concept (cf. *Philosophie der Arithmetik,* section 134).

Cette critique de Husserl est très pertinente en ceci qu'elle porte sur le tiraillement de Frege entre ce qu'il appelle *extension de concept ou* tout *simplement concept.*

À ce qui semble ici induire en erreur, Frege y répond dans sa recension de Husserl intitulée *Review of Edmund Husserl, Philosophie der Arithmetik,* Leipzig, 1891, in *Zeitschrift für Philosophie und philosophische Kritik,* 103, 1894, p. 319. C'est précisément à l'occasion de cette recension que Frege va rejeter pour la première fois avec véhémence la conception psychologiste de Husserl. Selon Dummett, ce processus d'abstraction psychologique (l'autre orthodoxie de l'époque) est, dans une certaine mesure, partagé par Dedekind et Cantor. Pour Frege *(Gnindlagen,* sect. 29-44), ce processus d'abstraction est irrecevable.

Dummett abonde dans le même sens lorsqu'il écrit que: «Psychological abstraction is, of course, a myth: it is astonishing to us that clever men could believe in such internalized magic) *(Ibid., p. 50).* Comme on le voit, pour Dummett, il n'y a aucun doute que Frege a exercé une influence déterminante sur Husserl. À cet égard, il écrit ceci:

> It may be suggested that phenomenology involves a similar shift of perspective If so, Frege deserves a large share of the credit for that, since it was surely the power of his attack on the psychologism of Husserl's *Philosophie der Arithmetik* of 1891 that induced Husserl to reject psychologism and, in his *Logische Untersuchungen of* 1900-1, to make his rejection *of* it a fundamental thesis of his philosophy. (Dummett 1981, pp. *56* et 72).

Ce que Dummett écrit ici semble être corroboré par Husserl lui-même dans les *Recherches logiques (p.* 179). Husserl renvoie son lecteur à tous les thèmes discutés dans les *Prolegomena* (1900) et qui sont ceux des *Grundgesetze* (1893).

L'on se rappelle que Mohanty[25] avait bâti toute sa thèse sur la définition de la logique pure comme idéal des significations objectives que l'on retrouve dans les *Prologomena.*

Dummett, lui non plus n'a pas changé d'opinion sur ce problème. Dans son récent ouvrage, *Frege's Philosophy of Mathematics* (1991a), Dummett[26] réitère sa conviction tout en montrant du doigt l'inconsistance de la position de David Bell (1990) en ces termes:

> Bell's motivation for this lies in his repudiation of the conventional view that Husserl's first book was imbued with the psychologism of which Frege, in his review of the book in 1894, perceived it as a salient example. According to him (p. 81), the psychologistic component of the **Philosophie der Arithmetik** is far more restrain than Frege misunderstood it as being, and Husserl's position in the **Logische Untersuchungen** is indistinguishable from that of the earlier book. It is a pity that Bell[27] devotes only a hurried paragraph to the **Prolegomena;** Husserl's footnote, in which lie retracts bis criticism, in bis first book, of Frege's anti-psychologism, tells in favour of the more usual interpretation. (Dummett 1991a, p. 19).

[25] Outre la référence déjà signalée qui date de 1982, il convient de rendre justice à Mohanty et de rappeler que ses convictions ne semblent pas avoir varié puisque, mot pour mot, la même thèse avait été soutenue par lui dans son livre *Readings on Edmund Husserl's Logical Investigations, M.* Nijhoff, 1977, p. 22-23.

[26] William Demopoulos en a donné un compte-rendu critique très intéressant dans le *Canadian Journal of Philasophy, Vol. 23, No. 3* de septembre 1993, p. 477-498.

[27] Le bon compte-rendu de M. Van de Pitte de l'Université d'Alberta (in *Canadian Journal of Philosophy, Vol.* 23, No. *3,* septembre 1993, p. 453-478) montre, lui aussi, les incongruités de l'analyse de Bell.

C'est pourquoi Dummett estime que l'approche husserlienne qui consiste à faire valoir le *reine Anzahl* comme un agrégat d'unités futures n'est pas acceptable. Il rappelle à ce propos que Frege l'a rejeté dans les *Grundlagen* (sections 34 14). Selon Dummett, la grande erreur de Husserl, c'est d'avoir opéré un procédé de substitution[28] qui souffre de nombreuses insuffisances. Ce procédé, il le décrit comme suit :

> In fact, he substitutes his account of the process of concept-formation for a delineation of the concept. It is above all in making the substitution that psychologism is objectionable; and it is precisely for this reason that Frege opposes it so vehemently. (Dummett 1991a, p. 20).

Ce propos de Dummett contredit ce que Mohanty et Bell semblent soutenir comme quoi il était question dans les *Prolegomena* d'une quête objective des significations, marquant ainsi la rupture d'avec la sphère subjective. Pour Dummett, il ne peut être question d'une possible objectivation du psychologisme. Il y a là comme une incompressible antinomie entre ces deux catégories philosophiques. Pour illustrer cette incompatibilité, Dummett (1991b, p 31) cite Frege dans sa recension de 1891 :

> Here a divergence is revealed between psychological logicians and mathematicians. For the former it is a matter of sense of the words and the ideas which they fail to distinguish from the sense; for the latter, by contrast, it concerns the subject-matter itself, the reference of the words.

Ce souci constant, presque cette obsession, chez Frege de savoir à quoi l'on renvoie lorsqu'on parle du nombre est l'un des traits distinctifs de sa philosophie du langage. Dans sa lettre pleine de désillusion envoyée (paradoxe de Russell oblige) à Karl Zsigmondy, que l'on date de 1918 ou de 1919, il écrit : « You will know that I have made great efforts to get clear about what we mean to refer to when we speak *of number* » (cité par Dummett 1991a, p. 6).

---

[28] Sur ce thème de la substituabilité, il faut signaler un article de Claire Ortiz Hill : "Husserl and Frege on Substitutivity" publié dans le numéro 237 des publications de *Studies in Epistemology, Logic, Methodology, and Philosophy of Science,* édité par Haaparanta Leila sous le titre de *Mind, Meaning and Mathematics,* Kluwer Academic Publishers, *1994, p. 113-140.*

Dummett dans *Frege and Others Philosophers* (1991b) revient dans son livre sur ces derniers moments de l'itinéraire de Frege. Il va ainsi donner la substance de la dernière conception de Frege contenue *dans Logik in der Mathematik (1914).* Dans cet ouvrage, Frege se prononce selon Dummett sur le paradoxe de l'analyse pour distinguer deux choses essentielles concernant les définitions :

1. La première est formulée en termes de *définitions constructives.* Ces définitions sont celles qui stipulent et introduisent de nouvelles expressions. En outre, elles indiquent comment user de son ancienne acception ;
2. La deuxième concerne les *définitions analytiques.* En quoi consistent de telles définitions ? Dummett précise ce type de définitions comme suit :
   An analytic definition is one which attempts to capture these attached to a term already in use, but not originally introduced by definition, by means of some complex expression presented as equivalent to it (Dummett 1991b, p. 18).

La définition analytique réussie doit être immédiatement reconnue comme telle dira Frege. Abandonner le vieux terme pour un nouveau dans ce cas, il s'ensuit que la définition ne sera pas analytique mais stipulative ou constructive.

Selon Dummett 1991b, ces écrits traduisent quelque chose de désespéré chez Frege. Là, en *1914,* Frege semble perdre foi dans son projet, celui de sa vie, de réduire l'arithmétique à une logique pure. Est-ce un adieu à la conception qui a toujours prévalu chez Frege comme quoi les vérités arithmétiques sont analytiques a priori ? Ce qui est certain, c'est que Frege n'a jamais été critique à l'endroit de l'analyticité des définitions, toute chose que Dummett lui reproche à juste titre. Ce qui est certain, c'est que Frege semble avoir renoncé au processus absolu de dérivation des lois de l'arithmétique au moyen des définitions des lois de logique générale avec en toile de fond, la raison déductive. Tieszen, (1994) résume ce point comme suit dans un article de *Philosophy of Aritmetic: Frege and Husserl* contenu dans le volume 237 de *Studies in Epistemology, Logic, Methodology, and Philosophy of Science,* édité par Leila Haaparanta écrit :

> Very late in his career, but still several years before Gödel established the incompleteness theorems for *Principia Mathematica,* Frege came to abandon his logicism

> completly and to develop some work based on his new 'geometrical' ideas about aritmetic. (Tieszen, 1994, p. 85).

Ce dont parle Tieszen, pour être tout à fait juste, c'est le logicisme des concepts (cf. chap. 2) que Frege abandonna à son corps défendant. Ce faisant, il est convenu de dire qu'avec Frege, l'on est passé d'un logicisme strict (celui des concepts) à un géométrisme qui, visiblement, a été adopté comme un pis-aller.

Chapitre cinquième

CRITIQUE DES APPROCHES DE MOHANTY ET DE DUMMETT

Après avoir exposé les arguments tant historiques que bibliographiques de Mohanty et de Dummett concernant cette controverse, il importe à présent de savoir quelles motivations sont sous-jacentes à ces deux lectures. C'est à l'aune de ces motivations que leurs lectures seront jugées. Aussi, les arguments de l'un et de l'autre seront analysés sous le prisme de leur dessein apologétique.

I- La position de Hill

Hill (1991)[29] dans son récent ouvrage a passé en revue les arguments de Mohanty et ceux de Dummett. Pour Hill, quatre raisons ont conduit des auteurs comme Dummett à soutenir que Frege a influencé Husserl :

1) La première raison leur est fournie par les échanges épistolaires qui vont de 1891 à 1906. La substance des lettres jugées importantes, a déjà été exposée selon le besoin tout au long de cette enquête. Il n'y a donc pas lieu d'y revenir.
2) La deuxième raison selon Hill, réside dans le fait que Husserl possédait tous les écrits de Frege datant d'avant 1894 à l'exception toutefois des *Grundlagen der Géométrie,* publié en

[29] Claire Ortiz Hill, *Word and Objection in Husserl, Frege and Russell, Ohio* University Press, Athens, 1991. Hill regrette avec raison que cette controverse n'aie pas été l'occasion de confronter les vrais enjeux qui sont : idée, intension, extension, sens, signification, concept, objet, proposition, psychologisme, analyticité. N'empêche que Hill, en dernière analyse, partage l'opinion de Mohanty en faisant valoir que le développement intellectuel de Husserl ne doit rien à la critique anti-psychologiste de Frege. Bien que cette opinion soit difficilement digne de créance, l'ouvrage de Hill ne souffre pas d'une grande partisanerie contrairement aux écrits de Mohanty et de Dummett.

1903 et qu'on a retrouvé dans la bibliothèque de Husserl. Cette découverte est interprétée comme la preuve que ce dernier a toujours désiré rester en dialogue avec Frege ;

3) La troisième se compose en trois petites raisons:
   a. Husserl, semble-t-il, a lu et apprécié les écrits remarquer qu'il a pris beaucoup de notes des *Grundlagen,* griffonnées sur les pages de sa *Philosophie der Arithmetik ;*
   b. L'on en conclut que de tous les ouvrages de Frege dont il eut connaissance, Husserl en fit une sérieuse étude ;
   c. Enfin, l'on souligne la haute estime de Husserl pour Frege (cf. Lettre datée du 18 Juillet 1891 envoyée à Frege et qui a été exposée ci-dessus) ;
4) Finalement, la quatrième raison porte sur l'abandon par Husserl de la perspective psychologiste, abandon situé entre le temps où il la *Philosophie der Arithmetik,* (1891) et 1896. Entre ces deux dates, il y a bien entendu, la recension de cet écrit de Husserl par Frege (1894).

À mon avis, toutes ces raisons ne prouvent rien définitivement. Ainsi, il est possible de renvoyer dos-à-dos la lecture partisane de Mohanty (défenseur de la phénoménologie) et celle de Dummett (défenseur de la tradition analytique) pour tenter d'énumérer les centres d'intérêts sur lesquels Husserl et Frege peuvent être confrontés sans parti pris. Le moins qu'on puisse dire, c'est que ces deux prismes n'aident pas à la décantation de la controverse.

Ainsi, chacune se lance éperdument à la quête d'informations soit en aval (Mohanty surévalue la critique Husserlienne de Schröder[30]) soit en amont (Dummett rétorquerait avec juste raison, en rappelant le cours ultérieur des témoignages et le fait même de l'abandon du psychologisme).

Ce rappel de la position de Hill a l'avantage de nous indiquer les pistes susceptibles de clore le débat et ce, en dehors de la polémique Dummett-Mohanty.

---

[30] Ce faisant, il passe sous silence le fait que Frege et Husserl observent un consensus sur le rejet de ce que l'on appelle l'algèbre des classes de G. Boole. Or, il se trouve que E. Schröder perpétue cet effort de Boole dans son *Algèbre de la logique.* De là aussi le rejet de la tentative de Schröder. Sur ce point, voir Desanti (1987) "Postface", p. 86, parag. 2.

II- Que l'interprétation de Granel est digne de créance

D'abord, venons-en aux faits. Il faut rappeler que dans la *Philosophie der Arithmetik* de 1891, Husserl rejette l'anti-psychologisme de Frege. À cet égard, il faut se rappeler que la citation de Husserl contenue dans *Recherches logiques, I,* section 45, dans laquelle il reconnaît en bas de page ceci: «(J'ai à peine besoin de dire que je ne défends plus le principe de la critique (die prinzipielle Kntik) que j'ai faite de la position antipsychologiste de Frege dans ma `Philosophie der Arithmetik," I, p. 129-132)». Le propos de Granel (1990, p. 61) renforce cette idée. Après avoir fait remarquer ce qu'il appelle «la maladresse dans l'expression *du principe (plus* que dans le principe même) de cette critique› husserlienne, Granel mentionne les deux importants griefs que Husserl adresse à Frege.

1) Premièrement, la méthode fregéenne qui, explicitement et strictement réglementée, définit les signes sur *le modèle de l'arithmétique* est taxée de métaphysique du genre mathématique au genre logique. D'où cette dénonciation de cette «validité naïvement objective» (Granel 1990, p. 62).
2) Deuxièmement, il s'agit de remarquer que c'est «avec la même évidence, que, si le "psychologisme" est renié, l'idée d'une analyse des vécus psychiques est au contraire maintenue ». *(Ibid., p.* 62).

Dans l'horizon de cette analyse que Husserl présente comme propédeutique, il y a l'espoir de pouvoir asseoir la neutralité de cette nouvelle science, puisque telle est son ambition, sur sa pureté.

Ces deux griefs que recense Granel n'ont pas la même valeur. Le premier a le mérite de se montrer critique à l'endroit de Frege. Husserl, on le sait désormais, a dénoncé tantôt le caractère trop formel[31] des travaux de Frege, tantôt leur *naïveté"* (c'est ici le cas). Ce faisant, lors

---

[31] Husserl *(1972,* tr.fr., p. 145, note 130) a la plupart du temps rejeté ce qu'il appelle la démarche purement formelle de Frege. À cet égard, il faut signaler le chapitre *20* de Dummett (1991) consacré à la critique fregéenne du formalisme. Cette critique de Husserl fait une grave confusion entre logique et syllogistique comme si la logique n'était que syllogistique. Ici, l'enjeu pour Husserl c'est d'invalider le propos de Frege en faisant remarquer que parce qu'elle est formelle, c'est-à-dire syllogistique, elle est stérile. Or, le renouveau de la logique traditionnelle enclenché par Frege, met l'accent sur le sens, c'est-à-dire ce lieu de tant de créativité (en ceci qu'il donne naissance à beaucoup de connaissances nouvelles). Husserl reprend à son compte une critique largement essoufflée, un lieu commun (Poincaré partagerait ce genre de critique). Ce que Husserl ne montre pas assez c'est : en quoi est-elle stérile ?

même que cette critique soit quelque peu pertinente, elle ne s'assume pas pleinement. Car, comme il semble que c'est le cas *(Recherches logiques,* Intr., sect. 3, trad. fr., p. 11-12) s'il est affirmé que l'objet a le primat sur le langage, il ne s'agit pas tant d'assurer la pureté de l'analyse en montrant le statut ontologique de l'objet (vécus intentionnels) que d'interroger réellement cet outil qu'est le langage pour voir si, effectivement, il est adéquat comme moyen d'exposition. En d'autres termes, s'il est aisé de critiquer la validité *naïvement objective* de la démarche de Frege, ce devrait l'être aussi en ce qui a trait à la validité - foncièrement subjective - mais prétendument objective de la structure intentionnelle et subséquemment, la langue d'exposition (cf. Granel, *Ibid., p. 62* en bas de page). N'y a-t-il pas là, une naïveté symétrique *à celle* de Frege? Ceci étant, cette dissension témoigne de la divergence des échelles de priorité syntaxique entre Frege et Husserl, c'est-à-dire de la place du langage contraposée à celle de la structure de l'intentionnalité en général. Car, au-delà de ces deux priorités inconciliables, il y a le divorce entre les deux projets. À cet égard, Granel écrit à la page *64* ceci :

> Ainsi la simple lecture du paragraphe 1 montre-t-elle que Husserl y oppose la *naïveté dogmatique* (manifestement celle de Frege) d'une logique édifiée sur le modèle mathématique à l'ambition (manifestement la sienne) de concevoir la logique comme une *discipline philosophique.*

Le deuxième point soulevé par Granel relatif au maintien tenace de la place des vécus psychiques en est l'illustration. Tout se passe alors comme si, le psychologisme d'antan ne pouvant désormais se prévaloir de sa pudeur virginale, est rejeté afin de sauver ce qu'il convoyait, en l'espèce, les vécus psychiques. N'est-ce pas là, une psycho-philosophie sans psychologisme ? La question est dès lors de savoir comment tout cela est possible ?

À cette question cruciale, ni Dummett, ni Mohanty ne semblent offrir rien de plus qu'une analyse partialement et partiellement apologétique.

Il est d'autant regrettable que Mohanty n'aie pas donné à ce point toute son importance car directement l'argumentation de Dummett s'articule d'une façon ou d'une autre autour du statut du langage chez Frege. C'aurait été un moment fort de la confrontation. De la même façon, il est dommage que Dummett n'aie pas saisi l'occasion pour invalider davantage les dires de la fin du présent paragraphe de

Husserl et au-delà, sa conception voulant que la logique du moins celle de Frege ne dépasse guère la syllogistique. Un autre lieu de confrontation semble ouvert par ce que Granel à la page 65 appelle « le véritable vainqueur du combat qui se livre dans l'âme de Husserl entre Frege (tenant de la *dogmatique logique)* et Kant (tenant de l'Erkenntnistheorie) est finalement Frege ». Bref, s'il est vrai que la *psychè* est un autre lieu de confrontation entre Frege et Husserl, il semble que le statut du langage offre une chance de rapprochement. C'est du moins ce que soutient Granel (1990) en ces termes :

> Le rapport de Husserl à Frege concernant la *psyché* est rigoureusement symétrique de celui qui concerne la langue. Même accord: oui, la langue est équivoque, oui les vécus psychiques sont sources de mésinterprétation des opérations logiques; même désaccord: non, il ne faut pas jeter au panier ces *enveloppes, il* faut les dérouler, les analyser (Granel 1990, p. 80).

Comme on le voit, cette tentative de rapprochement se noie dans un désaccord plus profond. Il n'est même pas exagéré de dire qu'il est au service d'une dissension plus incompressible.

C'est pourquoi, cet autre espace thématique qu'est la langue d'exposition, ouvert à la confrontation, mérite l'attention. Je pense que Granel a raison de montrer que leur accord sur le statut de la langue croit en raison inverse de leur désaccord sur l'importance de la *psychè.* Cette dissymétrie explique pourquoi l'un Husserl n'a pas jugé utile de s'interroger véritablement sur le statut de la langue d'exposition, lui conférant ainsi un simple rôle de convoyeur. C'est dommage, en ceci que Husserl dont le souci d'obtenir des objets purs n'est plus à démontrer, n'ait pas donné un juste traitement à la langue. À mon avis, Husserl s'est gravement mépris sur l'envergure et l'importance de la langue d'exposition. Parce que précisément c'est un expédient, il faut s'assurer de savoir s'il ne pervertit pas d'une façon ou d'une autre les objets qu'il convoie (pour peu qu'on les veuille purs). Elle explique aussi pourquoi l'autre (Frege) n'a jamais pris les vécus psychiques au sérieux. Il s'est ainsi interdit la possibilité de vérifier si les *vécus psychiques* de Husserl tombent sous le coup de sa critique générale contre tous les psychologismes de l'époque largement inféodés à l'associationnisme (images mentales) de Locke (dans *An Essay Concerning Human Understanding, 1690,* chap. 1 et 2, Livre III; cité par Laurier 1993, p. 18). Il semble que Mohanty n'ait pas perçu cette

nuance très importante. Car, cette critique frégéenne ne semble pas avoir changé entre 1884 date de publication des *Grundlagen* et 1894 date de la publication du compte rendu par Frege de la *Philosophie der Arithmetik* de Husserl (preuve est donnée par le fait que Husserl cite les *Grundlagen* pour rejeter Frege).
Ainsi, si la ligne d'attaque de Frege n'a pas varié, il y a fort à parier qu'il a repris à l'occasion de ses échanges avec Husserl (dont la première lettre de Frege à Husserl date du 24 mai 1891) ce qu'il critiquait déjà en 1884.

Ce faisant, la recension que Frege fit en 1894 dans le *Zeitschrift für Philosophie und philosophische Kritik* ne serait qu'une tentative d'application de cette critique à l'ouvrage de Husserl. Si cela s'avérait juste, alors il lui revenait de dire en quoi le psychologisme pratiqué par Husserl en 1891 est identique à celui qu'il fustigeait en 1884. Il y a là, une piste intéressante que Mohanty n'a pas explorée. Au lieu de son analyse historique partiale au service de l'entreprise husserlienne, selon moi, il aurait été judicieux pour Mohanty de déplacer thématiquement les enjeux de la controverse qui doit être créditée de ceci ou de cela - vers ce qu'on pourrait résumer comme ceci : En quoi la critique anti-psychologiste générale de Frege est-elle « dévastatrice » (c'est ce que juge Dummett, cité par Desanti 1987, p. 67), «ravageuse » (renchérit Granel 1990, p. 80) du psychologisme pratiqué par Husserl en 1891 ? En fait de rapprochement, il n'aurait pas été incongru de tenter une étude sérieuse d'une tradition commune aux deux auteurs et qui a dominé pendant deux millénaires les champs mathématiques: le platonisme mathématique.

Si tant est vrai que Husserl a abandonné Brentano aux alentours de 1886 (c'est la thèse que défend Hill (1991)) pour mieux embrasser le platonisme, il est alors possible de mener une enquête sur le point de savoir comment se fait-il que le platonisme qui était pratiquement l'horizon philosophique dominant (que Wittgenstein va pourfendre frontalement), n'aie pas offert un espace de conciliation (virtuellement il l'est) entre Frege et Husserl ?

La question ainsi posée aurait conduit les commentateurs de cette controverse à vérifier si Husserl et Frege ont adhéré au même platonisme. Autrement dit, y a-t-il plusieurs platonismes mathématiques ? Ou plutôt, le platonisme mathématique était-il un cadre vide dans lequel chaque chercheur y mettait ce qu'il voulait ?

S'il ne peut pas être réduit à cette vacuité, alors il y a un creuset théorique commun qui donne son nom au platonisme mathématique.

Ce creuset, ce serait par exemple cette foi en l'immanence de la vérité[32] (lisible dans la théorie de la vérité chez Frege). Voilà quelque chose sur lequel, Frege et Husserl auraient pu être confrontés et subséquemment, s'interroger sur le point de savoir pourquoi, aucun des deux n'en souffle mot à l'occasion de leurs correspondances.

En outre, un autre fait qu'il convient d'évoquer, c'est précisément cette reconnaissance explicite de Husserl qu'il s'était mépris gravement sur la nature des nombres et ce, dès la publication de son livre de 1891. Ainsi, dans un de ses passages publié par Lothar Eley, Husserl écrit ceci : « Dans mon chapitre sur les définitions des nombres par équivalence je me suis incontestablement trompé » (Cité par J. English 1975, à la page 470).[33]

Toute cette polémique entre Mohanty et Dummett (continuée par Bell, Hill et les autres) qui consiste à surestimer ceci et à sous-estimer cela, n'est pas de nature à lever les ambiguïtés que comportent la thèse des uns et des autres. Du reste, cette reconnaissance est corroborée par les propos rapportés par Boyce Gilson (1971, p. 66) lors d'une conversation tenue avec Husserl le 24 juin 1928.

Selon ces propos, Husserl reconnaissait expressément que la seule valide opposition à son livre venait de Frege.

Husserl aurait tenu ces propos : « Frege's criticism was the only one he was really grateful for. It hit the nail on the head »[34]

---

[32] Cette conception tient la vérité en haute estime. On ne peut seulement que la découvrir *car* la vérité s'inscrit dans un rapport indépendant de l'activité intellectuelle des personnes. Ainsi, chez Frege il *y a* cette conception comme quoi les objets mathématiques sont objectifs (ceci explique peut-être pourquoi les nombres sont considérés comme des objets chez *lui)* et indépendants. Pour le traitement du platonisme Fregéen, voir Crispin Wright dans *Frege's Conception of Numbers as Objets,* Introduction, 1983, p. 15

[33] Husserl, *E., Articles sur la logique, (1890-1913),* traductions, notes, remarques et index par J. English, P.U.F., collection Epiméthée, Paris, 1975. p. 470. Il faut signaler que dans cet ouvrage on a la traduction de la "Recension de Schröder", l'un des rares moments de consensus entre Frege et Husserl. En ce qui concerne cet aveu, il est *aussi* contenu dans la *Philosophie de l'Arithmétique,* chap. 6, p. 103, 115 *sq.* (Note de l'éditeur).

[34] Ce témoignage direct de Boyce Gilson, W. R. "From Husserl to Heidegger : Excerpts from a 1928 Freiburg Diary" (in *Journal of British Society for Phenomenology, 2, No.* i, January 197 L, p. 66.) est précieux même s'il est fragile parce qu'invérifiable. Il établit clairement que Husserl a non seulement fait amende honorable pour ce qui concerne son psychologisme d'antan, mieux, il reconnait explicitement qu'il le doit à Frege.

Ajoutons à cela que le témoignage de l'un des pionniers de la question disputée entre Frege et Husserl en l'occurrence Follesdal dans *Frege und Husserl (1958),* est sans équivoque: Ingarden lui a confié que Husserl aurait reconnu que la critique de Frege a été décisive.

Ce sont ces faits congruents qui attestent que cet abandon peut être mis au compte de Frege et non comme l'a bien perçu Hill, les similitudes sémantiques entre les deux auteurs. Après avoir indiqué que ces facteurs sémantiques n'étaient point convaincants, Hill *(1991, p. 10)* focalise ses efforts à montrer ceci : « The facts though, as persuasive as they may seem, are not conclusive, as I hope to demonstrate ».

Le mérite de l'ouvrage de Hill, outre sa clarté, c'est sans doute de tenter sans a priori, de rappeler les moments essentiels de l'itinéraire intellectuel de Husserl. Or, sur cette trajectoire il y a le fait que Husserl a travaillé sous la direction de Carl Stumpf.[35] Hill indique que Husserl a abandonné Brentano en *1886* et qu'à Halle, il embrassa davantage les idées platoniciennes. Il aurait ainsi abandonné un maître pour un autre.

Sur cette base, Hill conclut que l'abandon se situe entre *1887* date de la publication de *On the Concept of Number : Psychological Analyses* et *1891* celle de la *Philosophie der Arithmetik :*

> I believe, then, that the change took place between *1887* and *1891.*
>
> *In 1891* Husserl was already expressing his dissatisfaction with bis work, and surely by *1894* lie was well into the revision of the psychologism of his earliest philosophical endeavors, so that conversion, if it is to be linked with the Frege at ail, is more likely linked with Husserl's encounter with the *Foundations* than with a reaction to Frege's critical view. By *1894* Husserl was no stranger to the kind of attack Frege launched upon him there. (Hill *1991, pp. 18-19).*

Hill a raison de soutenir qu'avant 1894, Husserl n'était point étranger à ce type de critique puisque les *Grundlagen* sont de 1884. Même si la critique qu'ils contiennent n'attaquent pas nommément Husserl, celui-ci en a pris connaissance pour avoir eu ce livre entre les mains. Et 1894, c'est précisément la date de la recension critique de l'ouvrage de Husserl (1891) par Frege. Comme on le voit, ce propos de Hill ne milite pas tant

[35] Il faut rappeler que Carl Stumpf a été lui-même élève de Brentano et de Locze.

en faveur de l'un que de l'autre. C'est seulement la lecture ou le focus du regard de celui qui rapporte ces faits qui change ou fait dire à ceux-ci ceci ou cela.

À mon avis, malgré le mérite de l'ouvrage de Hill, il est clair que contre elle, il y a la dédicace (1891) de la *Philosophie der Arithmetik à* Brentano. Hill ne s'est pas posé la question de savoir comment le même Husserl aurait pu dédier son livre à Brentano en 1891 si tant est vrai qu'il l'a abandonné dès 1886 ? Mais cet avis ne saurait l'emporter contre Hill car il existe des cas où, malgré des désaccords marqués, un auteur décide de dédier son ouvrage à un autre dont il ne partage pas tous les points de vue. Après tout, Quine n'a-t-il pas dédié *Word and Object à* Carnap ?[36]

Somme toute, la référence que Hill fait dans son chapitre 5, page 78, section 3 aux *Recherches logiques, 1,* section 46 dans laquelle Husserl livre une critique contre le psychologisme, ne saurait constituer un faire-valoir.[37]Ainsi, l'argument principal de Hill s'avère invalide dans l'exacte mesure où il souffre d'un anachronisme, toute chose imparable dès lors qu'il s'agit d'avancer des dates. II n'est pas exigé de date précise en l'espèce pas plus que des dates trop vagues ne sauraient nous éclairer.

En effet, le grand problème des protagonistes qui avancent des dates, scrutent des itinéraires intellectuels, c'est précisément d'oublier que de tels itinéraires ne sont pas toujours fléchés. Des régressions sont possibles (c'est pourquoi il n'est pas question de date précise), des tâtonnements et ce tiraillement de Husserl entre les mathématiques et la philosophie dont parle Desanti (cf. Postface) en est l'illustration - et parfois même des renoncements (abandon du psychologisme). Il en est de même pour ce qui concerne cette manie de subdiviser parfois arbitrairement en moments intellectuels (les pires fossoyeurs d'une pensée) l'œuvre d'un penseur. Ce type de tronçonnage toujours grossier échoue à prendre en compte tous les raffinements de la pensée de l'auteur considéré. Ainsi, quand bien même il est hors de doute que la critique de Frege a été sinon un catalyseur du moins un

---

[36] Je remercie mon directeur Andrew Lugg pour m'avoir suggéré ceci dans une note.

[37] Dans cette section 46 des *Recherches. logiques I,* Husserl écrit : Le nombre cinq n'est pas ma numération du cinq, ni celle de quiconque d'autre. En lui est donnée intuitivement la collection dans une certaine forme [souligné par Husserl lui-même] d'articulation et, par là-même, un cas particulier de l'espèce de nombre nommée ».

stimulant, n'empêche que l'implosion du psychologisme husserlien ne s'est pas opérée soudainement. À cet égard, Husserl estime qu'entre 1886 et 1895 ses recherches étaient confinées à ce qu'il décrit comme Suit :

> Le lecteur le voit: les études de l'auteur dans ces années 1886-1895 se firent de préférence dans les domaines, certes très vastes, mais limités, des mathématiques formelles et de la logique formelle. L'élimination du psychologisme s'effectue d'abord sur cet arrière-fond, en s'étendant déjà de la façon la plus générale à toute la sphère en question, mais sans que celle-ci fasse encore l'objet d'une recherche bien poussée. Cette conversion était préparée par l'étude de Leibniz, et par l'examen, qui m'a sans cesse occupé, du sens qu'a la différence entre les vérités de raison et les vérités de fait, et qu'ont en même temps les développements de Hume relatifs à la connaissance sur les `relations of ideas et la matter of fact". Je pris vivement conscience du contraste de cette dernière distinction par rapport à celle de Kant entre jugements analytiques et jugements synthétiques, et ce contraste joua un rôle important sur mes prises de position ultérieures. (Husserl 1890-1913, tr.fr. Jacques English, 1975, p. 378).[38]

Ce que nous lisons ici, c'est davantage un processus de lente évolution (ce qui ne contredit pas le principe même de cette conversion ni même celui qui en est le catalyseur) que d'une métamorphose soudaine comme tendrait à le faire croire Dummett lorsqu'il qualifie la critique fregéenne de *dévastatrice.*

Ceci étant, il ne faut pas non plus perdre de vue, le fait que consciemment ou inconsciemment, Husserl oublie bien souvent de payer tribut à Frege. Cette omission volontaire ou non, complique et parfois même contredit les témoignages sur lesquels il semblait possible de clore la controverse. Puisque dans ces témoignages, il semblait acquis que Husserl reconnaissait le caractère décisif de la critique de Frege.

---

[38] La version anglaise de ce texte se trouve dans le livre de Osborn, *Philosophy of Edmund Husserl, p. 13;* citée par Hill (1991) à la page *36.* La copie personnelle de Husserl *se* trouve dans ses archives conservées à Louvain.

Mais par une espèce de retournement ou de défaillance de mémoire (assez étrange il faut en convenir), Husserl durant ses derniers jours (1936) semblait avoir tout oublié comme le souligne Desanti (1987, p. 64) :

> Husserl devait se déclarer ne plus se rappeler les circonstances de cette correspondance. Croyait-il vraiment, à 40 ans de distance, avoir réglé ses comptes avec Frege au point d'avoir effacé jusqu'au souvenir de la rencontre? Sans doute. Le silence de 1906 sur les Recherches Logiques *annonce déjà cet oubli.*

Comme on le voit, tous ces indices de réponse peuvent recevoir des interprétations divergentes voire contradictoires. Cela montre combien ils sont fragiles et combien ils ne sont pas des piliers fermes sur lesquels on puisse définitivement se fonder. C'est peut-être la raison pour laquelle cette controverse a encore de beaux jours devant elle dans l'exacte mesure où n'étant point des piliers fermes, leur lecture est parfois sujette à caution. Le seul fait qui semble acquis, c'est le bien-fondé de la critique anti-psychologiste de Frege (que Mohanty ne rejette pas). Mais de là à reconnaître sa portée décisive sur Husserl, c'est exactement comme avoir devant soi le *Rubicon* que les uns franchissent allègrement (Dummett et certains commentateurs) tandis que les autres (Mohanty et quelques auteurs de tradition phénoménologique) le stigmatisent férocement.

Chapitre sixième

LE PARADOXE DE RUSSELL ET LE DÉCLIN DU PROJET FREGEEN

Dans sa conférence tenue le 18 juin 1934 à l'Université de Genève, Bernays (disciple de Hilbert) récusait le propos de ceux qui, nombreux à l'époque et de nos jours encore, croyaient mordicus que le paradoxe de Russell avait engendré une crise des fondements par l'invalidation de l'édifice logiciste de Frege. À son sens, toutes ces opinions étaient exprimées sans regard aux résultats auxquels les mathématiques étaient parvenues. Ce faisant, ces opinions n'étaient point corroborées par la réalité des recherches faites par des mathématiciens comme Dedekind, Poincaré et Hilbert. Au contraire, elles auraient fait fausse route -ce type d'argumentation est soutenu par Wittgenstein comme on le verra plus loin -dans l'exacte mesure où elles ont extrapolé des données philosophiques sur un problème intrinsèquement mathématique (en cela, il reconnaît le fait qu'il subsiste des *questions ouvertes)*.

Ainsi, pour Bernays il n'y a point de crise des fondements, il n'y a que des problèmes philosophiques. Wittgenstein ne dirait pas le contraire. Or, à l'évidence, les problèmes philosophiques ne sont pas des problèmes mathématiques, semble-t-il soutenir à cet égard, il écrit :

> Mais il faut relever que la situation n'est pas si critique qu'on pourrait le croire en écoutant ceux qui parlent d'une crise des fondements. Cette expression peut se justifier à certains points de vue mais elle pourrait faire naître l'opinion que la science mathématique se trouve ébranlée par ses bases.

> En vérité les sciences mathématiques croissent en pleine sécurité et harmonie. Les idées de Dedekind, de Poincaré et de M. Hilbert ont été développées systématiquement et avec un grand succès sans qu'il y ait aucune discordance dans les résultats.
>
> C'est seulement au point de vue philosophique que des objections ont été faites. Elles portent sur certaines manières de raisonner propres à l'analyse infinitésimale et à la théorie des ensembles. (Bernays 1935, in *L'Enseignement mathématique, No. 34).*

Ce point de vue de Bernays, curieusement, identifie le cœur du problème sans pour autant en tirer toutes les conséquences qui en découlent.
À mon avis, cette inconséquence s'explique par les motivations qui sous-tendent ce point de vue. Il faut se rappeler le fait que pour le disciple de Hilbert qu'il est, le problème posé et qu'il faut résoudre relève exclusivement de la compétence des mathématiciens.

Cependant, il faut rappeler que ce débat a été bel et bien engendré par la théorie des ensembles. D'ailleurs, implicitement, l'auteur le reconnaît puisque c'est en se basant sur la portée philosophique de cette théorie qu'il traite du platonisme en mathématique (un très bon texte soit dit en passant). Si donc cette théorie a des ramifications philosophiques-parce qu'implicitement le problème du finitisme est posé et par ricochet celui de l'existence des ensembles tellement grands qu'ils sont ineffables-le mathématicien qui se pose la question des fondements peut-il traiter de cette question en ignorant son assise philosophique? Comme je l'ai déjà fait remarquer, ce mathématicien ne peut tout simplement pas se le permettre pour la simple raison que l'essor accompli par les mathématiques, dont se félicite Bernays à juste titre, a entraîné leur délitement de l'arithmétique naïve vers l'arithmétique dite de Peano (c'est déjà la théorie des ensembles). C'est précisément à cause de ce changement de perspective ou de pratique mathématique si l'on préfère, que tous ces efforts ont reçu le nom de tentatives de reconstructions logiques. On peut même soutenir que parler des nombres naturels de façon finitiste sans accepter la théorie des ensembles, Kreisel (cf. *Wittgenstein Remarks on ne Foundations of Mathemazics* in the August issues, *1958, British Journal of Philosophical of Science)* qualifiait le point de vue de Wittgenstein de strict finitisme, Dummett partage ce point de vue. Tout cela a un intérêt philosophique. C'est donc dire que le débat fondationnel est un débat de nature philosophique puisqu'il porte sur l'épistémologie définie au sens général de théorie de la connaissance.

Les mathématiciens, face aux nouvelles préoccupations induites par les progrès accomplis et aux balbutiements de leur discipline, se sont découvert une nouvelle vocation épistémologique: réfléchir sur le socle fondateur de leurs objets. Et dans la mesure même où les mathématiques ont enregistré cet essor, tout portait à croire que les philosophes s'intéresseraient à ce saut théorique exigé par la nouvelle donne mathématique.

Frege est l'un de ceux qui n'ont point douté de cette communauté d'intérêts entre philosophie et mathématiques de cette période charnière. C'est peut-être en raison de cela que son travail n'a jamais dissocié les deux ordres de savoirs.

Ce qui est sûr, c'est que Frege est l'un des auteurs de sa génération à se lancer dans la quête d'un fondement pour les objets arithmétiques. Les résultats de cette enquête qui va de 1893 à *1902* sont exposés dans un livre en deux volumes *Grundgesetze der Arithmetik.* Un exposé des grandes lignes de cet ouvrage a été donné tout au long de mon enquête. Je ne reviendrai pas sur cela. À l'inverse, je m'attacherai sur l'une des lois les plus contestées à l'occasion de la découverte de ce paradoxe, en l'occurrence la loi V. L'on pourra apprécier dans quelle mesure cette loi V est prise en porte-à-faux par la découverte de Russell. Quelle a été la réponse de Frege à cette infortune de dernière minute ? À vrai dire, ce paradoxe, au plan personnel, a été durement ressenti par Frege. Il anéantissait dix années de recherches. Pis, la fameuse lettre de Russell, celle par laquelle le malheur arriva, fut reçue au moment même où le deuxième volume des *Grundgesetze* était envoyé à l'impression. Avant d'exposer les arguments de l'un et de l'autre, il convient de lire au préalable la lettre de Russell et la réponse de Frege. Au plan bibliographique, il faut signaler que la lettre de Russell fut publiée en français par J. van Heijenoort (Heijenoort 1967, p. 124-128) suivie d'une autre traduction en 1976 (Frege 1976, p. 211-215). J'utilise cette traduction de 1976.

Russell à Frege

Friday's Hill Haslemere, le 16 juin 1902

Cher Collègue,

Il *y a* un an et demie que j'ai connaissance de vos *Grundgesetze der Arithmetik,* mais c'est maintenant seulement que j'ai pu trouver le temps nécessaire pour l'étude approfondie que je me propose de consacrer à vos écrits. Je me trouve sur tous les points essentiels en plein accord avec vous, notamment lorsque vous rejetez hors de la logique tout élément psychologique et lorsque vous accordez du prix à une idéographie pour les fondements des mathématiques et de la logique formelle, que du reste on ne peut guère distinguer. Sur bien des questions particulières je trouve chez vous des discussions, des distinctions et des définitions que l'on cherche en vain chez d'autres logiciens. En particulier, pour ce qui a trait à la fonction (section 9 de votre *Begriffsschrift)* j'ai été amené indépendamment jusque dans le détail à des vues identiques. Il n'y a qu'un point où j'ai rencontré une difficulté. Vous affirmez (p. 17) que la fonction aussi peut constituer l'élément indéterminé. C'est ce que j'ai cru précédemment, à cause de la contradiction suivante. Soit w le prédicat: être un prédicat qui ne peut être prédiqué de lui-même. Peut-on prédiquer de lui-même w ? De chacune des réponses il suit l'opposé. Par conséquent on doit conclure que w n'est pas un prédicat. De même il n'y a pas de classe (comme totalité) des classes qui (comme totalités) n'appartiennent pas à elles-mêmes. D'où je conclus que dans certaines circonstances une collection [Menge] définissable ne constitue pas une totalité.

Je suis sur le point de terminer un livre sur les principes des mathématiques et je désirerais y discuter vos travaux très en détail. J'ai déjà, ou j'achèterai incessamment vos livres, mais je vous serais très reconnaissant si vous pouviez m'envoyer des tirés à part de vos articles dans diverses revues. Au cas toutefois où cela se révélerait impossible, je me les procurerais dans une bibliothèque. Le traitement exact de la logique dans les questions fondamentales, où l'on ne peut compter sur le symbolisme, est demeuré très attardé ; c'est chez vous que je trouve ce que je connais de meilleur à notre époque, et c'est pourquoi je me suis permis de vous exprimer mon profond respect. Il est très regrettable que vous ne soyez pas parvenu à publier le second volume de vos *Grundgesetze;* espérons que cela finira par se faire.

Respectueuses salutations,
votre dévoué.

Bertrand Russell.

La contradiction ci-dessus s'exprime comme suit dans l'idéographie de Peano: $w = cls \cap x \ 3(x \sim \varepsilon x) \supset : w \ \varepsilon \ w = w \sim \varepsilon w$ J'ai écrit à ce sujet à Peano, mais j'attends encore une réponse.

Frege à Russell

Cher Collègue,

Iéna, le 22 juin 1902

Merci beaucoup de votre intéressante lettre du 16 juin. Je me réjouis que vous soyez, à beaucoup d'égards, d'accord avec moi, et que vous ayez l'intention de discuter en détail mes travaux. Comme vous le souhaitez, je vous envoie les publications suivantes :

1. Kritische Beleuchtung, etc ;
2. Ueber die Begriffsscrift des Herrn Peano, etc ;
3. Ueber Begriff und Gegenstand, etc;
4. Ueber Sinn und Bedeutung, etc;
5. Ueber formale theorien der Arithmetik.

J'ai reçu une enveloppe vide dont l'adresse semble être de votre main. Je présume que vous avez eu l'intention de m'envoyer quelque chose, qui s'est perdu accidentellement. Si c'est le cas, je vous remercie de cette aimable intention. Je joins le recto de l'enveloppe.

Quand je relis à présent ma *Begriffsschrifz,* je trouve que j'ai changé d'avis sur bien des points, comme vous le verrez en la comparant à mes *Grundgesetze d.* A. Je vous prie de supprimer le paragraphe qui commence par *Nicht minder erkennt man,* à la page 7 de ma *Begriffsschrif7,* puisqu'il est erroné, ce qui du reste est demeuré sans conséquences fâcheuses pour le contenu du reste de l'opuscule.

Votre découverte de la contradiction m'a surpris au plus haut point et je dirai presque, consterné, car elle fait que la base sur laquelle je pensais que l'arithmétique s'édifie se trouve ébranlée. Il me semble, après cela, que transformer la généralité d'une identité en une identité de parcours de valeurs (section 9 de mes *Grundgesetze)* ne soit pas toujours permis, que ma loi V (section 20, page 36) soit fausse et que mes développements du & 31 ne suffisent pas pour assurer dans tous les cas que mes assemblages de signes désignent quelque chose. Il faut que je continue encore à réfléchir à la question. Elles est d'autant plus grave qu'avec la suppression de ma loi V, c'est non seulement le fondement de mon arithmétique, mais le seul fondement possible de l'arithmétique tout court qui paraît s'engloutir. Et pourtant, devrais-je penser, à coup sûr il est possible de poser des conditions telles, pour la transformation de la généralité d'une identité en une identité de parcours de valeurs, que l'essentiel de mes preuves reste intact. En tout cas votre découverte est très remarquable et aura peut-être pour résultat un grand progrès dans la logique, quelque fâcheuse qu'elle paraisse à première vue.

Au demeurant, il me semble que l'expression *Un prédicat est prédiqué de lui-même* est inexact. Un prédicat est ordinairement une fonction de premier niveau, qui exige pour argument un objet et ne peut donc se prendre elle-même pour argument (sujet). Je préférerais donc dire *Un concept est prédiqué de sa propre extension. Si* la fonction ø (ε) est un concept, je désigne son extension (ou la classe correspondante) par «ε ø (ε) »(bien sûr, la justification de cela est maintenant devenue pour moi douteuse). Dans «ø(ϵ)) ou « ϵ ø(ε) ∩ ϵ ø (ε)» nous avons alors un cas où le concept ø (ε) est prédiqué de sa propre extension.

Le second volume de mes *Grundgesetze* doit paraître sous peu. Il faudra sans doute que je lui ajoute un appendice dans lequel il sera tenu compte de votre découverte. Si seulement d'abord j'avais le point de vue correct pour le faire !

Respectueuses salutations,
Votre dévoué,
Gotlob Frege

(Lettres contenues dans *Logique et fondements des mathématiques. Anthologies (1850-1914),*sous la direction de F. Rivenc et Ph. de Rouilhan, p. 240-243, Payot, Paris, *1992).*

La découverte de Russell va plonger Frege dans une course effrénée pour trouver la parade, la seule susceptible de sauver ses résultats logiques sur lesquels il a fondé (le seul fondement possible écrit-il) l'arithmétique et au-delà, son édifice logique dans sa totalité. Que signifie, dans son expression condensée ce paradoxe de Russell, connu aussi sous le nom de *paradoxe de l'imprédicable?* Avant d'exposer le contenu de ce paradoxe, il faut remarquer que la lettre de Russell marque aussi une différence de terminologie par rapport celle de Frege. Cette différence dans la terminologie se constate à l'occasion des définitions.

Russell ne parle pas d'ensemble mais utilise la notion de classe, de membre d'une classe. Une classe est définie comme un groupe d'objets quelconques. Le seul lien qui unie ces objets, c'est le fait qu'ils soient reliés par une ou des propriétés similaires. Il s'ensuit qu'être membre, c'est partager ces qualités. Ainsi, les membres semblables vont former ce que Russell appelle une classe. Ils peuvent former cette classe quand bien même certains entretiennent entre eux des rapports dissemblables voire incompatibles.
Ce qui importe surtout, ce sont les propriétés analogues qui les relient. N'écrit-il pas dans *Histoire de mes Idées philosophiques* ceci :

> Il me semblait qu'une classe est quelquefois, et quelquefois n'est pas, membre d'elle-même. La classe des petites cuillères, par exemple, n'est pas une petite cuillère de plus, mais la classe des choses qui ne sont pas des petites cuillères. Il semblait y avoir des cas qui n'étaient pas négatifs: par exemple, la classe de toutes les classes est une classe (Russell 1961, tr. fr.,) .

La contradiction que soulève Russell, outre ce problème de circularité qu'il dénonce chez Frege, a eu d'autres conséquences majeures. Cette découverte faut-il le rappeler, marqua la fin du 19è siècle. Dans le cercle des logiciens de cette époque, il ne serait pas exagéré de dire qu'on vouait littéralement une confiance sans bornes au raisonnement déductif. Le crédit dont était auréolé le raisonnement déductif s'inscrit en droite ligne de l'héritage aristotélicien. Lors même que Frege entamait un nouveau cycle historique pour la logique, cette bonne vieille démarche syllogistique à l'aristotélicienne constituait encore un de ces lieux imprenables. Les démarches de Frege et de Dedekind en sont des illustrations accomplies. Presque tous les penseurs croyaient en l'infaillibilité de ce type de raisonnement. Le paradoxe de Russell, pour ainsi dire est venu sonner le glas de cette foi aveugle. C'est en ce sens que Russell caractérise cette période de fin de lune de miel avec la logique.

Frege, le fondateur de la logique moderne avait en quelque sorte innové cette logique traditionnelle avachie, parce que restée trop fidèle à Aristote, comme un bon dormeur qu'on ne pouvait réveiller qu'en l'égorgeant.

Mais ce sacrifice suprême de ce que Wittgenstein appelle la « old logic » (en référence aux *Principia* de Russell) n'eut pas lieu. Pouvait-on seulement franchir le *Rubicon* après deux millénaires de fidélité? Ce qui est certain, c'est que c'est par le truchement de ces résidus aristotéliciens que la fente s'est ouverte_ Certes, la question des fondements telle qu'elle s'est posée à ces penseurs est loin d'être une question aristotélicienne.

Au contraire, elle semble s'inscrire dans la tradition platonicienne (il n'est que de voir combien la notion de vérité chez Frege est métaphysique) qui, précisément prend la philosophie pour socle réflexif commun aux savoirs. De là peut-être toute l'arrogance de ce projet et aussi tout son échec. Un tant soit peu, si la philosophie est, puisque désormais il y va de ses compétences, conçue et pratiquée comme un métier ou comme un destin, comment expliquer ce détour par la logique l'usage du raisonnement déductif en est l'exemple- pour ainsi devenir cette instance donatrice de fondements? Peut-être que la philosophie n'est ni un métier ni même un destin ?

Si elle était un métier, elle aurait été praticable en la circonstance. Si au contraire elle est un destin, il est juste de dire que celui-ci se situe aux confins de la solitude (d'où peut-être le solipsisme méthodologique de Husserl). Puisque la faille vient de l'insuffisance de la logique aristotélicienne dans la mesure où elle a conduit à des résultats contradictoires le programme logiciste était dans l'obligation d'opérer un choix : reformer ou changer radicalement de logique. Il y a eu deux types de réactions face à cette crise :

1) La réaction logiciste menée par Russell pour qui, il était indispensable de procéder à la modification des règles d'appartenance à une classe. Cette réforme devait - du moins c'est ce que l'on espérait - permettre de juguler la possibilité théorique pour une classe d'être effectivement membre d'elle-même.

En d'autres mots, il fallait un dispositif réglementaire susceptible d'empêcher *a priori* une classe d'appartenir à elle-même. En cela, il faut dire que l'on se ne trompe pas de diagnostic. Aussi Russell a-t-il mis de l'avant l'adjonction, au corpus de principes que compose la logique traditionnelle, du *principe du cercle vicieux.* En quoi consiste ce principe ? Il dit que : « Tout ce qui implique la totalité d'un ensemble ne peut pas faire partie de cet ensemble »[39].

Cet ajout d'un nouveau principe au corpus des principes de la logique traditionnelle a contribué à l'affaiblir -pour donner ce qu'il est convenu d'appeler la logique des types- de sorte qu'elle puisse s'avérer opérante. Quant à savoir si cette logique des types est effectivement parvenue à tirer d'affaire le programme logiciste, il est juste de dire qu'elle s'est révélée n'être qu'une logique de cas particuliers au mieux et, au pire, une solution bancale.

Cette floraison des contradictions est consécutive à la mise en chantier *du programme de Hilbert.* Qu'en est-il de ce programme hilbertien ?

Pour Hourya Sinaceur, ce programme se résume à ceci:

> En effet par *programme de Hilbert* on entend d'abord un problème spécifique, cible pendant trente ans des efforts de Hilbert, dont la solution représentait le but pour lequel fut conçue le théorie de la démonstration comme un **moyen.** Il s'agissait de prouver la non-contradiction de l'arithmétique (et donc de l'analyse) par des méthodes relevant du noyau le plus élémentaire des concepts et méthodes arithmétiques.
>
> Mais en cherchant cette preuve, Hilbert a défini une attitude épistémologique générale, la `position finitiste" (finite Einstellung): assurer par des moyens finis le droit d'opérer avec l'infini, chercher des démonstrations n'impliquant pas de procédés transmis, ni donc l'assomption de l'infini actuel.» (Sinaceur H. 1993. *Revue Internationale de Philosophie, vol. 47,* no.186, p. *251).*

L'exposé des conséquences finitistes seront présentées plus loin.

---

[39] Dans son article intitulé "Étude critique : Yvon Gauthier. De la logique interne" (cf. *Philosophiques, Vol. XXI, 1994),* Mathieu Marion s'interroge à la suite de Dummett *(1963, p. 199)* sur la nécessité d'une « *certaine dose d'imprécativité»* dans tout raisonnement mathématique. Ainsi, s'il n'est pas possible d'exonérer complètement le nombre naturel d'une « *certaine dose d'imprécativité», il* s'ensuit, de son point de vue, que la question du finitisme, que traitent Esenin-Volpin, Nelson *(1986)* et les autres, reste entière.

Comme on le voit, c'est la poursuite de cette preuve qui a conduit Hilbert à la vision finitiste. Cette évolution est redevable aux critiques de Poincaré, Kronecker, Weyl et Brouwer, qui sont d'authentiques constructivistes. Aussi, dès 1920, cette attitude épistémologique nouvelle va conduire Hilbert à « une restriction de la preuve à procédure constructiviste ». C'est ce que Sinaceur appelle *le formalisme constructiviste (Ibid., p.252).*

Dès lors, l'idée d'une construction simultanée d'un formalisme arithmétique et logique va être avancée par Hilbert. Puisque le modèle logique de l'arithmétique tel que mis de l'avant par Frege pêche par le fait que des concepts arithmétiques essentiels sont déjà présents (l'épuration logique bute ainsi contre ces résidus incompressibles) sinon sous-tendent les lois logiques. Ce faisant, parler de la primauté de l'une (la logique) sur l'autre (l'arithmétique) devient insensé. D'où la méprise des logicistes car alors on aboutit à un paradoxe fâcheux et au pire à un cercle vicieux que Poincaré et Kronecker dénoncent avec véhémence. S'agit-il d'une simple pétition de principe? Aussi le renoncement à l'idée de préséance logique s'accompagne-t-il d'une construction solidaire des deux ordres de savoir. D'où le rejet du modèle sémantique (interprétation) par l'exhibition (c'est en tout cas l'ambition) d'un modèle car l'arithmétique ne saurait trouver son ancrage dans des lois de logique générale. C'est pourquoi le mot d'ordre d'affaiblir la preuve métamathématique de sorte qu'elle soit réductible (compte tenu de la formalisation qui se veut rigoureuse puisqu'on a renoncé à la preuve de consistance sémantique pour préférer celle de consistance syntaxique) à une suite finie d'énoncés arithmétiques simples.

> Ainsi, la deuxième esquisse de solution élaborée et présentée par le courant formaliste, c'est d'exhiber une preuve de consistance syntaxique (déductions) dans le but de montrer la non-contradiction de l'axiomatique des nombres réels. Dans une grande mesure on peut dire que la tentative formaliste de montrer du doigt, concernant ce problème, la sémantique dans laquelle cette loi est stipulée (paradoxe de l'imprédicable) constitue elle aussi une solution philosophique indirecte. À son avantage, il y a certainement cette dénonciation de cette foi surestimée en la force et la fiabilité des langages utilisés. Ce faisant, la lecture formaliste de cette crise est

parvenue à mettre ceux-ci en relief, du moins à montrer leur rôle capital.

À son désavantage, on peut dire qu'elle n'a, à son tour, rien apporté de satisfaisant même si au demeurant, elle a eu raison de montrer du doigt l'aspect sémantique du problème.

D'un mot, il faut souligner l'intention qui animait le formaliste Hilbert avec sa théorie dite de la démonstration. Que voulait-il démontrer ? Hilbert était convaincu qu'on pouvait présenter une preuve directe de non-contradiction des axiomes de l'arithmétique (suite ordonnée des nombres réels). Pour lui, en se fondant sur ces axiomes, il est possible de montrer qu'on ne parviendra point à des résultats contradictoires et ce au travers d'un certain nombre de déductions logiques. Il s'agissait pour lui d'une recherche d'une preuve syntaxique de la consistance de l'arithmétique. Par rapport à Frege[40], la sémantique de la recherche a changé mais le projet est le même, l'espoir et l'engouement aussi.

La grande différence entre les deux démarches c'est que l'axiomatique proposée par Hilbert nous sauve du bourbier logiciste (abhorré par Poincaré)[41].

Si cela aboutissait, ce serait la preuve irrévocable qu'il subsiste un lien indissoluble entre l'arithmétique et la logique. Mais comme nous le verrons, cette tentative, louable parce que remplie de promesses, ne pouvait que mordre la poussière à son tour. En quoi consiste-t-elle ?

Avant toute chose, il faut souligner que la notion charnière du formalisme c'est bien celle de symbole.

---

40 Voir Frege/Hilbert par J. Dubucs, *Anthologies 1992, P. 215*

41 Ceci étant, il ne faut pas occulter le fait que Poincaré en *1905* dénonça Hilbert en déniant à la seule logique la faculté de pouvoir justifier l'induction complète. De son point de vue, il fallait pour cela une bonne dose d'intuition. C'est ce qu'il appelait un "appel à l'intuition" dans son article célèbre : Les mathématiques et la logique, in *Revue de métaphysique et de morale,* no. *13, p. 829).* Cette critique de Poincaré allait conduire à partir de *1920* à introduire la saisie intuitive. Ainsi, Hilbert soutenait en *1925* ceci : "En opposition avec les anciennes tentatives de Frege et de Dedekind, nous sommes parvenu à la conviction que certaines représentations et idées intuitives sont des préalables nécessaires à la possibilité de la connaissance scientifique et que la logique toute seule ne suffit pas. Opérer avec l'infini ne peut être assuré que par le Fini." *das Ursendliche,* Math. Ann. *95 (1926),* tr. fr. dans Largeault, *1972, 215-245).*

Cette notion fondamentale est celle sur laquelle le formalisme veut asseoir ou plutôt réduire le concept d'être mathématique qui, soit dit en passant, est taxé comme obsolète.

Hilbert délimitait comme suit les contours de son projet :

> La condition préalable à l'application des raisonnements logiques..., c'est que quelque chose, soit donné à la représentation: à savoir certains objets concrets, extralogiques, qui sont présents dans l'intuition en tant que données vécues, immédiates, préalablement à toute activité de pensée. Pour que le raisonnement logique soit doué de solidité, il faut que l'on puisse embrasser ces objets du regard dans toutes leurs parties, et que l'on puisse reconnaître par intuition immédiate en même temps ces objets eux-mêmes, comme des données qui ne se laissent pas réduire à quelque chose d'autre, ou qui en tous cas n'ont pas besoin d'une telle réduction, la façon dont ils se suivent ou dont ils sont rangés les uns à côté des autres. Telle est la position philosophique fondamentale que je considère comme essentielle pour les mathématiques... En mathématiques, en particulier, l'objet de notre examen ce sont les signes concrets eux-mêmes dont la forme nous apparait immédiatement avec évidence, conformément à notre position fondamentale, et demeure parfaitement reconnaissable. (cité par R. Martin 1964, pp. 28-29).

Comme on le voit, au cœur du dispositif formaliste, il y a le signe. À partir de là, on édifie le programme de formalisation de tous les champs mathématiques. En aval de cette entreprise de formalisation, il y a bien sûr l'axiomatisation de ces savoirs pour ainsi faciliter sa réussite. Formalisation de toutes les mathématiques, cela comprend donc celle de Russell et de Whitehead pour ainsi les reconstruire en systèmes formels (première étape qui aboutit à mettre hors circuit la représentation). Ce faisant, au moyen d'axiomes et de quelques règles d'inférence, il est édifié des mécanismes logiques par le biais desquels le sens des formules est mis en parenthèse (deuxième étape qui vise à montrer qu'on ne parvient jamais à des contradictions et donc la question sera de savoir si le manque de contradiction interne dans le système formel est une preuve suffisante de sa consistance). Ce qui fait que nous manions des formules vides (on tourne ainsi le dos à l'empirie). La troisième étape et non la moindre, consiste à l'énonciation du fameux métathéorème d'impossibilité (de tout doute). Ce dernier palier, comme on l'a déjà fait savoir est en quelque sorte la preuve métamathématique ou *théorie de la démonstration des* systèmes formels.

La conséquence philosophique évidente de cette construction, au risque de nous répéter, c'est qu'on aboutit avec une conception finitiste de l'arithmétique. Elle est finitiste parce qu'elle est concrète, immédiate, simple et par-dessus tout, neutre philosophiquement. Comme telle, cette voie se veut un lieu de consensus de toutes ces thèses rivales que les différentes écoles privilégient pour telle ou telle raison mais qui, à l'évidence, semblent avoir renoncé ou méconnu l'infini actuel lors même qu'il est impératif de prendre en compte des totalités infinies. Que peut-on penser d'une telle reconstruction logique et de son assise philosophique même si on la prétend neutre ?

Dès 1929, un mathématicien comme Hardy écrivait un compte rendu critique de l'entreprise hilbertienne. Après avoir montré les présupposés théoriques ou axiomes non logiques auxquels adhère Hilbert qui sont au nombre de trois (1. axiome de l'infini; 2.axiome multiplicateur dit axiome de Zermelo ; 3.axiome de réductibilité (difficile depuis que la théorie des agrégats de Cantor et de Dedekind a abouti à des antinomies parmi lesquelles celle de Russell)), l'auteur distingue Hilbert le mathématicien de Hilbert le philosophe. Cette distinction est nécessaire car, de son point de vue, il convient de rejeter sa philosophie de même que celle de Brouwer et Weyl. À contrario, il faut rendre toute son importance à sa logique pour les raisons suivantes: Sa philosophie est la même que celle de Weyl. Puisque chez les deux, il y a le rejet de toute possibilité d'une analyse purement logique des mathématiques. Selon leur lecture, les mathématiques sont remplies avec un contenu indépendamment de toute logique. Suivant cette prémisse, ils concluent qu'elles ne peuvent pas être fondées sur la logique (Frege ne pouvait accréditer une telle idée). En outre, Hilbert et Weyl sont proches de la philosophie de Kant puisqu'ils soutiennent l'intuition pure des objets (une donation extra-logique). Enfin, Hardy fustige ce qu'il appelle leur concrétisme physique qui conçoit les objets d'études comme des signes concrets, dessinés sur le papier qu'on voit, c'est-à-dire une marque physique ici et maintenant. D'où les deux questions que Hardy adresse à Hilbert :

Quand est-ce que nous sommes en train d'étudier les signes physiques eux-mêmes et est-ce que ces signes ou relation ont une signification dans le même sens que l'on dit des symboles mathématiques qui sont supposés en avoir ? A ces questions restées sans réponse, Hardy en conclut que : « It seems to me that formalism is bound to die for want of air within the narrow confines of a finistic system » (Hardy 1929, *Minri, No.* 149).

Pour Hardy, lorsque Hilbert dit des théorèmes de l'infini qu'ils sont des *propositions idéales,* il ne nous apprend rien pour peu qu'on se réfère à Russell qui affirme que l'infini est essentiellement *incomplet.* Ce qui revient au même. Il s'ensuit que l'honneur revient à Russell d'avoir reconnu le caractère incomplet du symbolisme.

Enfin, Hardy distingue bien deux sens à la preuve de Hilbert. Premièrement, il y a la preuve formelle, mathématique, officielle qu'il appelle *the proof inside the system, the pattern (A), what I called the demonstration.* Deuxièmement, la preuve métamathématique sur le système de théorèmes. Quelle est la valeur d'une telle preuve indirecte s'interroge-t-il ?

La preuve métamathématique est-elle comparable à la preuve mathématique ? Ce système formel est-il consistent ? Si oui, alors comment justifier ce besoin de preuve non formelle destinée à convaincre ? Enfin, tout se joue-t-il au niveau (métamathématique) des significations ou au niveau des formules ? À cette série de questions de bon sens, il n'est pas sûr que le formalisme hilbertien soit en mesure d'offrir un début de réponse satisfaisante. Il est clair que la preuve métamathématique est différente du mode de fonctionnement de la preuve proprement mathématique du simple fait qu'elle est une preuve extravertie. Et comme telle, elle a un statut hybride même si au demeurant, elle prétend assumer sa prétention de preuve. D'ailleurs si elle était identique du moins comparable à la preuve mathématique, l'on aurait pas eu besoin d'aller au-delà de l'espace mathématique pour ainsi montrer qu'elle est probante ou recevable. Enfin, il n'est pas sûr que ce mélange de deux niveaux soit propice à la décidabilité du palier qui, en dernière instance, constitue la pierre angulaire de l'édifice. Là encore, nous sommes dans un monde hybride où tout ce qui est désincarné (par exemple, les formules vides) se veut porteur d'un sens qui est, lui, incarné. Du reste, ce que nous rejetons en les voulant vides (anti-empirisme oblige), nous le récupérons subrepticement à travers ce que Hardy appelle à juste titre, le concrétisme physique.

À dire vrai, l'échec de Hilbert, ce n'est pas seulement celui de l'innocence d'un fondement interne des mathématiques, plus que cela, c'est la fin d'une illusion celle qui, précisément, voulait concilier les écoles rivales autour d'une vision intégrée et uniforme des mathématiques.

Au fond, cette ultime tentative montre à quel point la communauté (pour emprunter le vocabulaire de Kuhn) était en proie à de sérieuses difficultés. Somme toute, l'espoir de pouvoir se tirer de ce pétrin-puisque le socle fondationnel ferme que l'on voulait s'est avéré sinon précaire du moins mouvant - ne s'est jamais démenti et ce qu'aux alentours de 1918.

Mais cela ne dura pas car, dès 1931 ce rêve à l'œuvre reçut un contrecoup brutal: les tentatives tant logicistes que formalistes étaient balayées d'un revers de la main par les thèses de Gödel. Il n'y a point de certitude complète en mathématiques et ainsi donc, le projet fondationnel se retrouva en quelque sorte de nouveau installé au cœur de cette crise interminable des fondements. Interminable parce que si le calcul en lui-même ne peut rien démontrer, alors cette découverte est loin de signifier qu'une fois pour toutes, la philosophie devrait dire adieu à ses angoisses logiques. Au contraire, elle les relance d'une certaine manière d'autant plus que la tentative d'un fondement interne (vœu formaliste) a échoué.

De là naît tout le désarroi de Frege et tous ceux qui avaient à cœur de fonder l'arithmétique sur des bases sûres. S'il est vrai que, c'est avec le paradoxe de Russell que commença le crépuscule du logicisme, sa perte de crédit s'aggrava avec les travaux de Gödel et Church. Il y eût aggravation de la perte de crédit du projet fregéen parce qu'à mon sens, Gödel n'est que l'interlocuteur des deux tentatives de secours (théorie des types et approche formaliste); si coup fatal il y a, c'est d'abord contre celles-là.

Certes que le nouveau concept d'indécidabilité (du moins les nouveaux habits dont il est vêtu car les Mégariques le connaissaient d'une certaine manière) mis de l'avant par Gödel est un contre-exemple à cette logique traditionnelle bivalente à laquelle Frege n'a pas su suffisamment se défaire. Cependant, il n'est pas exagéré de dire que Frege le platonicien ne pouvait pas ignorer que Platon appelait les énoncés paradoxaux *les raffinés* dont la grande ambiguïté consiste à être vrais dès le moment où ils sont faux. Frege pouvait-il ignorer le fameux menteur crétois ?

À l'évidence, on ne peut qu'y répondre par la négative. Dans la conception rigide de Frege dans laquelle le vrai et le faux sont - immanents d'où son platonisme - des objets non seulement décidables en tout temps mais les seuls capables de faire progresser nos connaissances.

Il y a là une vision figée de l'objectivité scientifique. Il s'est avéré que tout autre terme de cette alternative n'était qu'une vaine spéculation. C'est précisément pour cette raison que la découverte de Gödel, fondamentale soit-elle, est d'un autre genre (elle a donné naissance aux logiques dites déviantes (trivalentes et polyvalentes)). En postulant l'indécidable, elle ne saurait atteindre qu'indirectement le logicisme dont l'adhésion au vieux principe de bivalence ne souffre d'aucun air de soupçon. À l'inverse, la découverte de Russell s'adresse dans sa thématique même à Frege parce qu'elle a décelé la faille du discours fregéen: affirmer le contraire de ce qu'on tient pour vrai, c'est-à-dire l'inconsistance discursive (ce qui renforce en réalité la rigidité de la bivalence v\f).
Et comme tel, il laisse intacte la possibilité d'un fondement vrai; tout espoir n'était donc pas perdu pour Frege. Ce qui est contredit, ce n'est donc pas le principe bivalent mais plutôt la validité de la construction fregéenne.

La conception fregéenne n'est pas, à dire vrai, nouvelle. Elle est quelque peu dans la lignée de la logique stoïcienne suivant laquelle tout énoncé est soit vrai soit faux et donc qu'il est toujours possible d'en décider. Suivant cette tradition, le menteur crétois n'est ni plus ni moins qu'un simple défi de l'école Mégarique à son vis-à-vis stoïcien. Défi qui semble avoir été relevé par les Stoïciens (Cicéron dans *Supra,* Chap. VI, p. 224-226).

Cette réponse transmise ou plutôt rapportée par Cicéron dit: «Ou bien tu mens, ou bien tu ne mens pas. Si tu ne mens pas, tu mens [en soutenant que tu mens]. *Donc, quel que soit le cas, tu mens.*

Il n'y a donc pas deux termes d'une alternative qui s'excluent mutuellement et qui soient indécidables quant à leur prétention de dire le vrai. On revient ainsi donc à la case départ où la dichotomie vrai\faux s'impose, dichotomie sur laquelle toute la philosophie du langage de Frege est fondée. Ce que l'on peut à la limite, reprocher à la logique de Frege, c'est de n'avoir pas perçu que le caractère inamovible de cette bivalence semblait trop grossière pour être en mesure d'assumer toute la grammaire d'un problème induit par le langage. Jakobson dans *Leçons sur la poétique* [42] a compris ce

[42] Jacobson, *A. Leçons su la Poétique*

problème puisqu'il a donné autant d'importance aux autres fonctions conative, phatique, émotive etc. Mais la logique de l'analyse fregéenne ne lui permettait pas de voir ceci car ces fonctions ne sont pas des outils appropriés pour la logique et les mathématiques. L'objectivisme[43] frégéen ne pouvait que récuser de telles fonctions puisque le discours logique, ce n'est point de la prose. Ce discours ne laisse aucune place au sentiment subjectif.

C'est pourquoi, ici, le monarque absolu c'est l'objectivité et le critère impérial, c'est bien la bivalence. D'où le maintien de l'exclusion de toute valeur tierce.

En adhérant aux principes de cette logique bivalente concoctée essentiellement par Aristote, Frege semblait oublier que le même Aristote appelle l'esprit de discernement lorsqu'il écrit « Tout discours n'est pas apophantique mais celui dans lequel réside le vrai et le faux, ce qui n'arrive pas dans tous les cas »[44].

Il semble que la prise en compte de cette réalité soit compatible avec la recherche de la vérité ceci d'autant plus que la structure du langage logique et mathématique n'est pas toujours déclarative, même si le vrai et le faux y demeurent irrépressibles. Revenons à l'essentiel pour dire que pratiquement plus de 50 ans se sont écoulés entre la *Begriffsscrift* et le premier théorème limitatif de Gödel[45]. Quelle est, *grosso modo,* la substance de la découverte de Gödel ? Et en quoi elle constitue la dernière estocade non frontale[46] au projet fregéen ?

---

[43] Cet objectivisme fregéen affirme et soutient que toute connaissance certaine découle de principes irrécusables, a priori et évidents. Ainsi, la connaissance est la conséquence nécessaire de tels principes. Comme tel, cet objectivisme fregéen est une variante du rationalisme (doctrine qui se définit à partir de ces mêmes présupposés théoriques).

[44] Aristote, *De l'Interprétation,* 17a4

[45] Les théorèmes de Gödel et de Church sont dits limitatifs dans l'exacte mesure où ils circonscrivent les limites syntaxiques de l'axiomatisation logique. Ici, il faut souligner que Church (1936) est allé plus loin que ne l'avait fait Gödel puisque pour lui non seulement cette axiomatisation d'un système logique quelconque ne serait point satisfaisante quant à contenir l'arithmétique, pis, ce ne l'est pas non plus pour un système moins large en l'occurrence le calcul des prédicats *du* premier ordre. Enfin, la vulgarisation et la généralisation des résultats de Gödel et de Church ont été effectuées par Kleene (1943).

[46] Le théorème de Gödel s'adresse infiniment plus à la seconde génération si j'ose dire de ceux qui entretenaient encore le rêve de fonder autrement les mathématiques.

Ainsi, on fait de telle sorte qu'à chaque formule du système corresponde un nombre entier. Si donc on suppose que le système est décidable, au moyen d'une fonction récursive on procède à l'association de l'une des valeurs dérivables, c'est-à-dire réfutables à chaque entier. Mais alors, ayant considéré un système aussi large et susceptible de contenir une représentation de l'arithmétique récursive, il est possible d'énoncer la formule suivante: *la présente formule est réfutable.* Autrement dit, si l'on considère que cette formule est dérivable dans le système, il s'ensuit qu'elle est réfutable conformément à notre énonciation; à l'inverse si elle était réfutable, elle deviendrait dérivable (ceci a l'allure et les accents du paradoxe de Russell).

En 1931, Gödel avant de démontrer l'incomplétude de l'arithmétique de Peano, présenta le théorème de complétude pour la logique des prédicats du 1er ordre. Pour lever toute équivoque, il faut distinguer clairement ce qu'est une théorie décidable et une théorie complète. Une théorie complète, la logique des prédicats du 1er ordre, peut être indécidable alors qu'une théorie incomplète comporte des énoncés indécidables. Ainsi, la complétude d'un système signifie que ce qui est vrai dans le modèle est aussi déductible dans le système formel correspondant pour la théorie formalisée. Quant au théorème d'incomplétude, il stipule que si l'on quantifie sur tous les nombres naturels, suivant l'induction de Peano, on obtient des énoncés logiques indécidables. Il s'ensuit que les énoncés de l'arithmétique sont engendrés par des fonctions récursives (Post n'a-t-il pas montré qu'il existait des fonctions non calculables par diagonalisation). En un mot, les systèmes formels incomplets sont essentiellement l'arithmétique de Peano, ceux de l'analyse et de la théorie des ensembles alors que le calcul des énoncés et le calcul des prédicats sont des systèmes formels complets (donc décidables) dans la mesure où il existe une procédure de décision les concernant. Ainsi, une théorie formelle est décidable si l'ensemble de ses théories est récursif. Et une théorie axiomatique est une théorie dont les axiomes forment un ensemble décidable[47].

Cette seconde génération est formée par l'école formaliste de Hilbert. C'est pourquoi, Gödel, historiquement du moins, ne saurait être l'interlocuteur direct de Frege dont l'échec remonte à 1902.

47. Je remercie le professeur Yvon Gauthier pour les corrections *qu'il a* bien voulu me suggérer. Pour un traitement approfondi des travaux de Gödel, de Post, Turing et Chaitin, il faut se référer au récent ouvrage de Monsieur Gauthier intitulé: *La Philosophie des Sciences.* Presses de L'Université de Montréal. 1995.

Hao Wang (1974) explique les deux théorèmes d'incomplétude de Gödel de même que leur portée réelle tant en mathématique qu'en philosophie. Allant directement à l'essentiel, il écrit:

> More exactly, Gödel shows that if S is consistent, then p is not provable; if S is w-consistent, then non-p is not provable. The first half leads to Gödel's theorem on consistency proofs: if S is consistent, then the arithmetic sentence expressing the consistency of S cannot be proved in S. This is usually stated briefly thus: no interesting system can prove its own consistency, or there exists no consistency proof of S which can be formalized in S.
>
> The proof of this theorem consists essentially of a formalization in arithmetic of the arithmetized version of the proof of `if S is consistent, then p is not provable'. In other words, it consists of a derivation within number theory of p itself from the arithmetic sentence Con(S) which says S is consistent. Hence, if Con(S) were provable, p would also be, contradicting the previous result. This proof was only briefly outlined by Gödel. But it is carried out in detail in Hilbert-Bernays (Wang 1974, pp. 174 et 178).

Il faut nuancer peut-être le propos de Wang car s'il est vrai que Hilbert dans ses *Grundlagen der Géométrie* (1899) a réussi à apporter une solution indirecte au problème de la non contradiction des axiomes de la géométrie euclidienne, il n'en va pas de même lorsqu'il s'est assigné la tâche de résoudre celui de la non-contradiction de l'axiomatique des nombres réels. Sur ce deuxième problème (Hilbert-Bernays 1934, chap. 1, p. 15) rejoint ainsi les préoccupations qui sont d'inspiration fregéenne), sa tentative, à vrai dire, a plutôt multiplié les incompréhensions qu'apporté un début de réponse satisfaisante. L'esquisse de solution de Hilbert délivrée en 1900 au IIème Congrès international des mathématiciens à Paris et développée à celui de Heidelberg (le troisième), engendra une controverse à laquelle prirent part Padoa, Poincaré, Couturat et Pieri (cf. H. Sinaceur 1992). L'enjeu de cette controverse - dont l'intérêt est mineur pour notre propos - montre que les positions en présence étaient loin de s'accorder sur les termes exacts du problème, à fortiori de pouvoir le résoudre.

Wittgenstein n'avait-il pas fait remarquer que les problèmes philosophiques naissaient de cet écart de langage ou plus précisément de cette mauvaise façon de poser les problèmes. Il n'est donc pas exagéré de dire que si un problème est mal posé, il est illusoire d'espérer une solution satisfaisante.

DEUXIÈME CONCLUSION PARTIELLE

Ces deux premières parties ont ainsi mis l'accent sur le motif premier de cette enquête: le débat Frege-Husserl sur les fondements des mathématiques. Si la première partie semblait consacrer le succès de Frege sur Husserl, avec la deuxième partie, l'on a réalisé que pour autant Frege n'eût point le temps de savourer ce succès relatif car ses difficultés allaient commencer avec l'avènement du paradoxe de Russell (1902). Ce paradoxe, comme on l'a vu, allait ainsi lancer la crise des fondements des mathématiques dont les échos sont encore persistants.

> The last time I saw Frege, as we were waiting at the station for my train, I said to him : « Don't you ever find any difficulty in theory that numbers are objects?» He replied: «Sometimes I seem to see a difficulty-but then again I don't see it. » Ces paroles de Wittgenstein sont rapportées par Peter Geach. (Cité par Wright 1983, p. 12).

Pourquoi cette réaction ambiguë ? Frege accepte-t-il mal l'échec du projet de sa vie ? Cet échec est-il lié à la modalité de réduction des objets arithmétiques aux concepts logiques ou est-il lié au projet fondationnaliste lui-même?

À mon sens, l'ambiguïté de la réaction fregéenne s'explique du fait que sa foi en la rigueur logique de sa démarche (dictée par la légalité logique) ne lui permettait pas d'accepter qu'elle puisse rater son objet. Si donc la raison déductive, puisque c'est d'elle qu'il s'agit- ne saurait porter le tort- alors il est face à un échec qu'il s'explique mal.

À vrai dire, pas plus Husserl que Frege n'ont jamais mis en cause le projet fondationnel. Y a-t-il une vaine prétention, une arrogance dans la formulation même de ce projet ? Comment accepter, pour ce qui concerne Frege que ce projet, celui de toute sa vie n'était qu'une illusion? Accepter définitivement l'échec, c'est d'une certaine façon assumer une désillusion.

Or, Frege n'a jamais eu le courage de mettre en cause le projet fondationnel qui a tant mobilisé et suscité un vif succès au sein des mathématiciens de sa génération.

Précisément cette chasse au trésor ressemble à toutes les autres. Une ruée effrénée vers ce quelque chose dont on a la certitude de pouvoir l'obtenir. Frege, comme les autres, était pris dans l'urgence d'une séquence historique qui ne laissait point de place à tout ce qui s'apparenterait à des tergiversations. Aussi, face à un projet insoupçonnable et donc insoupçonné, chaque chercheur se devait de présenter un plan de recherche bien ficelé. Tous ces plans à un niveau ou à un autre se sont révélés extérieurs. Ainsi, du choix de la base psychologiste par Husserl à celle logiciste de Frege en passant par la tentative qui se voulait interne mais ratée de Hilbert, tous ces choix concurrents ont montré leurs limites. Quelles sont ces limites et à quoi tiennent-elles ?

1) Le psychologisme mis en branle par Husserl était impraticable. Il était largement discrédité (la critique des idées des gens comme Benno Erdmann par Frege date de 1884) avant même que Husserl (1891) ne les revisite comme fondement possible. D'ailleurs on s'explique mal, exception faite de ceux qui comme Bell (1990) surévalue l'influence de Brentano sur Husserl, pourquoi Husserl a cru bon de lui rester fidèle et aux idées de Weierstrass en dépit de la tendance à l'abandon de telles idées, du moins depuis la critique de Frege de 1884. Les raisons avancées qui diffèrent d'un auteur à un autre par ses défenseurs tels que entre autres par Mohanty, Hill et Kusch ne nous apportent pas tout l'éclairage voulu[48].

[48] Martin Kusch (1994, pp.51-83) dans un article partisan, in Leila Haaparanta (1994) écrit que le rejet du psychologisme par Husserl s'est opéré sur un raisonnement syllogistique comme ceci *Sceptical relativism is self-refuring.*

TROISIÈME PARTIE

LA PERSPECTIVE WITTGENSTEINNIENNE

Chapitre septième

CRITIQUE ET REJET DE FONDEMENTS MÉTAPHYSIQUES DES MATHÉMATIQUES

Le débat Frege-Husserl sur les fondements des mathématiques a mis en lumière, ne serait-ce que par leur échec respectif, les enjeux apparemment simples d'une problématique, mais qui en réalité, se sont révélés redoutables. À l'occasion de tous ces échecs, la question de la quête des fondements se pose avec plus d'acuité: qu'est-ce qui explique toutes ces déconvenues successives? Wittgenstein trouve la source de l'échec des tentatives voulant fonder les mathématiques en dehors des mathématiques dans le présupposé métaphysique qui leur est commun et qui, pour ainsi dire constitue leur leitmotiv: celui qui soutient que la philosophie peut, parce qu'elle en est capable, doter les objets mathématiques d'un fondement théorique solide. Ce faisant, l'on confère à la philosophie un pouvoir qu'elle n'a pas: celui de résoudre les problèmes. Le point de vue de Wittgenstein consiste à prendre le contre-pied de cette vision inadéquate. Aussi va-t-il opposer sa doctrine qui soutient que l'interrogation philosophique ne vise pas *à résoudre* les problèmes mais plutôt à *les «dissoudre»* en montrant en quoi ils ne sont pas des problèmes réels. « It is clear that Wittgenstein believed that the solution to the foundations problem lay in its dissolution». (Shanker 1987, p. 29).

Il semble que Wittgenstein les taxe d'irréels exclusivement au sens où de tels problèmes sont des problèmes conceptuels. Problèmes conceptuels, cela voudrait dire réaliser tout le décalage qui existe entre notre vision du monde et la réalité du monde.
Cela rappelle étrangement le problème qu'il soulève à propos de la vision des couleurs et le monde des couleurs comme tel.

Pour ce qui concerne le domaine des mathématiques, il est permis de dire, en paraphrasant Wittgenstein, qu'il s'agit d'un problème créé par la prose. On comprend alors pourquoi cette méprise aura comme conséquence de faire fi de la distinction qui subsiste entre le calcul proprement dit et la prose (ce discours second, à la limite résiduelle, qui l'accompagne).

Wittgenstein pense qu'il s'agit là d'une méprise profonde sur la nature véritablement descriptive du discours philosophique. Si l'on accepte que l'intériorité des mathématiques c'est bien le calcul, l'on comprendra peut-être que seule la description est viable. Cette intériorité s'oppose bien sûr à la sphère extérieure qu'est la prose. D'où la nécessité de ne point confondre le langage qu'on use pour dire les nombres et les nombres dans le monde (cela est parallèle au langage des couleurs et des couleurs dans le monde).

Ainsi, si la philosophie ne saurait donner des explications[49] mais seulement décrire (IP, 109; 126 et WWK, p. 184)[50] alors l'ambition fondationnelle de cette prose est non seulement vaine, pire, elle ignore son propre domaine de validité. Il y a là, dira Wittgenstein, le symptôme d'une lecture et d'une conception inadéquate de la réalité. C'est pourquoi, Wittgenstein estime que les problèmes philosophiques ne sont « pas des problèmes empiriques» (IP, sect.109), mais plutôt des problèmes conceptuels ayant leur source dans une compréhension inadéquate de la réalité. Cela signifie que la philosophie s'occupe davantage de la *description* de nos normes de représentation de la réalité que de toute autre fonction. D'ailleurs elle ne devrait jamais prétendre apporter quelque *explication* que ce soit à la réalité.

Ceci ne devrait point être, ni son projet ni son ambition dans l'exacte mesure où ce travail d'explication ne relève pas de sa compétence. Wittgenstein appelle ces normes les *règles de grammaire.*

Il apparaît ainsi que le vrai problème n'est pas tant de *résoudre* quelque hypothétique problème de fondement des objets mathématiques (caché et qu'il faut révéler cf. IP, 91) que de *dissoudre*

---

[49] Ce point de vue s'inscrit dans *la* conviction wittgensteinienne voulant que *puisque la réalité est étalée sous nos yeux, il n'y a rien à expliquer. D'où* le descriptivisme qu'il prône

[50] Cette troisième partie consacrée à l'approche de Wittgenstein cite les passages tant du *Tractatus,* des *Investigations* et d'autres textes majeurs sans tenir compte de l'itinéraire argumentatif et de la filiation des idées chez Wittgenstein. Non pas que cette trajectoire intellectuelle ne soit pas importante, mais il s'agit d'un problème complexe dont le traitement adéquat nécessite une exégèse que le débutant que je suis ne possède pas lors même qu'il peut facilement nous éloigner de notre propos.

ce malentendu co-extensif à une mauvaise conception de la pratique philosophique qui devrait élucider les règles de grammaire. La philosophie est frappée d'une double invalidité: la première est liée au fait qu'elle ne saurait donner des explications et consécutivement à cela, la deuxième invalidité s'ensuit pour soutenir qu'à la philosophie, rien de factuel n'est donné à découvrir. Cette double invalidité se comprend aisément pour peu qu'on ait à l'esprit que pour Wittgenstein son investigation est de nature grammaticale (IP, 90).

Ainsi, lorsqu'il soutient l'autonomie des règles de grammaire, il me semble c'est pour accréditer son idée voulant que celles-ci ne sont jamais rendues vraies ou fausses par un fait factuel quelconque, c'est-à-dire la réalité qui, à l'évidence est une sphère extérieure à elles. Cela signifie que ni leur mode de fonctionnement ni leur sens ne réfère à une instance extérieure. Si donc les propositions mathématiques sont des normes (dans la mesure où *«les mathématiques sont* normatives» (RFM, VII, 61 et 67) qui fonctionnent à l'image de ces règles, il s'ensuit irrépressiblement qu'elles ne sauraient nous apporter quelque connaissance extérieure contrairement à ce que l'on croit. C'est donc une lapalissade que de dire qu'elles sont des tautologies. Si l'on concède cela, l'on reconnaîtra avec Wittgenstein le fait que:

> Celui qui connaît une proposition mathématique doit encore ne *rien* connaître. C'est-à-dire que la proposition mathématique doit seulement donner la structure d'une description» **(RFM,** VII, 2).

Pour toutes ces raisons, de la section 89 à la section 92 des IP, Wittgenstein dénoncera cette quête maladive du *fondement ou l'essence de tout ce qui est empirique* et en toile de fond, l'acception de la logique et de son caractère sublime (qui prend sa source dans sa quête du devoir-être). Il faut comprendre qu'au-delà de cette discussion, ce qui est véritablement en jeu, c'est la conception même de la philosophie.

Après avoir dissout, si j'ose dire, les malentendus inhérents à ce type de compréhension, il indiquera à partir du second paragraphe de la section 90 la nature de sa propre recherche: *Notre investigation de ce fait en est une grammaticale*[51]. Ce type d'investigation vise à mettre

[51] Ce passage a été parfois interprété comme l'indice de la position nominaliste de Wittgenstein suivant laquelle il n'existe point d'essence. Il s'agit là d'une polémique dont l'intérêt est marginal pour mon propos. Je ne vais donc pas en discuter. Par contre, ce qu'il faut préciser afin d'éviter quelque confusion possible, c'est que

à nu, c'est-à-dire à clarifier les malentendus inhérents à notre *usage des mots.* Je pense que la démarche de Wittgenstein - au risque de me répéter - se donne comme objectif de rectifier et de corriger cette incohérence qui persiste entre notre conception du monde et la réalité de ce monde par la dénonciation de l'ambition prétendument explicatrice de la philosophie. Cette investigation ne diffère pas foncièrement de celle que les philosophes pratiquent couramment (section 89). Ce qui les différencie à vrai dire, c'est, me semble-t-il, cette asymétrie qui existe entre les intentions de la voie traditionnelle et celle de Wittgenstein. Elle est traduite par le fait qu'ici on veut résoudre (voie théorique) tandis que là on veut traiter, soigner (voie thérapeutique). Le propos de von Wright dans sa *Notice biographique (in Le Cahier Bleu et le Cahier Brun)* nous aide à comprendre cette prise de position contre la théorisation : « Sa connaissance des mathématiques et de la physique ne procédait pas de longues études théoriques, mais de l'application du calcul aux techniques expérimentales » (von Wright 1958, p. 331).

Puisqu'il s'agit d'un traitement thérapeutique, c'est-à-dire la clarification des usages du langage, il est donc sensé de dire qu'il s'agit bel et bien d'une *analyse* (ces guillemets ne traduisent point la position dubitative de Wittgenstein mais plutôt soulignent sa position neutre). Là encore, la section 91 permettra à Wittgenstein de marquer sa différence d'avec le type d'analyse que pratique Russell.

Celle de Russell poursuit un but celui d'une théorie philosophique englobante lors même que le thérapeute Wittgenstein se veut, ambitionne de restituer voir de restaurer la santé mentale de la philosophie. Il y a là deux approches radicalement différentes.

Dans quelle mesure la lecture wittgensteinienne de cet *embarras philosophique* qu'est le fondement externe est-elle digne de créance? Quel est le reproche fondamental qui motive l'antilogicisme et l'anti-fondationalisme de Wittgenstein? Un exposé de ce reproche sera fait et seulement alors il sera possible de présenter la position wittgensteinienne relative à l'autonomie des mathématiques, c'est-à-dire leur fondement auto-suffisant (RFM, VII, 61).

Wittgenstein ne rejette pas dans ce passage une école philosophique au profit d'une autre. II décrit tout simplement les positions philosophiques relativement à la nature du monde et ce dans leur totalité. Qu'il y ait des essences ou pas, ça n'a aucune espèce d'importance pour lui dans l'exacte mesure où tout cela relève des superstitions dont la philosophie regorge.

I- L'anti-logicisme et l'anti-fondationalisme de Wittgenstein

1. Rejet de la définition du concept chez Frege

L'un des arguments essentiels de l'objection wittgensteinienne à la définition fregéenne des nombres, porte d'abord et avant tout sur le concept. Pour comprendre la vigueur du propos de Wittgenstein, il convient de l'évaluer par rapport à la définition fregéenne du concept. Il faut rappeler que pour Frege, un nombre appartient à un concept *(Grundlagen,* section 75). Wittgenstein va mettre en cause le caractère général du concept:

> Ce que nous entendons normalement par nombre n'est pas toujours une propriété d'une propriété. Car nous ne saurions pas ce qui a cette propriété *(Wittgenstein's Lectures on the Foundations of Mathemrztics,* Cambridge, 1939)[52].

Wittgenstein en interprétant ce lien d'appartenance d'un nombre à un concept vise juste. Puisque Frege en soutenant qu'un nombre appartient à un concept, établit de fait une hiérarchie de propriétés: la subordination de celles des nombres à celles d'un concept (son platonisme *y* est peut-être pour beaucoup). Ainsi, l'expression wittgensteinienne de *propriété d'une propriété* correspond bien à l'esprit de la définition de Frege puisqu'elle rend explicite - en raison même de cette hiérarchie irréductible entre concept et nombre - le caractère prioritairement général du concept. D'ailleurs cette généralité du concept (qui rappelle la définition kantienne qui insiste quant à elle sur le pouvoir de subsomption du concept) rime avec une autre: celle du mot *objet. Si* donc la généralité du concept est mise en cause, c'est précisément parce que cette qualité ne confère pas au concept une propriété complètement connaissable. Du coup, l'on se retrouve avec une première propriété connue (puisque le nombre qui appartient à un concept est toujours connu dans le dispositif fregéen, c'est-à-dire quelque chose tombe toujours sous ce concept à l'exclusion du zéro *(Grundlagen,* section 75) qui appartient à une propriété plus englobante (le concept) qui est loin d'être *toujours* connue. Par

[52] From the notes of R. G. Bosanquet, N. Malcolm, R. Rhees and Y. Smythies, editied by Cora Diamorid, The Harvester Press, Hassocks, Sussex, 1976, p. 168); cité par J. Bouveresse 1979, p. 743-744).

exemple, la section 75 des *Grundlagen,* implicitement connaît la propriété que recèle par exemple le nombre zéro alors qu'elle tente d'obtenir pour ensuite définir le concept auquel le zéro appartient. C'est donc dire que lorsque Wittgenstein insiste sur le fait que le nombre n'est pas *toujours une propriété d'une propriété, il* fait là une objection de taille à l'approche fregéenne. Car alors si ça ne l'est pas, qu'est-ce que c'est ?

L'objection wittgensteinienne peut être résumée comme suit: Comment une propriété connue (le nombre 3) peut-elle dire quelque chose de déterminé d'une propriété qui reste à connaître (le concept auquel le nombre 3 appartient) ? Autrement dit, y a-t-il un sens à dire que le nombre 3 est la propriété de cette propriété ? D'où la question: Qu'est le nombre 3 ?

Les logicistes (Frege et Russell) sont sommés d'y répondre. Dans *Philosophie pour Mathématiciens (1932-33* cité par A. Ambrose 1992), Wittgenstein estimait que :

> Nous employons les nombres en rapport avec de nombreux prédicats différents. Russell a dit que 3 est la propriété commune à toutes les triades. Que veut-il dire en disant que le nombre est la propriété d'une classe? Est-il une propriété de ABC (la classe) ou de l'adjectif qui caractérise la classe? Il n'y a pas de sens à dire que ABC est 3; c'est une tautologie et elle ne dit rien du tout, lorsque la classe est donnée extensionnellement. Mais il y a du sens à dire qu'il y a 3 hommes dans la pièce. Le nombre est l'attribut d'une fonction qui définit une classe; ce n'est pas une propriété de l'extension. (Wittgenstein cité par A. Ambrose 1992, p. 244245) . L'on se rappelle toutes les difficultés que Frege a rencontrées à l'occasion de l'application de sa technique d'extension (cf. chap. 3) que Husserl a du reste critiquée. Cette charge de Wittgenstein contre l'analyse de Russell et au-delà, contre l'école logiciste, est par ailleurs contenue dans les *Investigations,* sections 90-92.

2. La dichotomie Prose/Calcul chez Wittgenstein

Dans ce débat quelque peu guindé, la prose a pris le dessus sur le calcul lui-même. Cela explique tant de malentendus. La définition logiciste du concept, comme on vient de le montrer, est aussi inacceptable en raison de cette place essentielle que le concept occupe injustement.

Non seulement cela est inacceptable aux yeux de Wittgenstein, mais aussi et d'une certaine manière, elle contrevient au caractère normatif des mathématiques. Car celui qui sait s'en tenir à ce caractère normatif saura que seul le calcul importe. Puisque le calcul joue le rôle de premier plan, co-extensivement s'ensuit aussi la règle de calcul. C'est pourquoi, Wittgenstein estime que: «Si en multipliant, vous suivez réellement la règle, vous devez obtenir le même résultat,» (RFM, VII, 67).

Il en va différemment si c'est le concept qui a la priorité syntaxique. On voit dès lors que le calcul, intrinsèquement, reste inchangé. Ce qui change et ce qui est hélas en jeu, poursuit Wittgenstein, c'est notre *attitude à l'endroit de la technique du calcul.*

En fait, l'inexorabilité que Frege et Dedekind recherchaient tant à travers respectivement leur concept *d'hérédité* et de *chaîne,* est déjà là dans le déroulement même du processus calculatoire interne aux mathématiques. C'est du reste ce que révèle d'une certaine manière le double aspect normatif et autonome des mathématiques que Wittgenstein appelle ici *le Doit Mathématique* (RFM, VII, 67). Normatif parce que les mathématiques sont régulées par des *normes.* Cette idée de normativité rend bien celle de contrainte interne dans te processus calculatoire ce qui satisfait d'office les réquisits épistémologiques que comportent ces deux notions *d'hérédité* et de *chaîne.* Quant à l'autonomie des mathématiques, c'est la prémisse de la lecture wittgensteinienne. Elle milite en faveur de l'auto-suffisance du calcul, elle-même fondée sur la dichotomie calcul\prose.

Si l'on suit bien Wittgenstein, il est impossible qu'on puisse, dans une position d'extériorité, assigner un fondement à un processus autonome dont toute la dynamique repose sur son autorégulation. Tel est par exemple le cas de certains calculs dont *certains membres se fondent entre eux* (RFM, VII, 61). D'où l'argumentation wittgensteinienne contre la conception de la philosophie comme pourvoyeuse de fondement. La philosophie ne fonde ni le langage ni les mathématiques ni quelque pratique que ce soit :

> La philosophie ne doit en aucune manière porter atteinte à l'usage réel du langage, elle ne peut faire autre chose que le décrire. Car elle ne saurait non plus le fonder. Elle laisse toutes choses en leur état. Elle laisse aussi les

> mathématiques telles qu'elles sont[53] (IP, 124 voir aussi les sections 125 et 126 qui seront commentées plus loin).

3. Critique de l'approche de Russell

Dans tous ces passages, il s'agit pour Wittgenstein de marquer toute la différence d'approche entre son approche et celle que Russell soutient dans les *Principia.* Pour lui, l'enjeu reste de «clarifier» (IP, 125) les incompréhensions que comportent ou véhiculent l'analyse russellienne de façon spécifique et les problèmes philosophiques en général. En lisant ces passages, on mesure tous les ennuis philosophiques d'une théorisation qui appelle à sa rescousse une thérapeutique appropriée. Là encore, il y a une nette divergence de démarche entre Russell le théoricien et Wittgenstein le thérapeute. Cette analyse russellienne a besoin d'une thérapie dans l'exacte mesure où Wittgenstein assimile les *Principia* au Décalogue:

À cet égard la position de Wittgenstein est particulièrement instructive, car elle révèle le fond de la pensée des logicistes: Wittgenstein considérait les Principia comme un écrit aussi immuable que le Décalogue. La logique y est définitivement fixée et codifiée, elle n'est plus susceptible de perfectionnement, il ne reste plus, en méditant sur les Principia, qu'à clarifier la signification de la logique pour la théorie de la connaissance (tel est l'objet du *Tractatus)* (Largeault 1970, p. 63).

Quel est le but de cette comparaison ? Elle vise essentiellement à montrer que la logique y est sclérosée.

Elle n'est plus, de ce fait, susceptible ni de réforme ni d'amélioration, à la limite, il sied mal de la critiquer car elle est sensée avoir dit l'alpha et l'oméga de ce que la logique peut espérer dire.

Il s'ensuit que cette logique ainsi hypostasiée, non seulement est une méprise totale mais aussi son caractère *ad vitam aeternam* est

---

[53] Certains commentateurs ont voulu y voir un relent de conservatisme. Comme il sera montré plus tard, en réalité, Wittgenstein critique le courant dominant en philosophie en l'espèce le Platonisme. Wittgenstein contrapose au fondationalisme dominant un descriptivisme dont la conséquence ultime consiste à dire que la philosophie est une métèque chaque fois qu'elle nourrit un tel projet. À vrai dire, il ne s'agit pas plus de soutenir un quelconque statu quo que d'une nième relecture de la philosophie. Il s'agit tout simplement de dénoncer l'arrogance du projet fondatiorinaliste et de dire que si le langage ou quelque autre discipline doit changer ou être réformée, cette tâche incombe à cette discipline et non à la philosophie. C'est pourquoi il est plus raisonnable de dire qu'il s'agit d'un désengagement de la philosophie que suggère Wittgenstein.

inacceptable. Cette place sui generis accordée à la logique par les logicistes n'est pas surprenante pour Wittgenstein. Car en dernière analyse, cela participe de leur volonté de réduire l'arithmétique à la logique pour ainsi en faire le fondement ultime des mathématiques. Aussi, l'anti-fondationalisme de Wittgenstein va consister à montrer du doigt les incongruités de cette logique pétrifiée ne varietur pour en contester son projet et son ambition totalisante pour ne pas dire totalitaire.

C'est, à mon sens, la raison essentielle pour laquelle Wittgenstein va réduire toutes ces reconstructions logiques à leurs illusions. À cet égard il écrit :

> Russell a cru que, traitant des fondements, il devait tout arranger pour l'application de l'arithmétique, par exemple, aux fonctions. On ne pourrait parler indépendamment d'un certain type de fonction, aussi faudrait-il classifier les fonctions. Le nombre est la propriété d'une fonction. Russell et F. P. Ramsey ont cru que l'on pourrait en un certain sens arranger la logique en vue de l'existence possible de certaines entités, que l'on pourrait construire un système susceptible d'accueillir les résultats de l'analyse. (Wittgenstein cité par A. Ambrose 1992, p. 175).

Il y a là, une énormité que Wittgenstein va fustiger : l'ambition de construire un système logique à même de contenir *toutes les éventualités.* Lorsqu'il critique cela, Wittgenstein le fait au service d'un besoin que les logicistes échouent à prendre en compte.

Aussi, écrira-t-il dans ce même passage que:

> Ce besoin est le besoin d'un échantillon, d'un paradigme, qui, à son tour, est partie intégrante du langage, non de son application. Et faire cela, c'est prendre une décision et non découvrir quoi que ce soit.

Or l'acte consistant à prendre une décision est arbitraire et ne se justifie que si l'on le réfère aux conventions, ce qui est différent du processus de découverte. Cet argument est largement discuté dans *Grammaire philosophique, II, 15, p. 313-319.*

Ainsi, le système logique édifié par Russell est irrecevable tant dans son projet que dans ses achèvements. Wittgenstein le critique et soutient que le calcul qui découle des *Principia* est un calcul comme un autre. Il n'est qu'un *morceau,* une pièce des mathématiques et jamais leur totalité. C'est pourquoi, me semble-t-il, qu'il était impératif pour Wittgenstein de contester la logique des logicistes en des termes vigoureux afin de faire échec et à leur démarche réductionniste et à leur suprême enjeu fondationnel :

> Lorsque Frege a tenté de développer les mathématiques à partir de la logique, il pensait que le calcul logique était le calcul, de sorte que ce qui en découlerait seraient les mathématiques correctes. Une autre idée qui va de pair avec celle-ci est que l'on pourrait dériver toutes les mathématiques de l'arithmétique des cardinaux. Les mathématiques et la logique seraient un seul et même édifice, la logique jouant le rôle de fondement. C'est là ce que je nie; le calcul russellien est un calcul parmi d'autres. c'est un morceau de mathématiques. (Wittgenstein cité par A. Ambrose 1992, 11, p. 25).

Comme on le voit, le fondationalisme des logicistes est rejeté par Wittgenstein au nom des confusions inhérentes à leur démarche (RFM, App. III, sect. 2, 4). Comment cette erreur grossière de conception a-t-elle été possible? Pour Wittgenstein, à la source de cette méprise il y a cette réduction des propositions mathématiques en des énoncés logiques voire en un système logique qui est à l'œuvre dans les *Principia.*

Ce réductionnisme a eu comme résultat d'induire en erreur sur la nature réelle des propositions mathématiques. L'on a ainsi été abusé en ceci qu'une confusion était par conséquent rendue possible entre les propositions mathématiques et les énoncés empiriques (RFM, V, sect.48). Quand on a à l'esprit la position wittgensteinienne sur le caractère *normatif* des mathématiques (RFM, VII, sections 61 et 67), l'on mesure tout le divorce qui existe entre son analyse et celle des positions logicistes que sont celles de Frege et de Russell.

La philosophie sous-jacente à l'analyse logiciste et que Wittgenstein fustige, c'est me semble-t-il, cette philosophie fascinée, captée par l'entreprise scientifique et au premier chef par les mathématiques, de sorte qu'elle s'est cru capable de mener, à l'image des sciences, des investigations de type scientifique sur la réalité empirique. Pourquoi Wittgenstein a-t-il montré tant d'intérêt pour les mathématiques et pendant si longtemps ? (Son *Nachlass* contient des centaines de pages de réflexions sur les mathématiques.) Etait-il un métaphysicien rationaliste manqué? Est-ce que les mathématiques lui semblaient, comme à ses grands prédécesseurs, la source suprême de cette conception *sublime* de *l'essence de la réalité* qu'il commença péniblement à surmonter dans le *Tractatus* et attaqua de façon répétée dans ses recherches ultérieures ?

Le pouvoir qu'ont les mathématiques de fasciner et de séduire est une source majeure de ce que Wittgenstein appelle la *maladie des problèmes philosophiques* (die Krankheit der philosophischen Probleme) (BMG, II, 4) cité par Bouveresse (1973) dans *Wittgensrein:* La Rime et la Raison, avant-propos, p.30).

D'où cette tâche de clarification sinon de salubrité publique indispensable car, précisément, la philosophie n'a que faire avec la méthode scientifique. La conception wittgensteinienne de la philosophie voulant qu'elle soit une quête non-scientifique, vise à stigmatiser ce vent de scientisme qui voue une espèce de vénération insoupçonnée, ce *mysticisme* dans lequel baigne la vision des mathématiques. En cela, Wittgenstein se situe dans la tradition critique de la science ouverte par Nietszche lorsqu'il jugeait cet engouement beat pour la science : « Il ne s'agit pas d'un anéantissement de la science, mais d'une maîtrise (eines Beherrschung) de la science » (Nietzsche, *Le Livre du philosophe, 1, 28)* cité toujours par Bouveresse 1973, *pp.28-29).*Cette parenté de démarche trouve son illustration dans ce passage de l'ouvrage de Shanker Dans ce passage il écrit que :

> Indeed, perhaps the most important theme in Wittgenstein's work in the philosophy of mathematics in his claim that the nature of the demarcation between science and mathematics is obscured by the very epistemological premises underlying the foundations dispute, and that without these episternological confusions the foundation crisis vanishes (Shanker 1987, pp. 26-27).

Ces confusions épistémologiques sont à la source de ce problème des fondements qui, en réalité n'a rien d'épistémologique. Lorsqu'il dit cela c'est au sens où il s'agit d'un problème qui relève des champs de compétence des mathématiques. Si c'était un problème épistémologique, immanquablement la philosophie aurait eu son mot à dire.

Dans l'esprit de Wittgenstein, il est clair que l'épistémologie au sens de théorie générale de la connaissance, est et demeure sous l'emprise de la philosophie. Ainsi, son point de vue semble n'accréditer que la possibilité d'une épistémologie interne aux mathématiques, celle que Desanti dans sa Postface à la correspondance Frege - Husserl (1987) souhaite ardemment.

Or ce type d'épistémologie (sens restrictif) relève toujours de la discipline en question et non de la philosophie. Ce faisant, il ne saurait être question de la *prose* théorique que Wittgenstein stigmatise avec véhémence. Car la distorsion qui existe entre la réalité de la pratique mathématique et la représentation qu'on en fait par le biais de cette *pro.5e,* n'a plus libre cours. Ce serait pour ainsi dire le mathématicien qui calculant et appliquant telle donnée, réalise que son calcul ne marche pas *toujours* et en y réfléchissant, arrive pour ainsi dire à le rectifier. Comme on le voit, ce n'est point d'un problème conceptuel ou théorique qu'il s'agit mais plutôt d'un calcul qu'il faut refaire. C'est ce que le mathématicien assume dans ce cas puisque cela relève de sa seule compétence. Wittgenstein était préoccupé par ce problème de conception inhérent à la *prose* si l'on se réfère à ce qu'il a confié à Russell et à Waismann et Schlick (à qui il a dicté certaines de ses réflexions vers les années vingt et trente). C'est pourquoi, dissoudre de telles confusions requéraient une clarification de la syntaxe logique des divers systèmes (producteurs de toutes les méprises). Cette tâche de clarification pourra ainsi circonscrire le *vagabondage* des concepts qui auront ainsi vu leur application rigoureusement limitée.

Dans la même veine, Wittgenstein charge contre la conception liée à ce vent de scientisme sous-jacente à la conception russellienne voulant que la philosophie parvienne à des résultats de type scientifique. Car, si la philosophie était ce que l'on tente de nous faire croire, alors elle serait en mesure d'engendrer de nouvelles connaissances sur la réalité empirique. Or c'est tout le contraire. Aussi, il en conclura que c'est pourquoi elle ne saurait nous ouvrir le continent des nouveaux faits. Elle ne nous conduit point à la connaissance et à la maîtrise de nouveaux faits :

> Non pas que nous dussions de surcroît découvrir de nouveaux faits; il est plutôt essentiel pour notre investigation que nous ne cherchions à apprendre rien

> de nouveau[54] *pour elle.(IP,* section 89; voir aussi WWK, p. 183)[55].

Ces passages font écho à ce que Wittgenstein soutient dans les IP, section 125. Non seulement, il n' y a «rien de nouveau pour elle», mieux, même si c'était le cas, cela «n'est pas l'affaire de la philosophie de résoudre la contradiction».

Il faut rappeler qu'il s'agit de la contradiction découverte par Russell. Cette découverte est une réussite mathématique et non philosophique puisque cela les concerne exclusivement. Du reste, la contradiction découverte par Russell prouve s'il en est besoin que les règles de mathématiques ne marchent pas *toujours c'est* pourquoi il est maladif de les vénérer - donnant ainsi raison à[a critique de Wittgenstein. Mais quant à savoir si elles doivent être révisées ou utilisées comme ceci ou comme cela en fonction de telle ou telle circonstance, cela relève aussi des mathématiques qui, de par leur histoire ont montré que le changement est toujours à leur portée.[56]

Au mieux, ce que la philosophie peut réussir avec parfois beaucoup d'éloquence, c’est de nous aider à dépêtrer ce fouillis de

---

[54] Souligné par l'auteur.

[55] Il faut signaler que dans la section 89 des *Investigations,* Wittgenstein s'interroge dans quel sens la logique est-elle sublime. Pour Wittgenstein, sa « profondeur particulière » semble déduite du fait qu'elle estcensée illuminer le devoir-être plutôt que l'être. Elle ne découvre aucun fait nouveau - cela relève de la science - mais le soubassement logique du monde comme il *le* clame dans le *Tractatus.* Comme on le voit, la logique telle que Wittgenstein la comprend ici est différente de celle qu'il discute et qui porte sur les relations entre les énoncés, de la base, ou de l'essence de tout fait empirique. C'est en ce sens seulement qu'elle est en mesure de nous donner une théorie non-empirique de tout le champ du possible. Je dois ce commentaire à mon directeur A. Lugg.

[56] II ne s'agit donc pas pour Wittgenstein de nier le fait que les mathématiques soient susceptibles de réforme. Car en tant que langage ou « méthode de représentation », il est clair que les mathématiques n'ont jamais adopté une position figée face à ses propres objets. L'histoire de l'unité en est l'illustration. Euclide dans sa définition 1 du livre VU observait un conventionnalisme à l'égard de la seule unité (soustraite de l'ensemble des nombres), qui n'était point un nombre mais l'élément à partir duquel tous les nombres se formaient. Mais un changement d'attitude intervint en 1585 avec la publication par Simon Stevin de son *Arithmétique,* sa *Pratique d'arithmétique,* ses *Problemata geomerrica* et aussi son livre la *Dîme* pour lequel « l'unité est nombre ». Ces textes ont été réédités par D. J. Struik, Amsterdam, C.V. Swets & Zeitlinger. 1958.

règles dans lequel, pour paraphraser Wittgenstein, nous ne nous y reconnaissons pas. D'où la tâche de description (puisque nous ne pouvons pas aller derrière ces règles afin de les fonder ou de les justifier). D'elles, nous ne pouvons seulement dire que:

« C'est ainsi que j'agis » (IP, 127).

Cette espèce d'aveu d'impuissance montre à quoi rime toute critique ou discours philosophique sur les mathématiques: elle laisse les mathématiques intactes. En outre, cela témoigne que ce qui importe en la matière, ce n'est point la *prose* mais bien le calcul et la pratique auxquels renvoie cette section 127. *C'est ainsi que j'agis* voudrait aussi signifier l'échec de l'explication. D'où l'importance de la pratique. Si l'on concède cela, alors on s'accordera avec Wittgenstein pour affirmer que toute genèse explicative, justificatrice ou fondationnelle échoue immanquablement. C'est en ce sens qu'il faut comprendre pourquoi pour Wittgenstein, il est dénué de tout sens de vouloir justifier ou fonder une pratique. D'où l'importance de sa conception de la philosophie comme discipline plate.

Il ne faut pas prendre ce mot au pied de la lettre i.e. dans son sens péjoratif de platitude mais plutôt de discipline qui se déroule en surface: «La philosophie place seulement toute chose devant nous, et n'explique ni ne déduit rien. Puisque tout est étalé sous nos yeux, il n'y a rien à expliquer» (IP, 126). D'où toute l'importance que requiert la description.

Chapitre huitième

LE RELENT PLATONISTE

Du chapitre précédent, l'on peut retenir que pour Wittgenstein il n'y a point de crise des fondements des mathématiques, il n'y a que des problèmes philosophiques. Que la philosophie aie échoué dans sa prétention à vouloir fonder les objets mathématiques n'est point une surprise puisque cela ne relève pas d'elle. Il s'est seulement passé une tentative d'usurpation de compétence. De son échec, l'on ne peut en conclure que les mathématiques connaissent une crise des fondements. Après tout, cette quête des fondements n'a-t-elle pas toujours été menée par des mathématiciens qui, surestimant les compétences de la philosophie, se sont épris d'elle ? Non pas que cela leur soit, en droit, interdit. Mais seulement dès l'instant de ce saut théorique avaient-ils des soucis calculatoires ? À l'évidence non. Cela explique cette situation de cul-de-sac à laquelle leur ambition a abouti.

Il faut dire que tout cela s'inscrit dans la trajectoire de la logique symbolique. L'histoire de cet avènement est bien exposée par Beth (1955).

Selon Beth, cet avènement a été rendu possible grâce à l'*« apparition en scène de l'attitude formaliste en mathématiques, qui se manifeste entre 1830 et 1850... »* (Beth 1955. Livre III, pp.28-*29).*

Beth va ainsi subdiviser l'histoire de la logique symbolique en quatre moments: le premier marqué par les travaux de Boole (sur lequel il n'insiste pas outre mesure).

Le deuxième moment est préparé par la logique de Peirce, des mathématiques de Cantor et de Dedekind. Il sera marqué par les travaux, à partir de 1880 de Frege, de Schröder et de Peano. L'ambition fondationnelle émergea alors de ce vœu de vouloir *« appliquer la nouvelle logique dans la recherche des fondements des mathématiques ».*

Le cul-de-sac signalé plus haut consacre le troisième moment car c'est celui des contradictions et antinomies. C'est aussi celui qui a vu, à la fois, la critique des intuitionnistes et des efforts de Hilbert de démontrer la consistance des mathématiques.

Le dernier et quatrième moment, c'est celui qui consacre ce que l'on appelle la méthode sémantique. On y voit le souci de Tarski voulant rectifier les insuffisances de la métamathématique finitiste de provenance hilbertienne. Ce moment est aussi celui des travaux de Skolem, Gödel et Church essentiellement. Ce dernier moment n'a pas reçu dans la présente enquête toute la place qu'elle aurait pu avoir. Ainsi, ce bref survol historique permet de mettre en évidence un fait essentiel. Celui relatif au fait que les mathématiques de la fin du 19è siècle, en regard de leur essor interne et surtout en raison du fait que les seuls calculs ne suffisaient plus (ce que Wittgenstein ne saurait admettre). Cela n'étanchait plus la soif de savoir des grands mathématiciens héritiers à des degrés divers de l'arithmétique dite de Peano qu'étaient Frege, Russell, Couturat, [57]Hilbert et Dedekind. Ces mathématiciens ont ainsi flirté avec la logique et la philosophie, escomptant venir à bout des difficultés opératoires qu'ils ont rencontrées. Chose déconcertante, il s'est avéré que ces mathématiciens, par leur quête inaccessible et par ce que d'aucuns appellent l'arrogance de leur projet, se sont révélés être un véritable problème pour l'avancée des mathématiques qu'un pôle de solution.

Cette génération de mathématiciens prodigieux s'est laissé abuser par la nature de la philosophie : lieu de toutes les possibilités a priori. Pour Wittgenstein, en abandonnant la recherche mathématique proprement dite pour s'investir dans la quête métaphysique des fondements, ils ont opté pour une vieille voie qui n'a jamais offert une quelconque esquisse de solution à fortiori définitive. Car, la philosophie, proprement, a toujours été selon Wittgenstein *«ce qui est possible avant toutes nouvelles découvertes et toutes nouvelles inventions» (IP, 126).* Cela signifie qu'étant donné un problème spécifique, il ne faut placer aucun espoir en l'investigation philosophique pour découvrir ou procurer une solution particulière satisfaisante. Non seulement elle ne saurait procurer une quelconque esquisse de solution, pis, elle ne constitue pas l'horizon de découvertes

[57] Sur cet héritage commun et subséquemment les "remous" engendrés par l'introduction de l'induction dans l'arithmétique dite de Peano, voir l'étude critique de M. Marion (in *Philosophiques, Vol.* XXI, 1994) consacrée à l'ouvrage de Y. Gauthier, *De la logique interne,* Paris, Vrin, collection Mathesis, 1991.

et d'inventions. À ce titre, attendre d'elle qu'elle procure un fondement à une pratique singulière, constitue aux yeux de Wittgenstein un bien naïf espoir.

Dans un premier moment, l'on tentera de monter en quoi ce besoin obsessionnel d'un fondement irrécusable est un relent de la philosophie platonicienne contre laquelle Wittgenstein contrapose une définition originale des mathématiques et quels en sont les arguments.

Ensuite, il sera alors possible de brosser brièvement les grandes lignes de la philosophie des mathématiques de Wittgenstein toute chose qui nous permettra de pouvoir l'évaluer sur son bien-fondé dans le chapitre suivant.

I- Le platonisme comme l'ancrage métaphysique du projet fregéen

Dans l'introduction de son livre de 1983, Crispin Wright caractérise comme suit le platonisme mathématique:

> It is one aspect of traditional Platonist philosophies of mathematics of which Frege is representative, to assimilate the relation between a true mathematical statement and the fact which makes it true to the relation which we normally conceive to hold between a true statement about the material world and the fact in the material world which makes that statement true. (Wright 1983, p. 15).

Ainsi, ce qui est vrai l'est indépendamment de l'activité intellectuelle des personnes. Par exemple, on peut voir la traduction de cette conviction au niveau de la définition fregéenne du concept de nombre. Le nombre 2 + 3 = 5 par exemple, existe indépendamment de nos opérations de calcul. Son concept, qui a préséance logique (en raison de sa généralité) sur lui, est doté d'une espèce de validité a priori. D'ailleurs, nulle part Frege ne met en cause cette validité sui generis. Ce qui importe pour lui, c'est la nature des objets qui tombent sous ce concept. Ce faisant, les logicistes comme Frege se sont mépris sur ce qu'est véritablement le concept de nombre.

Pour Wittgenstein, ce caractère général est à la source de tant de confusions et d'amalgames. Mais en étant un tout petit peu scrupuleux, il est permis de lever par exemple le voile sur les différences irréductibles entre les cardinaux et les irrationnels.

Tout cela participe de nos conventions et de la façon dont nous découpons la réalité. Ainsi, à la question qu'est-ce que le concept de nombre, il répond:

> Supposez que l'on prenne les lois de commutativité, d'associativité et de distributivité comme critères du fait que quelque chose est un nombre. C'est là définir d'une manière formelle le nombre comme étant tout ce qui obéit à ces règles. Mais en fait nous employons `nombre" pour des choses auxquelles ces lois ne s'appliquent pas, et il y a des cas intermédiaires. Les nombres cardinaux, irrationnels et réels, nous les appelons tous `nombres". Mais ils ont des grammaires totalement différentes, et dire que nous ne pouvons énoncer les mêmes choses s'agissant de cardinaux ou de réels, c'est comme dire que nous ne pouvons employer un échiquier au whist ou un filet de tennis au rugby. Les cardinaux et les réels ont suffisamment de choses en commun, nommément les lois susmentionnées, pour que nous les appelions tous deux `nombres", tout comme le jeu d'échecs et le jeu de dames. Mais ce sont des jeux entièrement différents. *(Wittgenstein* cité par A. Ambrose 1992, Cours XIV, p. 144).

Wittgenstein veut signifier ici l'importance des nuances entre les différentes espèces de nombres que la généralité du concept échoue irrémédiablement à faire sentir.

D'où la nécessité de pointer du doigt ce vice mais aussi et surtout de montrer que finalement, ces amalgames sont assumées qu'en regard de nos conventions. Nous savons qu'il s'agit d'espèces différentes, mais nous décidons de les assumer comme nombres lors même que leurs grammaires soient dissemblables.

Ce n'est donc point la généralité du concept qui nous autorise de procéder de cette façon mais plutôt en raison de la grammaire des règles que nous utilisons. Cet usage est lui-même référé à nos conventions. Il y a là un changement total de perspective: du concept comme pierre angulaire chez les logicistes, nous sommes passés à l'affirmation essentielle des conventions comme horizon de compréhension des types de nombres. Aussi, seule cette lecture de Wittgenstein taxée à tort ou à raison de conventionnaliste assure à la fois la distinction entre ces espèces de nombres et les amalgames que comporte le langage utilisé pour les désigner sous le même nom générique. C'est cette *« commodité »* langagière devenue confort intellectuel, qui est à l'origine de l'hypostase du concept chez Frege et les siens. Tout se passe alors comme si l'arbre, c'est-à-dire le concept cachait la forêt (tous ces nombres). Cette critique de Wittgenstein montre bien en quoi le concept général échoue en prendre en compte ou à discriminer toutes les espèces arborées, c'est-à-dire ces nombres. Comme on le voit, le concept est à ce point générique qu'il ne rend que les affinités entre les espèces, occultant ainsi, hélas leurs différences. D'ailleurs cette généralité du concept ne saurait signifier sa complétude.

De ce fait, un calcul qui ne comporte pas de concept général n'est pas moins complet. C'est dire que ce caractère général du concept n'ajoute rien comme pouvoir de subsomption au concept de nombre. Il n'y a donc pas une arithmétique complète en raison de ce caractère général d'un côté et de l'autre, une arithmétique incomplète parce que ne comportant que des nombres particuliers. C'est pourquoi selon Wittgenstein il est clair que :

> Lorsque nous apprenons l'arithmétique aux enfants, nous n'avons nul besoin de faire mention du concept général de *nombre. Nous* la leur apprenons au moyen de nombres *particuliers.* Un calcul ne comportant pas d'expression générale n'est pas moins complet : c'est un autre jeu. *(Philosophie pour Mathématiciens,* section 5).

D'où cette charge de Wittgenstein contre cette définition fregéenne du concept de nombre. Ainsi défini, ce qui est interdit pour telle catégorie de nombre, ça ne l'est point par son concept - à vrai dire l'interprétation wittgensteinienne autorise de dire qu'il y a autant de concepts de nombres que de types de nombres - mais à proprement parler par les règles. D'où l'importance du fait que par exemple la grammaire des cardinaux est distincte de celle des réels. Cette façon de les ranger sous le même concept de nombre (générique), comme on l'a souligné, est à la rigueur ou bien un abus du langage ou bien une convention (puisque le point de vue dit conventionnaliste nous dit que c'est *nous* qui *avons fabriqué (Wittgenstein* cité par A. Ambrose 1992, p. 145) ces deux grammaires et que ce n'est que par commodité que nous nous en tenons au concept général.

Ces développements permettent à Wittgenstein de s'interroger, à la lumière de ces deux grammaires différentes, sur la réalité des *deux arithmétiques à deux jeux* ainsi obtenues. Pour mieux comprendre la portée novatrice de la position de Wittgenstein, tentons de la comparer avec la définition de dedekindienne de la classe infinie. La position de Dedekind diverge, comme on le verra, foncièrement de celle de Wittgenstein dans la mesure où elle nie le fait affirmé par Wittgenstein comme quoi c'est nous qui *avons fabriqué* les différentes grammaires des nombres. Subséquemment, cette comparaison des deux auteurs a aussi le mérite de nous rappeler le rejet catégorique par Wittgenstein de ce lieu commun dont sont, victimes, à des degrés divers les auteurs comme Frege et Dedekind et même Husserl. Définir un concept général désincarné et ensuite ranger sans discernement toutes ces espèces de nombre sous un tel concept. Or, ce qui importe c'est surtout la règle. Au nom de cette insuffisance, Wittgenstein va s'inscrire en porte-à-faux avec la définition dedekindienne de la classe infinie. Car pour parler de suite infinie ou finie, il faut d'abord définir et obtenir la règle susceptible de tracer la démarcation entre classe infinie et suite infinie. Appliquons l'exigence d'obtenir la règle qui régule les différentes espèces de nombre à la définition de Dedekind de la classe infinie.

II- Illustration: cas de la position de Dedekind

L'intérêt de ces développements est non seulement capital ici, mais en outre, il conduira Wittgenstein à mettre en cause la thèse de l'égalité des classes postulée aussi par Frege (par le biais de la corrélation R 1-1) et au-delà, la définition dedekindienne de la classe infinie. La définition de Dedekind est jugée inacceptable dans la mesure où elle ignore que nous sommes à l'origine de la grammaire des chiffres des ensembles finis ou infinis. D'ailleurs ce propos est compatible avec l'opinion de Dedekind voulant que nous sommes les libres créateurs des objets mathématiques en ceci qu'il prend le contrepied du réalisme des idées chez Platon. Toutefois, étrangement, ce propos aurait dû ultimement conduire Dedekind à la même conclusion que Wittgenstein.

Aussi, contre Dedekind qui soutient une conception voisine de celle de Kronecker pour lequel c'est Dieu qui créa ces nombres, Wittgenstein écrit:

> Mais nous avons fabriqué la grammaire de nos chiffres de telle façon qu'elle n'a pas de fin. Nous n'avons prévu aucune fin. Comparez les deux arithmétiques à deux jeux l'un que l'on joue sur un court et le même que l'on

> joue sans qu'aucune limite ne soit tracée. Qu'est-ce qui est infini dans le second? Ce n'est pas l'aire physique. Ce sont bien plutôt les règles qui autorisent une aire de jeu sans limites. Il est idiot de dire qu'on ne peut atteindre la limite, si les règles n'en stipulent aucune. *(Ibid., p. 145).*

Puisque nous sommes les décideurs de telle ou telle grammaire des chiffres, il s'ensuit que la limite exigée ou pas par la règle qui lui est assignée, est de notre seul ressort. La clef de l'énigme si énigme il y a, c'est le pouvoir de la règle.

Contrairement à Dedekind qui ne donne pas le critère nous permettant de discriminer une suite finie d'une suite infinie, Wittgenstein fait reposer cette distinction sur les termes explicites de la règle. D'où cette irrecevabilité qui frappe le propos dedekindien soutenant qu' «une classe est infinie si elle peut être corrélée terme à terme à l'une de ses propres sous-classes, si elle ne le peut, elle est finie» *(Ambrose's Lectures,* 1932-33, section 4).

Ce point de vue dedekindien oublie le fait qu'il existe quelques règles qui régulent autant les suites finies que les suites infinies. C'est donc dire que les choses ne sont pas aussi tranchées du moins si elles le sont, seules les règles les assument. Qui parle de règle parle de possibilité d'en assouplir ou d'en stipuler.

C'est en regard de cette possibilité que la manière de *corréler* n'est pas fixée définitivement. Elle est susceptible de recevoir un usage nouveau pour ainsi décrire un autre jeu. Le point de vue conventionnaliste est tout le contraire des points de vue rigides et sclérosants.

Il me semble que le point de vue de Wittgenstein est compatible avec l'esprit - certainement pas avec la lettre - de la position de Dedekind pour qui, rappelons-le, les nombres sont une libre création de l'esprit. Partant de la théorie de Dedekind (postulats) et des axiomes de Peano, on a la faculté sinon décidons d'introduire les nombres réels, les complexes, les irrationnels, les entiers (ce qui ne contredit pas la lecture de Wittgenstein).

À ce niveau, l'interprétation wittgensteinienne peut s'en accommoder en ceci qu'il ne contredit point son approche qui souligne et maintient qu'en regard de la règle que nous édictons, il est permis d'introduire d'autres espèces de nombres. Du reste tout cela participe du domaine purement calculatoire. Ce que Wittgenstein récuse, c'est la conclusion que Dedekind tire de cet état de fait, conclusion qui accorde une place incontournable aux nombres naturels pour les mathématiques et ce, au détriment des autres[58]. Car, du strict point de vue conventionnel, cela n'a aucun sens ou du moins faut-il reconnaître que c'est nous qui en avons décidé ainsi. Curieux partage entre Dieu et les humains.

Ce partage est inacceptable aux yeux de Wittgenstein en raison du fait que tous les types de nombres sont non seulement à notre portée mais surtout aucune catégorie de nombre n'a un privilège sur l'autre. Les différentes grammaires ou les conventions si l'on préfère, abolissent tous les ordres de priorité syntaxique entre les types de nombres. Elles remettent tout à plat. En la matière, aucune hiérarchie ne prévaut. D'où le refus de tout geste divin susceptible d'imposer quelque nécessité à nous. Tout est relatif à la règle en vigueur. C'est pourquoi, il n'y a pas d'un côté le fait absolu et inexpliqué du démiurge et de l'autre la finitude humaine car :

> Ce que l'on ne peut faire avec les cardinaux et que l'on fait avec les réels ne peut être mis au compte de la faiblesse humaine, pas plus que le fait que nous ne puissions compter tous les cardinaux *(Wittgenstein* cité par A. Ambrose 1992, Cours XIV, p. 145).

En lieu et place de cela, le logiciste dont le platonisme mathématique constitue l'arrière-fond métaphysique, rangera (sans discriminer) ces grammaires, à l'évidence, différentes sous le pouvoir de subsomption du concept.[59]

Ce platonisme mathématique, Pierre Bernays dans son article de 1935 le caractérisait comme suit:

> La tendance dont nous parlons consiste à envisager les objets comme détachés de tout lien avec le sujet réfléchissant. Plusieurs mathématiciens et philosophes interprètent les méthodes du platonisme au sens d'un réalisme conceptuel, postulant l'existence d'un monde

[58] Cette position de Dedekind participe de l'exclamation kroneckerienne célébrant l'omniscience divine : « C'est le Bon Dieu *qui* fit les nombres naturels; tout le reste est l'œuvre des hommes» (cité par E-W. Beth 1955, p. 28-29).

[59] Cette procédure est d'inspiration platonicienne. Pour Platon, le multiple (monde sensible) participe de l'Un (monde des formes) et *vice versa.* De la même façon, les ressemblances entre les objets *qui* tombent sous un concept constituent en même temps ses critères de définition. Une fois le concept ainsi défini, il est permis de partir de là pour apprécier le type d'objets qu'il subsume.

> d'objets idéaux contenant tous les objets et les relations de la mathématique (par exemple `la totalité des nombres entiers"). C'est ce platonisme absolu qui a été montré insoutenable par les antinomies, spécialement par celles qui se groupent autour du paradoxe de Russell-Zermelo. (Bernays 1935, p.53 et sq.)

Comme on le voit, ce que l'on appelle donc la théorie du réalisme de l'idée chez Platon (que Bernays appelle le réalisme conceptuel consistant à soutenir l'objectivité et l'indépendance des objets mathématiques par rapport à notre faculté de connaître) constitue le moule philosophique du travail de Frege et contre lequel Wittgenstein contrapose le sien dit conventionnaliste.
C'est du reste ce qui a conduit Crispin Wright à qualifier l'approche fregéenne de « number theoretic realism » (p. 17).

Wittgenstein va donc prendre le contre-pied de ce réalisme et professer un anti-réalisme. En quoi consiste sa position?

Pour Bouveresse (1987), ce qui est capital chez Wittgenstein, c'est «la force de la règle. Le fait que c'est à travers elle et elle seule que se manifeste la nécessité devant laquelle nous nous inclinons» (Bouveresse 1987, p. 14.)

L'argumentation de Wittgenstein va consister à montrer le processus d'invention de la nécessité qui est à l'œuvre dans les mathématiques. La nécessité ne dérive point de l'empirie. c'est-à-dire de la nature des choses. Et subséquemment, la nécessité des propositions mathématiques ne repose jamais sur un contenu factuel.[60] Elle résulte de nos choix, de notre *manière* de choisir les systèmes de représentation.

Il s'ensuit que pour lui, les mathématiques contre les vaines prétentions du réalisme platonicien sont un lieu de libre création de la

---

[60] Dans un article inédit de Kurt Gödel (cf. *Dialogue, Vol. XXXIV, No. 1,* Hiver 1995) daté de 1954-55 par Wang (1987, p. 118-119), Gödel récuse cette lecture qu'il qualifie d'approche syntaxique (celle des positivistes logiques). Il y énumère les réquisits épistémologiques indispensables à satisfaire (pratiquement impossible) si cette approche veut être crédible. Selon son argumentation, si de telles conditions étaient remplies, l'on se retrouverait devant ces deux termes :•mathématiques est évidemment admise. Si on la rejette, les axiomes mathématiques deviennent réfutables et pour cette raison ont un contenu» (parag. 30, p. 17). Voir les développements de ces passages au chapitre suivant.

nécessité. Ce point de vue est un relent de l'approche conventionnaliste de Wittgenstein. Sur ce conventionnalisme de Wittgenstein, Dummett écrit:

> According to conventionalism, ail necessity is imposed by us not on reality, but upon our language; a statement is necessary by virtual of our recognition of logical necessity thus becomes a particular case of our knowledge of our own intentions. Wittgenstein goal in full-blooded conventionalism, for him the logical necessity on any statement is always the direct expression of a linguistic convention (Dummett cité par Kielkopf, 1970, pp. 103-4).

La nécessité n'est donc point ce mur contre lequel notre décision bute. Wittgenstein veut signifier par là qu'elle est à notre portée, qu'elle ne s'impose jamais à nous, c'est-à-dire qu'on peut donc faire sa grammaire. Pour paraphraser Protagoras, l'on peut dire que pour Wittgenstein, les conventions -et donc le langage descriptif- sont la mesure de toutes connaissances.

Contrairement à ce que pensait Frege de la nécessité comme lieu de contrainte absolue indissolublement liée à la structure interne même des mathématiques, Wittgenstein va intégrer les propositions mathématiques dans le réseau de la grammaire du langage. Ce qui veut dire que les propositions mathématiques et les propositions ordinaires (celles du langage) sont inextricablement semblables. Là encore, il n'y a aucun ordre de priorité syntaxique qui tienne.

III- De la priorité syntaxique

D'où la thèse suivante: il n'y a aucune espèce de priorité syntaxique entre les unes et les autres car, elles sont identiquement pourvues du même degré de certitude. Pour Wittgenstein le point de fracture entre ces deux types de propositions réside exclusivement dans un geste arbitraire : celui du choix du *type logique de certitude,* c'est-à-dire de nécessité. Cela revient à dire que toutes les nécessités se valent puisqu'il ne subsiste aucune ontologie entre elles. N'y a-t-il pas là, s'interroge Bouveresse, le danger de mettre au même niveau une nécessité que l'on peut, à un moment donné, contester avec raison et une autre appuyée sur une « conviction absolument inébranlable » (p. 16) ?

Selon Bouveresse, Wittgenstein n'a pas donné de réponse à cette question.

Il me semble, quoique cette préoccupation de Bouveresse soit légitime, qu'il va sans dire que ce qui importe pour Wittgenstein, c'est de maintenir à plat toutes les certitudes dans l'exacte mesure où elles ne s'imposent pas à nous. D'ailleurs il ne saurait en être autrement, entendu que les propositions mathématiques sont *normatives*[61] (RFM, VII, 61) et comme telles, elles constituent un *«réseau de normes»* (RFM, VII, 67).

En réalité, ce qui se donne avec une «conviction absolument inébranlable» ce n'est pas tant la catégorie `nécessité' comme telle, que celle surtout du calcul qui, invariablement, met sous *«nos yeux»* un *Doit.* Car, même si :

> ... un 1 devenait soudain un 6 puis un 5, puis de nouveau un 1, et ainsi de suite. Et je veux poser que cela ne changerait rien au calcul parce que, quelle que soit la façon dont je lis un chiffre pour calculer avec lui ou l'appliquer, il reviendrait celui que nous avons sous les yeux dans notre[62] *calcul.* (RFM, VII, 61).

IV-Nécessités et Conventions

Comme on vient de le voir, il n'y a pas d'un côté des nécessités contestables et de l'autre des nécessités inébranlables. Il n'y a que la nécessité du calcul, de notre calcul puisqu'après tout elle est le produit de notre libre création. Et cette nécessité lui est conférée par la norme. Il en résulte que contrairement au platonisme ambiant du projet fondationnel de Frege, il est clair que pour Wittgenstein tout cela renvoie aux conventions : Nous ne reconnaissons jamais une proposition comme ne pouvant être fausse en aucune circonstance, mais décidons d'exclure cette éventualité en conférant à la proposition le statut de règle (Bouveresse 1987, p. 45). Cette prise de décision qui

---

[61] Mais Wittgenstein poursuit et met en garde contre la confusion entre *norme* et *idéal (B.G.M.* SuhrKamp Verlag, Francfort, 1974, p. 425). Car cette confusion porterait à croire que les mathématiques traitent des idéaux alors qu'elles ne traitent pas plus de la réalité que des idéaux. Les propositions mathématiques assertent simplement que 2 + 2 = 4. Et de cette forme déclarative, il résulte que le couple vrai/faux peut leur être appliquées.

[62] Le *notre* que l'auteur souligne rappelle le caractère conventionnel de tout ce que ce calcul comportera (ce qui inclut sa propre nécessité).

témoigne de la position de Wittgenstein articulée sur les conventions en vigueur, souligne aussi d'une certaine manière l'arbitraire qui en est la marque essentielle à l'image de celui des règles de grammaires (B.G.M., p. 381). En d'autres termes, nous décidons en fonction de nos besoins pratiques, d'opter pour telle convention ou telle règle précise. Dès lors se pose la question de ce qu'est véritablement une nécessité.

Une fois que le wittgensteinien a posé les mathématiques comme science normative, il s'ensuit qu'il est autorisé à lier la reconnaissance de la nécessité à celle d'une norme (au sens où elle est une contrainte). D'où ce rejet de cette nécessité inhérente au cognitivisme qui postule que des liaisons nécessaires existent entre les propositions mathématiques. Comme Bouveresse l'a si bien montré, l'analyse de type wittgensteinien ne peut agréer l'existence des faits nécessaires (B.G.M., p. 65), ce qui ne signifie pas ipso facto que l'on tente de régenter un nominalisme déguisé. Contre ce nécessitarisme, Wittgenstein réaffirme et rappelle l'importance des buts pratiques auxquels est soumise toute interrogation mathématique. Seuls ces buts pratiques constituent une instance régulatrice et ordonnatrice de toute question mathématique. En un certain sens, on peut dire qu'une question mathématique qui ne l'est point intrinsèquement n'est rien d'autre que le pendant d'un besoin (B.G.M., p. 384).

Un objecteur peut très bien être dubitatif sur cette dépendance absolue des mathématiques à des buts pratiques. II pourrait se dire qu'avons-nous tant besoin pour opérer ce sacrifice de la nécessité des propositions mathématiques. À cette question, Wittgenstein répond: « Tout ce dont nous avons besoin pratiquement c'est-à-dire, dont nous avons besoin pour des objectifs pratiques - est la certitude pratique ». (B.G.M., p. 466).

Il en ressort, de mon point de vue, que si *des objectifs pratiques* demeurent l'ancrage de toute question mathématique, il est clair que le problème des fondements se dissout de lui-même. Car, au mieux c'est un problème qui relève des mathématiques et au pire, l'addition, la multiplication, etc., en tant qu'activités humaines n'ont nullement besoin d'être fondées. Sur ce point l'interprétation de Bouveresse est digne de créance:

> Il [Wittgenstein] considère le calcul et la démonstration comme faisant partie des données de notre histoire naturelle, que la philosophie doit se borner à constater,

> sans se croire obligée de chercher à les expliquer. Des activités telles que compter, additionner, inférer, etc., qui reposent sur des grammaires, sont cependant, en un certain sens, aussi naturelles pour l'être humain que parler, marcher ou manger et n'ont pas davantage besoin d'être *fondées*. (Bouveresse 1987, p. 49.)

Comme on le voit, les préoccupations fondationnelles de la philosophie ne sont pas acceptables aux yeux de Wittgenstein. De même qu'on ne s'évertue pas à vouloir fonder le fait de tomber amoureux de quelqu'un, de même il est absurde de vouloir fonder l'activité mathématique. Toutes ces pratiques sociales n'ont de sens qu'en regard de leurs usages. Le refus de ce fait explique l'échec de la métaphysique des fondements de Husserl et de Frege. Leur grand tort, c'est d'avoir cru qu'il s'agissait d'un problème épistémologique.

Ayant ainsi posé un mauvais diagnostic, ils ont tenté de traduire des problèmes pratiques en termes logicomathématiques. Vaines tentatives! Car, précisément, il fallait tout simplement les référer à leurs usages pratiques pour les comprendre. C'est à ce point que pour Wittgenstein le sens se trouve dans l'usage et jamais dans un quelconque questionnement philosophique.

D'où poursuivre un fondement, c'est en fait poursuivre un impossible chiasme. C'est là tout le sens de la position anti-logiciste et anti-platonicienne de Wittgenstein. D'où l'intérêt qu'offre la thèse de Wittgenstein celle qui nous invite à dissoudre les illusions de la philosophie lorsqu'elle s'estime en droit et en mesure de doter les mathématiques d'un fondement. Et cela commence par la reconnaissance explicite de la nature non épistémologique du problème et du dessaisissement volontaire de la philosophie de cette question. Ce qui reviendrait en faire ce qu'il est en réalité: un problème mathématique. L'on n'a compris qu'aux yeux de Wittgenstein il ne pouvait en être autrement en ceci que l'épistémologie est impossible[63]. Aussi, la philosophie doit se déclarer incapable ou se rétracter par rapport à ses *propres* dispositions. Quels sont les tenants et les aboutissants de cette position sceptique de Wittgenstein ? Peut-on lui objecter qu'elle s'est laissé capter peut-être

[63] Le thème de l'impossibilité de l'épistémologie est l'un des dogmes qui participe de la volonté du Cercle de Vienne de rejeter tout propos ou quête connexe à la métaphysique. Tour à tour, la métaphysique et l'épistémologie ont été disqualifiées surtout par les disciples de Wittgenstein à Oxford.

à son insu par le scientisme qu'elle a dénoncé avec raison chez les logicistes ? Tout cela ne participerait-il pas de la thématique récurrente de la fin de la philosophie ou plutôt n'est-elle que l'expression du malaise de la philosophie à l'égard d'elle-même ?

Chapitre neuvième

DE LA CRITIQUE DE LA MÉTAPHYSIQUE DES FONDEMENTS AU CRITICISME COMME PROJET

1. Définition wittgensteinienne des nombres

Dans ce neuvième et dernier chapitre nous tenterons de réfléchir sur les conséquences de l'attitude sceptique de Wittgenstein à l'égard des projets qui veulent fonder de façon externe les mathématiques d'une part et d'autre part, la possibilité de faire du criticisme un projet.

Pour Wittgenstein, la philosophie ne trouve aucun compte à se lancer dans la quête d'un fondement externe aux mathématiques. Cette aventure est sans lendemain dans l'exacte mesure où la simple interrogation métaphysique n'apporte plus ni l'éclairage promis ni même la mesure de son utilité: «La philosophie ne supervise pas les calculs des mathématiciens, mais seulement ce que les mathématiciens disent sur les calculs» *(Philosophische Grammatik,* edited by R. Rhees, B. Blackwell, Oxford, 1969, p. 396, cité par J. Bouveresse 1993, p. 190).

La critique de Wittgenstein ne vise pas la technique de calcul, pas plus que l'application de la forme générale des nombres. Ce qu'il rejette, on le sait maintenant, c'est la prose. D'ailleurs sa théorie dite des opérations s'inscrit dans la pratique quotidienne des mathématiques i.e. le calcul.

Dans le *Tractatus* en 6.03, Wittgenstein soutient que:

«La forme générale du nombre entier est: [o, , , + 1l» (TLP, 6.03). Si telle est en effet la forme générale du nombre entier, il reste entendu que cette forme c'est d'abord et avant tout une équation, du moins elle se donne à lire comme telle.

Aussi, en 6.2341 Wittgenstein n'hésite pas à soutenir que: « L'essentiel de la méthode mathématique consiste à travailler avec des équations. C'est sur cette méthode en effet que repose l'évidence de chaque proposition de mathématiques. »

En réhabilitant ainsi toute l'importance des équations, cela lui assure la mise en relief de la possibilité théorique qu'offre l'équation: « la substituabilité de deux expressions » (TLP, 6.24). En deux mots, cela signifie que ces mathématiques que l'on pourrait qualifier de type équationnel ne fonctionnent que parce qu'elles n'outrepassent pas ce que cette substitution permet et que seules importent les équations. À ce titre, l'on peut rapprocher cette forme de calcul privilégiée par Wittgenstein avec le calcul équationnel de Goodstein. Ce qui autorise un tel rapprochement c'est essentiellement leur caractère foncièrement anti-ensembliste et le fait que nullement il n'est fait appel à l'axiome de choix pour sélectionner les valeurs pour ainsi éviter la circularité. Faut-il rappeler que l'axiome de choix est un critère qui permet de valider la bijection RI - RI sans circularité. Ici, il subsiste un gros problème puisque Wittgenstein rejette la bijection 1-1 de Frege. Ainsi dans le *Tractatus* 4.1273 il soutient que :

> Si nous voulons exprimer la proposition générale: *b est un successeur de a* dans le symbolisme logique, il nous faut pour ceci une expression propre au terme général de la série formelle: aRb, (∃*x*) :*aRb. xRb,* ,*(* ∃*x,y) aRx. x*Ry. *yRb...*

Le terme général d'une série formelle ne peut être exprimé que par une variable, car le concept : terme de cette série formelle, est un concept formel. (C'est là ce que Frege et Russell n'ont pas aperçu; la manière dont ils veulent exprimer des propositions générales, telle celle ci-dessus, est fausse de ce fait : elle implique un cercle vicieux).

Avant d'en tirer plus loin les conséquences qui s'imposent, ouvrons des parenthèses pour souligner que dès 1914 *(Les Carnets* 1914-1916) Wittgenstein était dubitatif sur cette façon de procéder qui exclut les symboles. Car, pour lui, il est *impossible de construire [un] langage illogique d'où* la Picture Theory. Dans l'expression *aRb, aRb* est un fait et le fait de la relation R est un autre fait (TLP, 5.5563).

Ouvrons une parenthèse sur la portée générale de cet argument. Comme l'a noté Bouveresse dans un article de 1981 intitulé: «Les origines Fregéennes de la distinction entre ce qui *se dit* et ce qui *se voit* dans le *Tractatus Logico-Philosophicus* de Wittgenstein » *(in Cahiers du groupe de Recherches sur la philosophie et le langage,* Universités des Sciences Sociales, Grenoble, 1981) cet argument wittgensteinien a une portée générale et il prend le contrepied de toute théorie qui dit: « C'est comme cela qu'il faut que les choses soient, si une proposition doit avoir un sens. » Suivant Bouveresse, il n'est pas aisé de trouver tout le contenu sémantique de l'expression *a*R*b*, théoriser sur le sens est une tâche impossible car « la proposition devrait être vraie et, par conséquent, avoir elle-même un sens, ce qui donnerait naissance à une régression à l'infini. » (Ibid.).

Ainsi, contre la théorie des types cela donne:

> Vous ne pouvez pas dire que le sens de la proposition *aRb* dépend de a vérité en vertu de laquelle la chose signifiée par le symbole R est une relation dyadique. Car il vous faudrait alors expliquer comment cette proposition a à son tour acquis un sens, et ainsi de suite à l'infini. II y a également une difficulté conjointe à propos de la signification de l'expression *relation dyadique.* Comment pouvez-vous expliquer sa signification, sinon en disant que c'est le genre de chose qui peut relier des choses comme *a* et *b?* Mais si vous disiez cela, vous ne feriez rien de plus que de vous répéter. (D. Pears cité par Bouveresse 1881, p.50).

Ceci étant, il semble que Wittgenstein tout en dénonçant ce cercle vicieux ou cette obligation de *se répéter,* souscrit en même temps à l'axiome de choix. D'où la question de savoir si en y souscrivant, son argument contre la circularité de la démarche de Frege et de Russell ne tombe pas. D'autant plus que la projection bijective comme son nom l'indique est bel et bien une relation binaire. De ce fait même, il s'agit d'un cadre extensionnel (le cadre de Wittgenstein est intensionnel) qui permet de valider la bijection RI. - Rl sans circularité. Puisque l'expression symbolique de l'axiome de choix est :

∀*x*,[∃ *y* tel qu'étant donnés *(x, y)* ---]F, ∀a (x, F(x)).

alors, n'est-on pas tenté d'invalider la critique de Wittgenstein d'autant plus que Frege dans les Grundlagen (sect. 63-67) montre bien que la relation de F + G constitue une catégorie syntaxiquement prioritaire par rapport aux objets que sont les nombres. Cela voudrait dire en l'espèce que l'existence de l'ensemble F est une fonction effective qui donne la procédure -même si l'on ignore la nature de la fonction, l'on obtient ce qu'elle rend comme valeurs- et donc légitime en quelque sorte la démarche de Frege (cf. Dummett, 1991a, pp. 148-9).

Cette argumentation invaliderait en effet l'objection de Wittgenstein si jamais le F(x) est intuitivement perçu (pour quelqu'un comme Poincaré cela ne pose aucun problème). Mais précisément cela n'est pas acceptable pour Wittgenstein, alors l'argument de Dummett montrant la légalité de la procédure fregéenne est invalide en ceci qu'il présuppose que Wittgenstein accrédite une telle existence.

Ces mathématiques sont ainsi cantonnées dans ce que, aux yeux de Wittgenstein, les mathématiques sont intrinsèquement: le calcul. Car avec la forme générale ainsi donnée, il suffit de remplacer ou d'adjoindre de nouvelles expressions pour ainsi assurer la continuation du calcul. C'est donc dire que la possibilité tant pratique que théorique du calcul tient en tout point à cette liberté de pouvoir supplanter telle ou telle expression dès lors qu'on respecte leurs règles de composition. Illustration nous est donnée par le mode d'obtention de la preuve d'une proposition mathématique en 6.241:

> C'est ainsi que la preuve de la proposition 2 x 2 = 4 se lit:
> $(\Omega')\mu'x = \Omega' \times \mu'x$ Def.
> $\Omega^2 \times 2'x = (\Omega^2)^2{}'x = (\Omega^2)^1 + 1'x = \Omega^2\Omega^2x = \Omega^1 + 1'Q^1 + 1'x = (\Omega'\,\Omega')$
> $(\Omega'\,\Omega')x = \Omega'\,\Omega'\,\Omega'\,\Omega'x = \Omega' + 1 + 1'x = \Omega^4{}'x$.

Comme on le voit, cette théorie dite des opérations prend le contre-pied de la théorie des classes de Russell. Cette théorie des classes de Russell est taxée par Wittgenstein en 6.031 de « parfaitement superflue en mathématiques. » La procédure la plus féconde pour l'obtention des nombres au regard de cette théorie dite des opérations c'est de s'en tenir à la forme générale de l'opération (TLP, 6.01) toute chose qui nous assure aisément de passer d'une proposition à l'autre dans l'exacte mesure où l'opération, comme on l'a souligné, parce qu'elle autorise le remplacement des expressions dont on veut calculer les valeurs, accouche d'une nouvelle proposition. Le caractère générateur de cette démarche montre, en pratique, que l'infini coïncide avec la généralité. Puisque l'opération est toujours ouverte, elle n'est jamais saturée. Et comme telle, ce que l'on appelle ailleurs, le caractère infini de la série naturelle des nombres, se ramène à ce qui est contenu ou donné virtuellement par le caractère nécessairement générateur de l'opération. Pour Wittgenstein la raison est que : « Ceci tient au fait que la généralité que nous utilisons en mathématiques n'est pas *l'accidentelle* »[64].

[64] Souligné par l'auteur.

D'après ces règles de symboles nous écrivons la série ainsi: Au lieu de "[x,]":

j'écrirai: "[x, x, x]".

et je définirai:

0 + 1 = 1 Def.
0 + 1 + 1 = 2 Def.
0 + 1 + 1 + 1 = 3 Def.
etc.

II s'ensuit que le nombre, nonobstant son importance, est appendiciel dans l'exacte mesure où il est réduit à un statut de simple exposant.
« le nombre est l'exposant d'une opération » (TU, 6.021).
Et ainsi donc, contrairement à Frege qui pense que le 0, par exemple, est concept sous lequel rien ne tombe, Wittgenstein dirait que ce qui est partagé par 0, 1, 2... c'est précisément le concept de nombre. II le définit comme :

> Le concept de nombre n'est rien d'autre que ce qu'il y a de commun à tous les nombres, la forme générale du nombre. Le concept de nombre est le nombre variable. Et le concept de l'égalité des nombres est la forme générale de toutes les égalités spéciales de nombres (TU, 6.022).

Alors que le concept de nombre chez Frege échouait à rendre compte de toutes les espèces de nombres - c'est ce que Wittgenstein critique sévèrement - celui de Wittgenstein ramasse non seulement toutes ces espèces, mieux en tant que forme générale, il contient ou plutôt engendre tout le domaine du nombrable grâce à la technique de substitution des expressions dont on souhaite calculer la valeur.

En définitive, ce qu'il critique, ce n'est donc pas tant le travail technique du mathématicien qu'à l'évidence « une certaine façon de se les représenter et de les décrire que Wittgenstein qualifie explicitement de mythologie. » *(Bouveresse 1993, p. 190.)*

En cela, ils font de la mauvaise philosophie dans la mesure où la façon dont ils *se représentent* les mathématiques ressemblent plus à un rêve cohérent qu'à la pratique mathématique elle-même.

Ainsi, il n'y a aucun risque que Hilbert ne puisse pas encore jouir du *paradis* crée par Cantor pour les mathématiciens puisque l'intention de Wittgenstein n'était point de porter une charge contre la technique de calcul, ultime confort du mathématicien. À cette inquiétude panique de Hilbert (sa théorie des ensembles transfinis est taxée de *mythologie),* Wittgenstein répliquait:

> Je dirais : « je ne rêverais pas d'essayer de chasser qui que ce soit de ce paradis. » J'essayerais de faire quelque chose de tout à fait différent : j'essayerais de vous montrer que ce n'est pas un paradis - de sorte que vous vous en irez de votre propre chef. *(Wittgenstein* par C. Diamond 1976, p. 103, cité par Bouveresse *1993, p. 190).*

Le drame de la crise des fondements - encore que pour Wittgenstein il est inapproprié de parler ainsi - aura ainsi annihilé *l'efficace* de la philosophie des mathématiques sinon rendu *anachronique* selon Gauthier (1976, p. 353).

Cet anachronisme témoigne en faveur de la lecture de Wittgenstein pour lequel seuls les mathématiciens-logiciens possèdent le dispositif logico-mathématique pour ainsi résorber la crise et accessoirement dégager les mathématiques de la gangue métaphysique. Mais à la condition expresse qu'ils ne s'engagent pas eux-mêmes dans cette mauvaise philosophie suite à leur émerveillement devant la *divine architecture de la nature.*

Y a-t-il là, une philosophie des mathématiques chez Wittgenstein, ou plutôt l'esquisse d'un projet de révision de la philosophie? Si l'on s'en tient à la lettre de ce qu'il assigne à la philosophie comme tâche, il n'est pas aisé d'y répondre par la positive. Car, la philosophie n'étant point une science quelconque de la nature, elle ne saurait être mise sur le plan que de telles sciences pour ainsi leur ordonner quoi que ce soit (TLP, 4.111). Aussi en 4.112, Wittgenstein va définir le rôle de la philosophie:

- Le but de la philosophie est la clarification logique de la pensée ;
- La philosophie n'est pas une doctrine mais une activité ;
- Une œuvre philosophique consiste essentiellement en élucidations ;

- La philosophie a pour but de rendre claires et de délimiter rigoureusement les pensées qui autrement, pour ainsi dire, sont troubles et floues.

C'est en raison de ce caractère foncièrement critique de la philosophie wittgensteinienne qu'il n'est pas possible de dire qu'il présente une *doctrine* monolithique sur ou pour les mathématiques et que l'on pourrait qualifier de philosophie des mathématiques. Si tel était le cas, le propos du professeur Gauthier aurait pu l'atteindre. Or il n'en est rien. Au contraire, cette critique comme projet philosophique consiste à pourfendre aussi le soubassement métaphysique des représentations que se font les mathématiciens sur un ensemble de choses telle que l'existence présupposée d'objets mathématiques. Car comme l'observe Wittgenstein, « il n'y a pas de confession religieuse dans laquelle on ait autant pêché par l'abus d'expressions métaphysiques que dans les mathématiques » *(Vermischete Bemerkungen (Culture and Value),* herausgegeben von G. H. von Wright unter Mitarbeit von H. Nyman, amended second edition with English Translation, B. Blackwell, Oxford, 1980, p. 1).

C'est en ce sens que les mathématiciens tournent le dos à leur appareillage technique pour s'adonner à la tâche à la fois illégitime et superflue de renouveau métaphysique des mathématiques.

Aussi, il convient de réhabiliter le travail interne n'est-ce pas là une façon de reconduire la quête hilbertienne à l'exclusion de son pendant métaphysique que les logiciens-mathématiciens accomplissent afin de redéfinir les concepts fondamentaux de leur discipline. Cette tâche qui consiste en une analyse critique des concepts et principes mathématiques demeure la pierre de touche du travail de quelqu'un comme Georg Kreisel. Cette nouvelle orientation semble poursuivre le vœu hilbertien de parvenir à la non-contradiction de l'analyse d'une part et d'autre part, en procédant à la critique interne des concepts premiers-hélas, est-il besoin de rappeler l'échec du programme de Hilbert ? - elle assure la possibilité de résoudre la crise sans recours à l'hypothétique fondement ultime que la métaphysique, prétendument, rêve pour les mathématiques.

Cette tâche, à bien des égards, constituait une réelle promesse pour les mathématiques. Car, d'une part, elle assumait que les objets mathématiques étaient des systèmes abstraits capables non seulement d'être auto-consistants mais aussi d'être auto-suffisants d'autre part. Cette démarche est compatible avec l'interprétation wittgensteinienne puisqu'en dernière analyse, elle affirme que ces systèmes peuvent être vrais sans nécessairement l'être d'un fait physique particulier.

Wittgenstein s'accorderait avec cette conclusion dans la mesure où ce qui importe, finalement, c'est de savoir que c'est nous qui « avons fabriqué » ces systèmes qu'il appelle grammaires *(Wittgenstein* par A. Ambrose 1992, p. 145). Qu'on les appelle systèmes abstraits ou grammaires, ce qui les relie, c'est précisément leur rapport d'indépendance par rapport à une structure physique. C'est par exemple le cas du théorème de complétude de la logique du premier ordre qui stipule qu'il serait vrai de certaine structure quoiqu'elle ne le soit d'une structure physique.

Mais qu'on ne s'y trompe pas: la critique de Wittgenstein des fondements externes et l'exigence formulée par Hilbert de procéder à la critique interne des concepts essentiels des mathématiques divergent foncièrement quant à l'intention qui les animent. Tandis que pour Hilbert et dans une certaine mesure pour le projet intuitionniste de Brouwer ou constructiviste, il s'agit de poursuivre la *"Sicherung"* (certitude) des mathématiques par une analyse conceptuelle rigoureuse. Pour Wittgenstein, il s'agit surtout de dénoncer cette quête obsessionnelle d'un fondement extraverti pour les mathématiques par la démystification de leurs présupposés théoriques.

2. Quels sont ces différents fondements externes exposés tout au long de cette enquête ?

Ces différents types de fondements externes que véhiculent une philosophie des mathématiques sont pourfendus par Wittgenstein. Ce sont ceux principalement représentés par la reconstruction arithmétique de la méthode Dedekind/Frege. Même si Frege est allé très loin dans la systématisation de la logique - et de ce fait l'induction ne joue pas le même rôle chez l'un comme l'autre - il n'en demeure pas moins, comme on l'a souligné par le rapprochement opéré au chapitre deuxième section B, qu'il existe une parenté irréductible entre les deux approches car toutes deux:

> Using the same method which Dedekind employed in his definition of a simply infinite system, Frege defined the set N of natural numbers (finite cardinals) as the intersection of all classes Z such that 0 e Z and whenever x e Z and y S x, then also y e Z. The principle of mathematical induction is a consequence of this definition, and *it* can be proved that every natural number

> n has a successor *P6* n. Moreover, from this proposition and his definitions and logical assumptions, Frege could prove that there exists an infinite cardinal number. The cardinal number of the class N is infinite, for N is equipollent to, for example, the class N U{N}. Therefore, the cardinal number of N succeeds itself and, hence, it not a finite number. This also show why Frege's S is only suitable as the relation of immediate succession among finite numbers. *(From the Calculus to Set Theory,* 1630-1910, ouvrage collectif édité par Grattan-Guinness, (1980), sect. 63, p.230).

Cette reconstruction est absolument assise sur un fondement logique des mathématiques. Son extériorité et la façon dont elle prouve le caractère infini des nombres cardinaux sont inacceptables au regard de la théorie dite des opérations de Wittgenstein.

Outre ce type de fondement externe opéré par Dedekind et Frege, il existe un autre type bien différent.

Il s'agit de celui que privilégie l'école constructiviste. Cette école « préfère définir les nombres naturels comme le résultat d'un processus de construction qui procède selon une règle (cf. Kronecker 1887a, 1; Poincaré 1913a, 469 ; et Brouwer 1907a in *Works, vol.* 1, 15) et assumant que les méthodes de preuve et de définition par induction comme fondamentales » *(Ibid.,* sect. 6.3, p.231).

Toutes ces espèces de reconstruction des nombres ne s'accordent pas nécessairement avec la forme générale de l'opération telle que définie par Wittgenstein (TLP, 6.01). Ce qui est dénoncé ici, est toujours à l'œuvre dans ces modèles de définition des modes d'engendrement des nombres. Ces modèles ont pratiquement tourné le dos pour ainsi dire à la pratique mathématiquement pure pour se muer, d'une façon ou d'une autre, en doctrines philosophiques sur ou pour les mathématiques.

De façon générale, on peut en deux mots, dire qu'il s'agit de contrer, ici comme ailleurs, ce que Wittgenstein appelle la *prose* sujette à caution car véhiculant des justifications théoriques.

Pour ce faire, dans le *Tractatus,* il va supplanter cette *prose* à l'œuvre chez ces logiciens mathématiciens par sa théorie dite des opérations qui n'énonce, stricto sensu, rien comme propositions arithmétiques. Au contraire, cette théorie est exclusivement cantonnée et articulée sur la pratique mathématique. Ancrée et motivée ainsi par la pratique mathématique elle-même, cette théorie assure la possibilité pratique de pouvoir exhiber une *logisch Unbild* ou forme *dans* le processus d'engendrement des nombres qu'actualise la définition inductive (TLP, 6.02).

Par exemple, grâce à cette théorie des opérations, Wittgenstein parvient à définir le zéro comme étant une propriété constituée par le nombre de fois qu'on applique l'opération = x. Comme on peut [e voir, cette procédure qui n'a rien de spéculatif rend effective la définition des nombres comme n'étant que de simples exposants de ... II en résulte qu'on obtient dans le même temps la notion de successeur, notion incontournable dans la série naturelle des nombres: ***n*** = s s s... so (***n*** fois de ***s***). À partir de là, il est opéré la définition de la notion générale de nombre naturel en 6.021; 6.022 et 6.03. Quant au concept général de nombre, il est donné en 5.2522 à travers la variable suivante : (a, x, o'x). Bref, cette théorie des opérations, comme on peut le voir, évite l'écueil du type de définition purement théorique. La théorie des opérations en arrive ainsi à définir les nombres ordinaires comme étant le résultat d'opérations telles que compter.[65]

Cette procédure d'obtention et d'engendrement des nombres par la voie exponentielle (au sens où l'exposant est variable ou inconnu) se révèle ainsi semblable à une preuve en logique, c'est-à-dire tautologique. Et comme telle on peut en conclure qu'elle est une procédure mécanique (TLP, 6.1262). Ouvrons une parenthèse pour souligner la cohérence de ce propos avec ce que Wittgenstein pense du déroulement d'un calcul. Faire un calcul en tant que tel (ex : 5 x 5 = 25), cela réfère à la célèbre réalité de *suivre une règle.*

Ce faisant, le calcul peut alors ressembler à une activité mécanique. C'est du reste ce que Wittgenstein remarque : « Lorsque le calcul nous apparaît comme une activité machinale, alors c'est *l'homme* qui exécute le calcul qui est la machine » (BGM, 234, cité par Bouveresse 1993, p. 214). Bouveresse rapporte que dans un de ses

[65] Il ne faut pas en conclure que le sujet connaissant qui compte participe ainsi à un procès psychologique à la Husserl (1891). II subsiste une différence entre le sujet solipsiste husserlien qui suspend temporairement sa participation au monde (il ne nie pas plus qu'il ne rompt sa filiation ou son appartenance au monde) et le sujet solipsiste wittgensteinien qui n'est point partie intégrante du monde mais seulement en constitue la limite (TU, 5.632). De sorte que le sujet husserlien est dans le flux. Â l'inverse on peut dire que comme toute réalité est médiatisée par le *monde il* en résulte que la stricte observance du solipsisme conduit le moi wittgensteinien à pratiquer le réalisme pur (TU, 5.64). C'est pourquoi contrairement à Husserl, Wittgenstein est quitte avec l'ancrage psychologiste.

manuscrits daté de 1947, Wittgenstein soutenait que (les *machines* de Turing sont en vérité les hommes *qui calculent (Ibid., p. 214).*

Fermons cette parenthèse pour souligner qu'il y a un parallèle entre la désignation de la preuve de type logique comme *expédient* et la voie exponentielle qui, en donnant le nombre d'occurrences qu'... est appliqué, définit par là même la numéracité de chaque nombre n de la série naturelle (TLP, 6.021).

Ce qui importe ici, ce n'est pas tant que cette théorie des opérations laisse entrevoir un brin de dogmatisme pas plus que la question de savoir si oui ou non il y a là l'amorce d'une nouvelle philosophie des mathématiques (chose improbable en ceci qu'il s'agit d'une période de transition débutée en 1929).

L'analyse de Wittgenstein vise davantage à montrer le caractère inacceptable de la logique des classes de Russell. Il s'agissait surtout de contrer cette logique des classes en montrant du doigt en quoi elle est "parfaitement superflue". Si projet philosophique il y a, ça ne peut être que l'exercice de la fonction critique. Et cette fonction critique assurée par Wittgenstein en philosophie des mathématiques constitue le dernier acte d'un cycle ternaire :

1) Le premier acte, mû par une foi dogmatique, ayant consisté à penser qu'il suffisait de réduire les objets arithmétiques à la réalité d'un moi constituant comme le prétendait le psychologisme husserlien ou d'hypostasier la logique en montrant que l'arithmétique n'est qu'une *logique développée* comme le soutenaient Frege et Russell.
2) Avec la perte irrémédiable de ces deux voies dogmatiques, un vent de scepticisme ambiant s'empara de cette génération de mathématiciens-logiciens. Pour en sortir, quelques tentatives de rechange dont la théorie des types de Russell fut concoctée. Cette théorie des types, dans la mesure où elle n'offrait plus cette assurance, disons ensembliste, constitua un bond en arrière. Car ce n'est point le diagnostic du mal qui soit difficile mais le remède. Or, en fait de remède on eût droit à un rafistolage en deçà des gains escomptés, pire, la théorie des types apparût comme une petite révolution de palais puisqu'à un fondement externe mis en échec, on présenta un autre fondement externe cette fois-ci local. Il s'agit bel et bien d'une perte d'illusion puisque le théorie des types désespère d'un fondement externe conforme à la théorie des ensembles.

3) La phase critique que constitue le rejet radical de tout type de fondement externe désespère non pas des délimitations locale ou ensembliste mais l'illusion fondationnelle comme telle.

D'un rêve éveillé, nous sommes en quelque sorte parvenus avec Wittgenstein à l'éveil de son invraisemblance. C'est pourquoi, on peut soutenir que le propos de Wittgenstein n'est pas seulement sceptique mais aussi et d'une certaine manière critique. Il fait le procès de toutes ces entreprises extraverties qui prétendent doter les mathématiques d'un fondement solide presque pour toujours. Pour Wittgenstein, il s'agit là de vaines prétentions qui consistent à conférer aux mathématiques un pouvoir qu'elles n'ont pas. Si l'on s'accorde avec Wittgenstein pour dire que la nécessité des vérités mathématiques n'est que relative et provisoire et jamais définitive, on ne peut en conclure la non-révisabilité des énoncés mathématiques. Si c'est cela qu'on veut pouvoir qualifier de position révisionniste, n'est-ce pas là un argument mince ? Si de tels énoncés ne peuvent offrir la confortable certitude *ad infinitum,* comment pourraient-ils assurer un fondement susceptible de l'être ?

II s'ensuit que les mathématiques ne sauraient s'accorder avec le type de fondement externe qu'on ambitionne pour elles, pas plus le type de fondement interne conforme au vœu hilbertien soit définitif.

A cet égard, Wittgenstein écrit :

> Je mets de l'ordre; je dis : "Il n'y a que ces possibilités:..". C'est comme lorsque je détermine les permutations possibles des éléments A,B,C : avant que l'ordre ne soit là, je n'avais en quelque sorte qu'un concept nébuleux de cet ensemble.[66]

L'ordre me convainc qu'avec ces 6 possibilités je n'en ai laissé de côté aucune. Mais me convainc-t-il également que rien ne pourra renverser ma conception présente de ce genre de possibilités ? (BMG, p. 215, cité par Bouveresse 1993, p. 236.)

Comme on le voit, la possibilité de principe à fortiori la possibilité pratique de pouvoir doter les mathématiques d'un fondement quel qu'il soit, sûr et non révisable est incompatible avec la portée réelle des

---

[66] Il ne faut point conclure par la répétition de l'emploi du "je" *qu'il* existe une conception du sujet dans le Tractatus. D'ailleurs dans cet ouvrage en 5.5421 et 5.632, Wittgenstein s'oppose à *la* conception husserlienne d'un "moi pur".

énoncés mathématiques. Il convient dès lors de faire le deuil des fondements externes.

Au contraire il faut réaffirmer le fait que les objets mathématiques sont auto-suffisants, toute chose qui ne préjuge pas du type de fondement qui leur convient ni de la certitude que de tels objets se donnent à eux-mêmes ou confèrent aux énoncés mathématiques. Tout au plus, cela laisse-t-il entrevoir la possibilité d'un fondement auto-suffisant pour les objets mathématiques assortie de la possibilité théorique d'une révisabilité des énoncés qui ne sont dotés d'une validité éternelle quoiqu'ils énoncent dans un langage universel si le besoin se faisait sentir.

Troisième conclusion partielle

Cette troisième et dernière conclusion partielle vise deux objectifs:

Premièrement montrer, s'il en est encore besoin, le lien indissoluble qui existe entre la perspective wittgensteinienne et les tentatives fondationnelles de Frege et de Husserl.

Deuxièmement montrer en quoi s'il est permis de parler de projet philosophique de Wittgenstein, ce serait exclusivement au sens où cette espèce de critique catharsique des concepts opératoires des mathématiques s'est muée en criticisme comme projet (depuis Kant nous savons que le criticisme est aussi important que tout autre projet qui propose quelque chose de positif). En cela, il convient de dire qu'un tel criticisme sans être totalement négatif, se trouve à la lisière du scepticisme.

D'emblée on peut dire que le propos de Wittgenstein est pertinent ici en ceci qu'il est le seul philosophe, à ma connaissance, à mettre radicalement en doute les tentatives fondationnelles des mathématiciens-philosophes du début du 20e siècle. Cette pertinence s'explique essentiellement par la nature foncièrement platonicienne du débat fondationnel. Tout au long de cette enquête, l'on a tenté de montrer qu'aussi bien la tentative husserlienne que fregéenne de fonder les objets mathématiques, n'ont jamais pu s'affranchir du platonisme qui a marqué pendant plus de deux millénaires les réflexions philosophiques des mathématiques. La philosophie sous-jacente aux deux tentatives fondationnelles, au-delà de leur divergence, reste et demeure l'affirmation « d'un monde d'objets idéaux contenant tous les objets et relations de la mathématique » (Bernays 1935, p.53). Cette foi aveugle en ces *idéalités mathématiques* pour emprunter une expression chère à J-T Desanti, dont l'évidence est restée jusque-là insoupçonnée, empêchait par là même leur mise en question. Il s'ensuit que l'échec desdites tentatives est d'abord attribuable à ce manque d'attitude critique à l'endroit de ce que l'on prenait pour espèces sonnantes.

Seul Wittgenstein en rompant cette adhésion sans discernement, allait devenir l'interlocuteur privilégié de ces philosophies et inaugurer ainsi l'une des premières grandes charges contre la domination du platonisme en mathématiques. Cette rupture s'est d'abord opérée au travers de la distinction entre la prose et le calcul proprement dit. Ce faisant, elle a permis de passer au crible ces évidences insoupçonnées afin de les clarifier. Cette clarification curative puisqu'elle se veut une thérapie contrairement à une théorisation qui se soucie peu de l'usage des termes employés. Ces théories philosophiques n'apportent aucun éclairage des objets mathématiques. Selon Wittgenstein, il ne faut rien attendre d'elles aussi longtemps que la philosophie restera "ce qui est possible avant toutes nouvelles découvertes et toutes nouvelles inventions" (IP, 126). L'on comprend dès lors pourquoi de telles philosophies s'inscrivent dans une tradition foncièrement marquée par l'échec en ceci qu'elles ne sont jamais pourvoyeuses de solution pas même provisoire. Puisqu'elles ne sont pas pourvoyeuses de solution, comment peuvent-elles l'être quant à fonder les mathématiques ?

Du coup se pose la question de la pertinence de l'ambition fondationnelle des mathématiciens-philosophes. Quel fondement peut-on par exemple, donner à la théorie eudoxienne des "proportions" ou des rapports[67] (Logoi) si l'on préfère ? Cette théorie, rappelons-le est l'ancêtre de la théorie des nombres réels. Somme toute, les géomètres de l'époque savaient construire, avant même l'esquisse de solution par Euclide, adéquatement la grandeur à laquelle ce "nombre" correspondait.

Par la suite ce problème théorique reçut une solution axiomatique émise par Euclide inspiré d'Eudoxe de Cnide. Cela témoigne qu'à tout fait mathématique, il faut savoir distinguer son application pratique de la simple pratique mathématique qui, quant à elle, recourt à des règles opératoires. En l'espèce, on peut se poser la question de savoir si ces deux aspects du même fait mathématique peuvent recevoir un même fondement? La solution empirique des géomètres opère-t-elle avec les mêmes règles que la solution axiomatique ? À l'évidence non.

Il s'ensuit qu'on est amené à se demander si ces deux solutions ont la même grammaire ? Si donc elles ne sont pas régies par les mêmes règles, cela n'accrédite-il pas l'approche de Wittgenstein pour qui les

[67] Cette théorie formulée pour la première fois au début du Ve siècle avant notre ère par des mathématiciens grecs, démontre, à partir des propriétés connues des entiers et des grandeurs géométriques, l'impossibilité d'obtenir une fraction exprimant le rapport de la diagonale d'un carré à son côté. En d'autres termes cela signifie que le "nombre" dont le carré serait égal à 2 ne pourrait exister en tant que nombre rationnel.

nombres ont des grammaires différentes les uns des autres ? Ce faisant. peut-on ou doit-on procéder à leur unification sous un même concept général de nombre ?

Un tel concept ne risque-t-il pas d'être vide ? Si jamais tel était le cas, cette vacuité ne rend-elle pas vain l'effort fondationnel ? Cet exemple montre comment fonctionne la critique de Wittgenstein des approches fondationnelles. Elle ne supplante pas l'ambition fondationnelle par une autre ambition fondationnelle. Elle diffuse le malentendu inhérent à la façon dont le problème est formulé. C'est pourquoi, cette critique, muée en criticisme, n'a pas son télos ni en amont ni en aval d'elle-même. Elle est à elle-même son propre projet à l'image même des mathématiques qui s'auto-suffisent. Est-il dès lors suffisant de se fonder sur ce criticisme des concepts opératoires (la règle, les grammaires) dont la seule exigence pratique reste articulée autour de l'exhibition d'une *Logisch Unbild* dans le procès d'engendrement des nombres qu'actualise la définition inductive (TLP, 6,02), pour caractériser la démarche wittgensteinienne de philosophie des mathématiques ?

CONCLUSION GÉNÉRALE

> Kant a dit un jour que la logique était la seule de toutes les sciences à n'avoir fait aucun progrès depuis l'antiquité. Cela pouvait être vrai de son temps; aujourd'hui cela n'est plus vrai. L'époque récente a vu en effet le développement de ce qu'on appelle calcul logique ou logique mathématique, théorie qui va plus loin que la logique aristotélicienne. Cette théorie est due aux efforts de certains mathématiciens car les philosophes s'en sont fort peu intéressés, probablement parce qu' ils l'ont trouvée trop mathématique. Mais la plupart des mathématiciens, de leur côté, s'en sont fort peu intéressés, parce qu'ils l'ont trouvée trop philosophique. (Skolem, in *Logique mathématique,* éd., par Jean Largeault, A. Colin, Coll. U, Paris, 1972).

Ce point de vue de Skolem est vrai à bien des égards. En effet, les travaux de Frege ont fait avancé de façon prodigieuse la logique et par ricochet la philosophie du langage. Il est de plus en plus admis qu'il est le père de la logique moderne, celui dont les travaux ont permis d'aller plus loin que le permettait la logique classique héritée d'Aristote. Tout le propos de cette enquête consista à montrer cette convergence d'intérêts théoriques entre ces quelques philosophes et mathématiciens qui allait donner naissance à cette nouvelle matrice disciplinaire à la lisière de ces deux disciplines. D'une certaine manière cela voudrait dire aussi que ces logiciens ou mathématiciens se sont laissés rattrapés par la métaphysique en raison même de la nature volontairement fondationnelle de leur quête.

C'est pourquoi, par exemple, le moule fondateur des objets mathématiques chez Frege est empreint d'un platonisme sous-jacent. D'ailleurs la conception même voulant qu'il existe des objets mathématiques que Wittgenstein rejette, par exemple, trouve son ancrage dans la vision platonicienne des mathématiques et dont le second dogme demeure la foi inébranlable en l'objectivité des mathématiques. Ces deux idéaux constituent du reste le lit dans lequel se trouvent le soubassement platonicien de Frege et de Gödel et dans une certaine mesure le psychologisme de Husserl et contre lequel

Wittgenstein a toujours chargé. Ces deux auteurs et certains pionniers pour ainsi dire formèrent le corps des mathématiciens-philosophes.

Ainsi, à la source de cette nouvelle donne mathématique se trouve le souci théorique d'asseoir avec certitude l'édifice des mathématiques dont les progrès ne cessaient de s'accumuler. L'autre paradoxe de ce prodigieux pas en avant a été de rendre banales les simples techniques calculatoires. Banales, puisqu'elles ne constituaient plus un réel défi à cette petite tranche de chercheurs dès lors qu'on respectait les lois qui les régulent. Ce désintérêt pour les simples calculs fut le fer de lance de la quête effrénée des fondements sur lesquels s'arcboutaient ces calculs et ces nouveaux objets mathématiques. Avec ce nouveau défi, ces chercheurs, qui étaient de loin les plus talentueux de leur génération, allaient vivre une espèce de renouveau de la sphère logico-mathématique à la manière d'une véritable ruée vers l'or.

C'est dans cette atmosphère digne d'un nouvel eldorado que Husserl à la sortie de ses études de mathématiques proposa un fondement de type psychologique aux objets mathématiques. L'enquête a tracé les grandes lignes de son analyse et bien sûr les raisons qui ont conduit Frege à contester la légitimité du choix husserlien. Pour Frege le logicien, le psychologisme dans lequel pêche le propos husserlien est irrecevable. Pour lui, il s'agit d'un recours indu car les processus psychiques sont des faits immergés d'où leur caractère foncièrement mystérieux. Or Frege était un auteur fasciné par la méthode scientifique, méthode dans laquelle une place sui generis est accordée à la raison déductive. Précisément, c'est au nom de cette méthode dont l'objectivité est tout le contraire des processus fantomatiques mis de l'avant par l'école psychologiste que Frege va rejeter les travaux de Husserl. Cette critique et ce rejet sont-ils pour quelque chose dans l'abandon du psychologisme par Husserl amorcé véritablement aux alentours de 1894? Cette question est l'objet d'une vive discussion entre deux clans: celui formé autour de J.N. Mohanty le phénoménologue voué à la défense de l'héritage de Husserl et celui formé autour de M. Dummett le plus connu des interprètes de Frege. La deuxième partie de l'enquête a tenté d'y apporter tous les éclaircissements nécessaires sans préférence aucune ni pour l'un ni pour l'autre. Cette polémique dont l'enjeu ultime demeure l'influence directe de Frege sur Husserl a encore de beaux jours devant elle tant les positions sont tranchées et surtout motivées par des présupposés théoriques jamais remis en cause.

Chose certaine en rejetant l'approche husserlienne, Frege allait présenter sa propre vision. Cette vision parce que motivée par la raison déductive et en cela Frege rejoint Dedekind, donna une place de choix à la base logique au point de définir l'arithmétique comme une logique développée. Ainsi, avec Frege et Russell il s'est opéré une hypostase du rôle de la logique. La logique avec Frege ne va plus se contenter d'être une science normative mieux, elle deviendra un organon pour les mathématiques. La logique anesthésiée depuis Aristote et stérile comme le prétendait Kant devint féconde en traitant des propositions pour ainsi dire accoucher de la logique dite propositionnelle. L'enquête a montré en quoi le travail de Frege s'est ébauché dans le cadre de la théorie des ensembles.

Ce cadre primordial, s'il a permis à Frege de formuler ce qu'il est convenu d'appeler la réduction des objets mathématiques aux objets de logique générale d'où son nom de logicisme, s'est transformé en un cauchemar dès lors qu'il fut ébranlé par le paradoxe dit de Russell (1903). Les tenants et les aboutissants de cette infortune de dernière heure ont été exposés. Toutes les tentatives de Frege visant à colmater les brèches furent vaines. Ces insuccès pour ainsi dire n'ont-ils pas accrédité l'idée voulant que contre la crise des fondements, il n'y avait pas de prothèses philosophiques qui vaillent ?

Le palliatif que constituait la logique des types mise de l'avant par Russell n'y fit rien. Ainsi donc l'école logiciste avec ce paradoxe a assuré sa propre ruine. Ya-t-il là l'ombre d'un changement de paradigme pour un autre plus efficace i.e. le remplacement réussi du psychologisme husserlien par le logicisme fregéen? La réponse est négative.

Plus sûrement, nous sommes passés d'un fondement défaillant à un bourbier plus désarmant. Pour Goodstein, l'auteur du calcul dit équationnel (1931-4) dont l'armature consiste en une position anti-ensembliste et en un rejet de la nécessité de l'axiome de choix, il faut se rendre à l'évidence que :

> Les nombres naturels peuvent être définis au sein de la théorie des ensembles de plusieurs façons comme Frege et Russell l'ont montré, mais si nous cherchons à asseoir la théorie des nombres sur un fondement plus sûr que celui de la théorie des ensembles, nous butons contre le problème d'existence dans sa forme la plus aigüe. (Goodstein, 1965, p.123).

S'il n'est donc pas aisé d'asseoir plus solidement la théorie des nombres que la théorie des ensembles, il s'ensuit que toutes les tentatives de refondations logiques se trouvent frappées de nullité. Alors la question est de savoir si ce genre de dilemme milite en faveur de la voie choisie par Wittgenstein.

La perspective wittgensteinienne reste-elle la seule voie praticable en l'espèce ? Est-il oui ou non absurde de vouloir coûte que coûte fonder les objets mathématiques? Chose certaine aux yeux de Wittgenstein, c'est que la quête des fondements est un irritant philosophique car il ne faut pas chercher des fondements à nos actions. Toutes les actions humaines s'auto-suffisent. Aussi il est suffisant pour Wittgenstein de soutenir :

« Ceci est fort simplement ce que je fais » ou « C'est ainsi que j'agis » (IP, 217). Ce propos empreint de doute quant à la légitimité de la quête des fondements, découle de la définition wittgensteinienne de la philosophie.

Dans *Le Cahier Bleu et Le Cahier Brun* tr. fr. de 1965, Wittgenstein soutient en page 84 que:

> Philosopher, dans le sens où nous employons ce terme, c'est d'abord lutter contre la fascination qu'exercent sur nous certaines formes d'expression.
>
> Il s'ensuit que la philosophie doit être une activité de clarification face à cette captation des mots dont nous sommes victimes. Ce même méfait est aussi dénoncé dans le passage 255 des *Investigations Philosophiques.* Le *puzzle ou l'embarras* naît de cette captation qui fait que nous nous méprenons sur le sens de deux formes d'expressions eu égard leur «apparente similarité,, (Ibid., *p.* 83). Aussi est-il essentiel de pratiquer la méthode thérapeutique contre la théorisation rampante qui est naturellement à l'œuvre et qui n'a de cesse de stipuler des thèses philosophiques. C'est en ce sens que dans son article publié dans l'ouvrage collectif intitulé *Wittgenstein analysé* (1993) Curzio Chiesa décrit cette démarche comme suit:

> La démarche typique de Wittgenstein peut être décrite en termes modaux si une thèse philosophique stipule qu'il est nécessaire que *p*, la recherche aura pour tâche de montrer que, s'il est possible que p, il est également

> possible que non-*p* et que, par conséquent, il n'est pas nécessaire que *p*. (p. 110)

Les thèses philosophiques en l'occurrence le psychologisme de Husserl et le logicisme de Frege et Russell tout comme toutes les autres procèdent du même désir de généralité. Ce désir de généralité est en fait une exigence épistémologique articulée autour de la quête d'un concept général et univoque sous lequel l'on puisse réduire des particuliers. Cela rappelle le pouvoir de subsumer des multiples sous un concept que Kant décrivait dans la *Critique.* Or il n'y a pas, aux yeux de Wittgenstein, nécessairement un concept général sous lequel on puisse subsumer tous les membres d'une même famille. C'est le cas des nombres. Issus de la même famille, ils ont nécessairement des similitudes. Pour autant ils ne sauraient se laisser réduire à ce caractère de ressemblance. C'est là que prend tout son sens ce que Wittgenstein appelle le *puzzle* philosophique face à deux *formes d'expressions* dont on a oublié que c'est nous qui fixons leur usage et cela jamais de façon définitive. Contre cette tendance qui occulte les différences au profit d'un empire des similarités postulées, il faut réaffirmer pour ce qui concerne les différentes espèces de nombres, le caractère irrépressible des différentes grammaires desquelles elles s'engendrent et sans lesquelles l'on ne pourrait parler de nombres. Ce ne sont donc pas les mêmes règles qui surplombent, prévalent et engendrent indistinctement toutes ces espèces de nombres. Rejetant toutes ces théories philosophiques d'un platonisme évident - qui postulent ceci ou cela - Wittgenstein va réaffirmer le fait que les essences mathématiques, si jamais il s'avérait juste de parler ainsi, alors elles sont créées par les mathématiciens. Il est donc juste de dire qu'il s'agit de conventions et jamais d'essences au sens platonicien par exemple.

Bref, soutenir que ces thèses philosophiques, à des degrés divers, sont victimes de cette captation qu'exerce sur elles la méthode scientifique n'est pas dénué de fondement. Ici comme ailleurs, elles cherchent une même loi régulatrice et ordonnatrice des particuliers. Wittgenstein va alors pourfendre cette méthode réductrice de certains particuliers de même que cette méconnaissance assez symptomatique de l'usage qu'on confère de notre propre chef à des expressions linguistiques.

Finalement l'enquête a fait un bref aperçu de la critique depuis Kreisel voulant (cf. Witggenstein's Remarks on the Foundations of Mathematics, in the August, 1958, *British Journal of Philosophy of Science)* que la position de Wittgenstein est digne d'un finitisme strict. Cette thèse est aussi défendue par Dummett et Kielkopf. Cette critique fondée sur ce qu'il est convenu d'appeler la théorie des opérations et l'accord qui existe entre Wittgenstein et les intuitionnistes sur le statut de la vérité en mathématiques (comment déterminer la valeur de vérité pour certains énoncés) d'une part et d'autre part sur la façon dont l'infini fonctionne i.e. donner un résultat à un processus infini. Il faut toutefois souligner que Wittgenstein va plus loin en y incluant non seulement les énoncés indécidables mais aussi les énoncés non encore décidés. Cette thèse est l'objet d'un vif débat qui oppose certains commentateurs de Wittgenstein et un auteur comme Dummett. Contre ce "finitisme" de Wittgenstein, Bouveresse (1993) dans l'ouvrage collectif *Wittgenstein analysé* invoque Wittgenstein lui-même :

> Nous voulons voir les absurdités à la fois de ce que disent les finitistes et de ce que disent leurs adversaires- tout comme nous voulons en philosophie voir les absurdités à la fois de ce que disent les behavioristes et de ce que disent leurs adversaires. Le finitisme et le behaviorisme se ressemblent comme deux gouttes d'eau. Les mêmes absurdités et le même genre de réponses. (p. 194) Est-on quitte pour autant avec cette accusation ?

Ce travail, bien entendu, n'a pas la prétention d'avoir exploré en profondeur certains aspects de ce débat. Le débat des fondements des mathématiques a constitué à partir de 1870 et pendant longtemps, ce que Lakatos appelle un programme de recherches. Et comme tel, seule une équipe de recherches est en mesure de revisiter les aspects multiformes de ce grand débat multidisciplinaire au sens où il a mis aux prises des mathématiciens, des logiciens et des philosophes. Le débat fondationnel lancé d'une certaine manière par la pétition de Dirichlet (1871) de «substituer les idées au calcul» est l'écho du développement de la logique symbolique en mathématiques. Cette apparition s'est d'abord concrétisée entre 1830 et 1850. Par vagues successives, le débat fondationnel a mobilisé les énergies et dont la nomenclature grossière peut être résumée comme suit.

D'abord il faut signaler les travaux de Boole. De là, on a évolué à la logique de Pierce et aux mathématiques de Cantor et de Dedekind. Â partir de 1880 les travaux de Schröder, de Peano de de Husserl et de Frege ont prospecté des avenues nouvelles et ont proposé des réponses. Ces propositions successives, loin de résorber le quiproquo, ont par l'audace de leur solution, contribué à exacerber la crise de confiance dès la découverte en 1903 par Russell du paradoxe qui porte son nom. C'est alors que l'expression crise des fondements reçut toute sa réalité.

Il est ensuite revenu à Hilbert l'ambition de résorber ces antinomies par la voie interne. La réussite ne fut pas au rendez-vous de cette ambition et cela dès 1931 avec les travaux de Gödel. Finalement s'engagera avec la méthode sémantique de Tarski, qui aspire à corriger les erreurs de la métamathématique finitiste de Hilbert, une ère intellectuelle marquée par Skolem, Gödel, Church, etc. On peut poursuivre à travers les travaux plus récents de l'école formée par Markov et Kolmogorov et ceux de l'américain Bishop s'inscrivent dans cette tradition que l'on peut qualifier d'établie.

Comme on peut le voir, une seule enquête ne saurait suffire pour délimiter et traiter comme il se doit les contours de ce débat. D'où le choix arbitraire d'investiguer ce qu'il convient maintenant d'appeler un programme de recherche, au travers des échanges épistolaires authentiques que sont ceux de Frege et Husserl, deux auteurs qui ont fondé des courants de pensée. Ces deux auteurs ont été choisis en fonction de leurs thèses unies par le credo fondationnel, par l'originalité de leurs solutions mais aussi et surtout parce qu'elles sont diamétralement opposées. Fondateurs d'écoles de pensée, le débat qui les a vu s'affronter se trouve poursuivi par leurs disciples respectifs que sont Dummett et Mohanty. De là toute l'actualité et tout l'intérêt de ce débat. Il en est de même pour Wittgenstein qui a radicalement taxé d'arrogants et leur ambition et leur credo fondationnel. Aussi en taxant la position wittgensteinienne de strict finitisme, Dummett ouvre un débat avec le chef de file des interprètes wittgensteiniens d'expression française qu'est Bouveresse. Cette guerre des tranchées alimentée par les progrès les plus récents en mathématiques avec, ses illusions, ses haines ancestrales transmises depuis 1870, ses fantassins dont les nouvelles recrues sont les plus irréductibles, et son territoire thématique contesté n'est-elle pas promise à un avenir encore plus radieux ?

BIBLIOGRAPHIE GÉNÉRALE

Aristote, *De l'Interprétation,* 17a4.

Bell, *D., Husserl: ne argument of the Philosophers Series,* Ted. Honderich, ed., Routledge, London and New-York (1990).

Bernays, P., Sur le platonisme dans les mathématiques, publié dans la revue *L'Enseignement mathématique,* vol. 34, (1935).

Bouveresse, *J., La force de la règle: Wittgenstein et l'invention de la nécessité,* éd., de Minuit, coll. "Critique", Paris (1978).

Bouveresse, J. "Les origines Fregéennes de la distinction entre ce qui "se dit" et ce qui "se voit" dans le Tractatus Logico-philosophique de Wittgenstein" in *Cahiers du groupe de recherches sur la philosophie et le langage,* Université des sciences sociales, Grenoble (1981).

Bouveresse, J. dans son récent article intitulé: "Wittgenstein et la 'Menace Bolchevique' dans les mathématiques, publié dans un ouvrage collectif sous le titre: *Wittgenstein analysé,* articles réunis par J.-P. Leyvraz et K. Mulligan, éditions Jacqueline Chambon (1993).

de Rouilhan, Ph., *Les Paradoxes de la Représentation,* éd., de Minuit. Paris (1988).

Dedekind, R, tr. ang. *Essays on the Theory of Numbers,* translated by Wooster Woodruff Beman. Dover Publications, New-York (1963).

Dummett, *M., Frege and Others Philosophers,* Clarendon Press. Oxford, (1991).

Dummett, *M., Frege Philosophy of Mathematics,* Harvard University Press, Cambridge, Massachusetts, (1991).

Dummett, M., *The interpretation of Frege 's philosophy,* Harvard University Press. Cambridge (1981).

Follesdal, tr. ang., par Hill C.O. publié dans la revue *Synthese library: Mind, lvIeaning and Mathematics* éd., par Haaparanta L. vol. 237, (1994).

Frege, G., Écrits logique et philosophiques. Tr de l'allemand et introduction de Claude Imbert, Seuil, Paris (1971).

Frege G., Grundlagen, tr. *&. Les Fondements de l'arithmétique,* Traduction et introduction de C. Imbert, collection L'ordre philosophique, éd. du Seuil, Paris (1969).

Frege-Husserl: Correspondance, Postface de 1.-T. Desanti. Traduit de l'allemand par Gérard Granel, éd. T.E.R_, Mauvezin (1987).

Gauthier, *Y., Fondements des mathématiques,* Presses de l'Université de Montréal, Montréal (1976).

Gilson, B., "From Husserl to Heidegger:" Excerpts from a 1928 Freiburg Diary, in *Journal of British Society for Phenomonology, 2, no.* l, January (1971).

Gödel, K., Les mathématiques sont-elles une syntaxe du langage? Publié dans la revue de l'Association canadienne de philosophie, *Dialogue* no.XXXIV, tr. fr. par F. Dominique et G. Heinzmann, Hiver (1995).

Gonseth, *F., Fondements des mathématiques,* Préface de J. Hadamard, éd., A. Blanchard, Paris (1926).

Gonseth, *F., Les mathématiques et la réalité. Essai* sur la méthode axiomatique. Éd.. A. Blanchard, Paris (1936).

Goodstein, IZL., *Function Series in Action Free Equation Calculus,* Proceedings of the London Mathematical society 48 (1945).

Granel, G., *Ecrits logiques et politiques,* Galilée, Paris 1990. Granger, G.G., *La Vérification,* éd., Odile Jacob, Paris (1992).

Grattan-Guiness, From the Calculus to Set Theory, 1630-1910, "Introductory History", Duckworth (1980).

Hardy, G.H_, *Mathematical Proof, in* Mind, vol. XDCKVIII, no.149, (1929).

Hilbert, *D., Grundlagen der Geometrie,* tr. fr. *Les Fondements de la Géométrie.* Éd. critique avec introduction et compléments par Paul Rossier éd., Dunod, Paris (1971).

Hill, C.O., Word and Objection in Husserl, Frege and Russell, Ohio University Press, Athens (1991).

Husserl, *E., Philosophie der Arithmetik,* tr. *fr. Philosophie de L'Arithmétique,* Traduction, Notes, Remarques et Index par J. English, P.U.F., collection Epiméthée, P s (1972).

Husserl, E.. *G6ttingen gelehrte Anzeigen,* 1891, tr. fr. de J. English (1975).

Husserl, *E., Articles sur la logique* (1890-1913) traductions, notes, remarques et index par English J. P.U.P., collection Epiméthée, Paris (1975).

Kant, E., *Critique de la raison pure,* le Partie: Esthétique transcendantale, paragraphe 1, traduction par A. Tremesygues et B. Pacaud, collection Quadrige, P.U.P., Paris (1944).

Kielkopf, C.F., *Strict Finitism.* An examination of Ludwig Wittgenstein's remarks on the foundations of mathematics, ed. Moriton, The Hague (1970).

Kronecker cité par Beth, E.W. *Les Fondements logiques des mathématiques,* 2e édition revue et augmentée, Livre II, Gauthier - Villars, Paris (1955).

Largeault, J., A. Skolem, in *Logique mathématique, éd., par Coll. U,* Paris (1972). Laurier, D., *Introduction à la philosophie du langage,* Mardaga Liège (1993).

Rivenc, F. et de Rouilhan Ph., *Logiques et fondements des mathématiques. Anthologies* 1850-1914, sous la direction de F. Rivenc et de Ph. Rouilhan, Payot, Paris (1992).

Martin, *R., Logique contemporaine et formalisation, P.U.P.,* Paris (1964). Mohanty, J.N., *Husserl and Frege,* Indiana University Press, Bloomington (1982).

Mohanty, J.N., The development of Husserl's thought in *The Cambridge Companion to Husserl,* edited by Barry Smith and David Woodruff Smith, Cambridge University Press (1995).

Resnik, M.D., *Frege and the Philosophy of Mathematics,* Cornell University Press (1980).

Russell, B., tr. *&. Introduction à la philosophie mathématique,* tr. par G. Moreau, Payot, Paris (1970).

Russell, *B., Histoire de mes idées philosophiques,* Tel Gallimard, Paris (1961).

Shanker, S.G., *Wittgenstein and the Turning-Point in the Philosophy of Mathematics.* State University of New York (1987).

Stolz, Vorlesungen über allegemeine Arithmetik, Leipzig (1885).

Temple, G., *100 years of Mathematics.* Duckwork (1981).
Wang, *H., From Mathematics to Philosophy,* New York Humanities Press, N.Y. (1974). Wittgenstein, *L., Philosophie pour Mathématiciens.*

Wittgenstein, L., tr.fr. *Tractatus Logico-Philosophicus suivi* de Investigations philosophiques, tr.par P. Klossowski et intr. de B. Russell, Gallimard, coll.Tell, Paris (1961).

Wittgenstein, *L, Les Cours de Cambridge 1932-1935,* établis par A. Ambrose, tr. par E. Rigal, éd., T.E.R_ Mauvezin (1992).

Wittgenstein L.., *Philosophische Grammatik,* edited by R. Rhees and B. Blackwell, Oxford (1969).
Wittgenstein, L., tr.fr. *Le Cahier Bleu et le Cahier Brun,* Notice biographique par von Wright, tr. par G. Durand, préf. de J.Wahl éd. Galliamrd, Paris (1965).

Wittgenstein, L., BGM, tr. *fr. Remarques sur les fondements des mathématiques,* éditées par G.E.M. Anscombe, R. Rhees et G.H. von Wright, tr. par Marie-Anne Lescourret. Gallimard, coll. NRF, Paris (1983).

Wittgenstein 's Lectures on Foundations of Mathematics ed. par C. Diamond, Cambridge (1939), from the notes of R.G. Bosanquet, N. Malcolm , R. Rhees, and Y. Smythies, The Harvester Press, Hassocks, (1976).

Wright, C., Frege 's conception of Numbers as objects, Aberdeen University Press (1983.

Table des matières

L'HARMATTAN, ITALIA
Via Degli Artisti 15; 10124 Torino

L'HARMATTAN HONGRIE
Könyvesbolt ; Kossuth L. u. 14-16
1053 Budapest

ESPACE L'HARMATTAN KINSHASA
Faculté des Sciences sociales,
politiques et administratives
BP243, KIN XI
Université de Kinshasa

L'HARMATTAN CONGO
67, av. E. P. Lumumba
Bât. – Congo Pharmacie (Bib. Nat.)
BP2874 Brazzaville
harmattan.congo@yahoo.fr

L'HARMATTAN GUINÉE
Almamya Rue KA 028, en face du restaurant Le Cèdre
OKB agency BP 3470 Conakry
(00224) 60 20 85 08
harmattanguinee@yahoo.fr

L'HARMATTAN CAMEROUN
BP 11486
Face à la SNI, immeuble Don Bosco
Yaoundé
(00237) 99 76 61 66
harmattancam@yahoo.fr

L'HARMATTAN CÔTE D'IVOIRE
Résidence Karl / cité des arts
Abidjan-Cocody 03 BP 1588 Abidjan 03
(00225) 05 77 87 31
etien_nda@yahoo.fr

L'HARMATTAN MAURITANIE
Espace El Kettab du livre francophone
N° 472 avenue du Palais des Congrès
BP 316 Nouakchott
(00222) 63 25 980

L'HARMATTAN SÉNÉGAL
« Villa Rose », rue de Diourbel X G, Point E
BP 45034 Dakar FANN
(00221) 33 825 98 58 / 77 242 25 08
senharmattan@gmail.com

L'HARMATTAN TOGO
1771, Bd du 13 janvier
BP 414 Lomé
Tél : 00 228 2201792
gerry@taama.net

531873 - Mai 2013
Achevé d'imprimer par